大学生职业生涯团体辅导方案与实践

主　编　孙丽霞

副主编　王景瑞　李海静　周守玉

山东大学出版社
SHANDONG UNIVERSITY PRESS
·济南·

图书在版编目(CIP)数据

大学生职业生涯团体辅导方案与实践 / 孙丽霞主编
.—济南:山东大学出版社,2022.8
ISBN 978-7-5607-7649-1

Ⅰ.①大… Ⅱ.①孙… Ⅲ.①大学生—职业选择—研究 Ⅳ.①G647.38

中国版本图书馆 CIP 数据核字(2022)第 188757 号

责任编辑 祝清亮
文案编辑 霍馨莹
封面设计 王秋忆

大学生职业生涯团体辅导方案与实践
DAXUESHENG ZHIYE SHENGYA TUANTI FUDAO FANGAN YU SHIJIAN

出版发行 山东大学出版社
社　　址 山东省济南市山大南路 20 号
邮政编码 250100
发行热线 (0531)88363008
经　　销 新华书店
印　　刷 山东和平商务有限公司
规　　格 720 毫米×1000 毫米 1/16
15 印张 282 千字
版　　次 2022 年 8 月第 1 版
印　　次 2022 年 8 月第 1 次印刷
定　　价 56.00 元

《大学生职业生涯团体辅导方案与实践》

编委会

主　　编　孙丽霞

副 主 编　王景瑞　李海静　周守玉

编　　委　（按姓氏笔画排序）

马　莲　王　婷　王鹏飞

吕　健　吕淑华　刘凤华

孙　丹　陈　昕　宗文婷

黄爱莉　宿美玲　董薇薇

臧运蕾

前　言

2007年12月，教育部办公厅印发《大学生职业发展与就业指导课程教学要求》的文件，要求将“职业发展与就业指导课程”，“现阶段作为高校必修课或选修课开设，经过3～5年的完善后全部过渡到必修课”。各高校闻令而动，纷纷开设职业生涯发展与就业指导类课程，高校职业生涯教育也随之得到了前所未有的发展。2020年，国家全面实行新高考改革，更加注重考查学生的综合素质、个性化发展和学习自主性，考生按照专业大类填报志愿。这一举措扩大了选考科目、报考学校以及专业的选择。由于高考改革的巨大引领作用，高中学校均以不同形式进行了职业生涯规划教育，高中生因而已经有了初步的职业规划意识。与此同时，当今社会的信息化、数字化、智能化、多元化和多样化给高等教育带来了全新的机遇和挑战，大学生毕业后面临的不确定性与日俱增。在这种情况下，高校的职业生涯规划课程若是仍然沿用诞生于工业化时代、以“人职匹配”为核心理念的生涯教育和就业指导将无法完全满足大学生职业生涯发展的需求，也无法达到高校生涯发展教育应有的效果。此外，高校在进行职业生涯教育时往往偏重于自我探索和自我实现，存在理想信念和社会价值导向弱化的现象，需要及时探索找准将职业生涯教育与思想政治教育有效结合、实现职业生涯教育可持续发展的新的切入点。高校职业生涯教育方式转换已迫在眉睫，课程建设也需要进行迭代升级。

作为高校职业生涯规划教育发展的亲历者和参与者，笔者认为职业生涯教育不能仅仅是职业生涯发展知识的传授，而应该从注重教导指导式的诊断与建议向注重学生个性化发展需求的辅导与协助转变，从以“人职匹配”为核心的职业生涯教育向以“主动建构”“立足当下”“着眼一生”为核心的生涯教育发展转变，帮助学生提升职业生涯发展的适应力，主动建构未来生涯发展规划；职业生涯教育不能完全照搬西方理论、过重强调自我实现，而应进行本土化研究，解决学生大学生活中实际遇到的生涯困惑，让学生更有效能感，更有情怀，更能为国家和社会作出贡献，使职业生涯教育更具科学性和实践性，从而实现高校人才培养的更高质量发展。

为了更好地适应新发展阶段生涯教育的新特点、新要求，作为山东大学威海校区具体负责就业工作的管理人员，笔者致力于职业生涯规划理论的本土化研究15年，带领同事们提高“为党育人、为国育才”的政治站位，深入贯彻“就业育人”理念，从人的全面发展角度入手，把提高大学生的生涯适应力作为主要目标，按照“提高素质、培养能力与传授知识并重”的思路，科学设计职业生涯课程建设目标，将职业生涯教育与大学生思想政治教育有机结合，从“临门一脚”的就业安置向“家国情怀”的就业育人转变；将就业指导与就业育人、职业规划与生涯教育有机结合，从“传授技巧”的就业指导向“着眼一生”的生涯教育转变，让学生学起来、干起来、用起来、融进来、做出来，着力培养彰显“山大基因”、具备全球胜任力、堪当民族复兴重任的时代新人，深刻回答“人到哪里去、要成为什么样人”的问题，努力构建与高质量教育体系相适应的具有山大特色的职业生涯教育课程。

山东大学非常重视生涯教育课程建设，每学期都会组织专业培训和集体备课，威海校区还专门邀请台湾生涯教育专家黄素菲、黄正旭等开展生涯团体辅导初级班、高级班以及进阶班的高端内训和专家督导，改变以往的“以教师讲授为中心”的教学方法，采用“以学生学习为中心”的教学方法，根据“00后”更喜欢平等、参与、民主的教育环境与氛围的特点，突出社会化学习和团体辅导在生涯教育方面的独特作用，以一个共同的场域为中心、一个需要解决的问题为线索，展开积极开放的讨论，在相互启发中形成共识，找到解决方案，有效地提升了课堂授课效果。本书中所写团体辅导案例都是授课教师经过专业培训后学以致用的授课内容，是在充分了解国内外高校生涯团体辅导理论与实务的基础上，结合生涯辅导实践形成的书稿。在编写过程中，我们遵循实践优先原则，注重普遍性与特殊性的结合、理论指导与技术指导的结合，以解决学生大学四年中的生涯问题为导向，既关注学生遇到的普遍问题，也关注每个年级学生生涯发展的特殊性，引导学生根据自我及整体的外部环境相应评估并科学做出生涯决策，进而走向成熟幸福的未来生涯。

本书编写团队搭建合理，成员分工明确：团队成员既有来自大学生就业创业指导中心和心理指导中心等职能部门的负责人及工作人员，也有具体从事一线学生工作的学院党委副书记和辅导员。我们共同打造积极、开放，能让学生“知无不言、言无不尽”的安全场域，让学生在团辅活动过程中有安全感、信任感，愿意打开心扉与场域连接，可以讲真话、自由提问、彼此分享、互相信任、相互促进。团队通过聚焦学生实际问题来阐述“为什么学”，让学生了解自己与课程的关系，找到了共鸣之乐和除了学分之外更多的价值感；运用各种团体辅导手段和工具引导学生建构个人版本的新知，让学生体验重构之乐，意识到“我能学会”，提升了学生的效能感；团辅结束后进行举一反三练习，让学生及时体验关联之乐，感受到“我学会啦”的成就感，破除了学生“非专业课都是水课”的刻板印象。“三乐三感”打造了充满魅力的活力课堂，学生的总体评价的满意率一直保持在90%以上。我们曾经对同一授课班级学生分别在大一课前和毕业时进行相同的大学生活满意度问卷调研，发现所有后测数据均高于前测数据和期望值。这说明该班毕业时的整体状态不仅超过了大一时的状态，还超过了自己的预期状态，打破了人们对毕业班级的固有印象。该班学生毕业去向与最初制定的大学目标契合度也很高，班级荣誉的级别和数量在该学院平行班级中名列第一。在该班毕业两年后的问卷调研中，85%的学生认为在本课程中学到的理念和工具对现在的学习生活依然适用。由此可以看出，课程虽然结束但是教育效果还在持续，实现了“着眼一生的就业育人”教育目标。

国内团体辅导开创者、清华大学樊富珉教授曾指出，有人群的地方，团体辅导就可以有用武之地。掌握团体辅导的工作方式，可以事半功倍，提升工作的效能。本书编写的立足点是提高生涯教育的育人功能，着眼于学生四年的大学生活，服务于学生一生的发展，促进高校职业生涯教育教材的升级迭代。本书整体写作思路由笔者负责构思，相关同事进行具体团体辅导方案设计和实操，王景瑞、李海静、周守玉三位老师负责本书的整体统稿，王婷老师也参与了本书的部分统稿工作。纵向上，我们针对不同年级不同阶段设计辅导方案：大一阶段以大学适应为主题，吕淑华、陈昕、李海静和王婷等老师撰写“在大学，遇见更好的自己”“新生活，从选定方向开始”等内容来帮助学生尽早确定大学的奋斗方向；大二以解决学习和生活问题为主题，笔者和宗文婷、宿美玲、孙丹、黄爱莉等老师分别撰写“做好生涯规划的有力支撑，学会时间管理”“走近生涯元认知，提高学习觉察力”等内容来解决制约学生职业生涯发展的问题；大三以生涯选择为主题，笔者和马莲、臧运蕾等老师撰写“浇灌我的生命之树”“你只是看起来很努力”等内容，再次聚焦生涯发展目标；大四以提升职场竞争力为主题，笔者和王鹏飞、周守玉、王婷等老师撰写“以道御术，求职必胜”“以压借力，破茧成蝶”等主题团体辅导方案，助力学生高质量就业。横向上，我们针对各年级的典型性问题设计通用辅导方案，如“学会一致性沟通，玩转朋友圈”“呵护青春之花，做自己情绪的主人”等主题。每个主题都以学生实际案例为着手点来设计和规划整体的团体辅导方案，在实施过程中注重学生的情感体验与价值观的塑造，引导他们形成客观的自我认知与评价，同时了解职业与社会需求，做出正确的职业生涯决策。

我们希望本书既能展现山东大学威海校区15年职业生涯教育成果，又能为全国高校职业生涯教育授课教师提供可复制、易操作和有实效的授课方法、手段，促进学生内在发生积极的有价值的改变，提升授课教师的胜任力和效能感，从而促进高校职业生涯教育课程的升级迭代，为我国高校职业生涯教育贡献一份力量。

孙丽霞

2022 年 4 月 18 日于山东大学威海校区知行楼

目　录

第一篇　团体辅导主题一：大学之大

第二篇　团体辅导主题二:学在大学

第三篇 团体辅导主题三:生涯之学

第四篇　团体辅导主题四:应变之学

第一篇
团体辅导主题一：大学之大

大学阶段是每个人人生的重要时期，收到录取通知书的那一刻，相信每个怀揣梦想的学生已经预想了无数个版本的大学生活，而当他们踏进大学校园的那一刻，属于每个人的大学生活已悄然开启。如何让大一新生在入学后尽快适应学校的学习生活，为今后的生涯发展奠定良好的基础，已经成为高校学生工作中一项不可忽视的任务。团体辅导可以让学生在团体情境中，按照设计好的程序活动。团体成员的共同参与及相互之间的互动过程可以达到帮助新生尽快增进人际交往能力、适应大学生活的既定目的。实践证明，将团体辅导应用在大一新生入学适应教育和提升职业生涯规划意识方面效果很好。

第一章　在大学，遇见更好的自己

第一节　辅导前学生案例

一、工作案例

案例1：小宁是金融学专业大一新生，有些内向，父母都是初中老师。来大学之前，小宁一直埋头学习，高中时开始住校，除了每个周末回家拿些换洗衣服，大部分时间都是在学校学习，除了与一两个闺蜜关系比较好之外，很少与其他同学交流，也很少参加集体活动或其他课外活动。进入大学后，原本成绩很好的她，发现同宿舍的女生都多才多艺，参加了很多社团活动，也结交了新的朋友，相比而言她感觉自己一无所长，也不知道怎么处理同学关系，有了心事只能打电话或通过网络跟高中时的闺蜜倾诉，在高中时建立的自信心正在被一点点消磨，她感觉压力很大，无所适从。

案例2：小军是市场营销专业的大一新生，来自河南农村，为家中独子，父母都是农民。他的家庭有重男轻女的传统，因此他从小到高中毕业一直在父母的亲密呵护下长大，没受过任何委屈，生活都是父母给安排好，而且父母经常给他灌输"一定要好好学习考上大学，考上大学就轻松了"的思想。因此他学习很刻苦，成绩一直很好，终于考上了985高校，成了全村的骄傲。来大学是他第一次离开老家，他的普通话不好，于是不好意思跟同学交流，上课以后发现老师的授课方式跟高中不一样，也没有人像父母一样照顾自己。在高中学习氛围和父母的压力之下，他没有任何娱乐活动，到了大学之后，他终于放松了，接触了好多手游，每天抱着手机玩，晚上玩到凌晨两点左右才睡觉，第二天上课就趴着睡觉，以至于每天浑浑噩噩，进入大学两三个月都没有认真听过课。他自己也很苦恼，却不知道如何调整，只能又拿起手机继续玩游戏。

案例 3:小润是自动化专业的大一新生,他是家中独子,父亲经商,母亲是银行职员,家中经济条件优越,做什么事父母都顺着他。小润性格孤傲,爱好画画,平时独来独往,很少参加学校和学院的活动。他来大学之前没有住过校,家里都是规定他十一点以前必须睡觉,而且睡觉的时候要有一个安静的环境。但是进入大学以后,同宿舍的同学有的是学生干部,每天晚上忙到很晚才回来,有时还要接着打电话做工作,有的在玩游戏或聊天,整个宿舍很少能在十一点以前安静下来,这严重影响到他的休息,他跟宿舍同学沟通,甚至发生过口角,都没有任何效果,他一再想搬出宿舍。

二、大一新生的典型心理特征

(一)面临新环境所产生的焦虑心理

新生入学后首要面临的就是环境的改变,如何在新的环境中充分展现自己,积极融入集体生活,对他们来讲是一种“应激”。众所周知,人在应激情境下,都会产生焦虑情绪。很多大一新生在上大学之前,都从未离开过家,从未离开过父母,对于他们来讲首先要解决的问题就是如何生活自理。在这种情况下,他们可能已经因为需要独立生活而手忙脚乱,而他们需要面临的却不止如此。他们还需要学会处理宿舍人际关系、班级人际关系,还要尽快适应大学的学习方式,即以自主学习为主,这些都会给他们造成极大的压力,从而使他们出现烦躁、紧张不安等焦虑情绪。

(二)理想与现实之间的差距所产生的失落心理

进入大学之前,每个学生都会自己想象大学校园和大学生活的景象。但是很多学生可能因为高考失利,抑或填报志愿时出于尊重老师、家长的意见并未选择自己理想中的大学或专业,他们在入学后会发现这并不是自己理想中的大学的样子,而且短暂的兴奋期后,他们可能还会发现大学的生活和他们理想中的也不完全相同,更有甚者在入学后才发现自己对所学专业毫无兴趣。因此他们就会觉得现实与理想之间的距离越来越远,可能此生都无法实现自己的梦想,从而郁郁寡欢、忧心忡忡,感到前途渺茫,产生强烈的心理失落感。

(三)难以处理各种人际关系所产生的抑郁心理

大一新生入学后,他们需要面临各种各样复杂的人际关系。我们知道,大学中的同学来自全国各地,由于地域、文化差异,个体的生活方式会有很大区别,在交往过程中可能会产生很多矛盾。特别是同一宿舍的同学,每天接触的时间更长,互动的机会更多,如何相互适应就显得尤为重要。

由于大学生活相对来讲比较丰富，往往入校之初学生可能就需要参加很多社团组织，因此还会涉及与别的年级、学院学生之间的交往，甚至有时还需要与老师、领导打交道。会有部分新生在面临多种人际关系时不知如何处理，缺乏有效的社交技能，交不到自己心目中的“好朋友”，从而感到孤独，甚至开始封闭自己，产生孤寂、压抑和烦闷的抑郁心理。

（四）不合理的自我评价所产生的自卑心理

大学可以说是人才荟萃的地方，能够考上大学的学生一般学习成绩都不会很差，所以在大学中学习成绩已经不能作为衡量一个学生是否优秀的唯一指标。大学中展现自己的平台很多，一些有特殊才能的学生在此可以找到发挥自己才能、展现自己能力的机会，而那些将学习成绩优秀作为唯一优势的学生，可能会丧失他们的自信心。面对这种新局势，那些习惯了从小到大一直是“佼佼者”的学生就会感到不公平，甚至开始忽视自己的优点，认为现在的自己就是个失败者等，这种不合理的自我评价会直接导致他们产生严重的自卑心理。

（五）失去奋斗目标所产生的迷茫心理

比起高中的紧张学习以及高考这样的具体目标，大学生活相对来讲比较轻松，而且一般目标不明确、不具体。很多学生在经历了紧张的高考之后，认为进入大学可以好好放松一下了，从而降低了对自己的要求，甚至随心所欲地生活。一般大一新生在入校后对大学还不是很了解，对自己的人生也没有认真规划，他们不知道在大学应该追求什么，所以很多大一新生会觉得迷茫、不知所措，归根到底就是因为失去了奋斗目标。

第二节　新生适应团体辅导设计方案

在互联网环境中成长起来的“00后”，不喜欢说教，更喜欢平等与参与、民主与开放的教育方式。而团体辅导是一种在团体情境中提供辅导与帮助的重要方式，这种方式通过团体内人际交互作用，促使个体在团体互动中观察学习、体验交流、调整和改善人际关系，学习新的处事和行为方式，并发展与良好生活相适应的助人自助过程。在团体中，每一个团体成员都会意识到自己不是孤独的，团体成员在倾听和理解他人的同时，可以凭借团体的力量和资源找到应对问题的方法。也就是说，让成员依靠自己的力量解决问题，相信成员有无限的资源和能力来解决此时的问题，比如当事情不好推进下去的时候，可以邀请小伙伴一起来解决问题。当我们觉得已经无力掌控局面的时候，可以相信团体，相信团体所赋予个体的无限动力；相信团体本身所具有的主动性和自发性，比如可以努力地邀请、总结引导与积极回应等。采用团体辅导来探讨学生普遍遇到的经典问题，将在有限的时间内为更多的学生提供支持，满足学生对生涯发展的需求。鉴于此，我们设计了如下团体辅导实施方案。

活动目的：通过团体辅导活动，促使个体在交往中结合观察、学习、体验，自我认识、探讨自我、接纳自我，调整和改善与他人的关系，学习新的态度与行为模式，以更好地适应大学生活，并通过多次活动的递进让个体不断增强自信心，从而更好地开始大学生活、进行学习和职业规划。

活动对象：面向大一新生、人际交往困难学生等特定群体开展，30 人以内为宜。

教辅人员：助教人数根据参加学生组成团队数确定，摄影师 1 名。

活动时长：活动分 4 个模块，每个模块均为 60 分钟(见表 1-1-1)。

表 1-1-1　团体辅导活动框架

模块	活动名称	活动目标	活动内容	设施与材料
1	“这就是我”——团队组建	了解团体辅导的性质、活动目的、活动方式、活动意义，明确团队规则，团队成员相互熟悉	刮大风吹小风 无声排队并分组 心脏病 来自星星的你	大白板纸、水彩笔、扑克牌
2	“多彩的我”——加深自我认知	通过热身和主要活动，探讨自己理想的生活状态	你还记得我吗 我的理想大学生活	
3	“我的盾牌”——进一步自我分析	进一步进行自我分析，了解自身的特质，也加深对团队成员的认知	表格识人 自我盾牌	九宫格
4	“未来的我”——丰富多彩的人生	通过给未来的自己写信、生涯环游等活动，让成员为自己的将来打开一个全新的世界，增加信心	未来来信 幸福车票	
团体辅导效果整体评估				

第三节　相关理论链接

一、社会学习理论

班杜拉(Albert Bandura)的社会学习理论(Social Learning Theory，SLT)认为行为习得有两种不同的过程，即直接经验的学习和间接经验的学习。它强调观察学习和模仿学习，强调行为与环境的交互作用，强调认知过程的重要性，强调自我学习和自我效能。团体辅导就是要在团队中通过激励、榜样、示范为团体成员提供模仿的对象，激发成员的自我效能。团体辅导为成员们之间创设了一种特殊的，充满了理解、关爱和信任的环境，这种环境促使成员观察、思考，进而发生一些改变。

二、行为主义治疗理论

行为主义治疗理论(Behavior Therapy)又叫行为矫治，其主要代表人物是美国心理学家华生(John Broadus Watson)，它主张环境在个体成长中起决定性的作用，认为人的一切行为都可以在特定环境中被塑造或被去除，而这些主要通过学习过程来完成。行为矫治是以此为理论基础来实施的，既然不良行为问题可以通过学习获得，那么也可以由新的学习过程取代。团体辅导正是通过组织各种活动教会成员一些基本的社会生存技能或让成员之间相互学习，习得一些对自身有帮助、促进其成长的技巧和方法，并将习得的技能、技巧和方法用于日常生活实践的过程。

三、理性情绪治疗理论

理性情绪治疗理论(Rational Emotive Therapy，RET)由美国心理学家艾利斯(Albert Ellis)创立。该理论认为个体产生不良情绪的原因，不是那些特定的事情或情境，而是存在于我们头脑中的一些不合理信念，如“我必须是一个十全十美的人”，“这次考试失败，说明我是个一无是处的人”等。这些不合理的信念往往是我们没有意识到的，而在团体情境中，通过成员之间的互相交流、分析，可以让成员从别人身上看到那些也存在于自身的不合理信念或帮助其他成员找出其不合理信念。这样我们就可以针对这些不合理信念进一步做工作,用合理信念代替或加以纠正,并将其用于实践。

四、人际交互作用理论

人际交互作用理论(Parent Adult Child,PAC)由美国精神分析学家柏恩(Eric Berne)创立。该理论认为通过人际的交互作用可以帮助人们认识到人与人之间相互作用的本质,深刻领悟到人际关系的内涵,从而有能力建立起良好的人际关系。团体心理咨询实际上主要就是通过这种交互作用来完成。在团体中,成员会观察到其他人的变化并以此为示范,逐渐调整自己的生活态度、方式,改变行为习惯,学会与人沟通、交流,并将焦点放在通过自身努力可以改变的事情上,从而提高生活质量。

第四节　新生适应团体辅导具体实施过程

一、第一次团体辅导:“这就是我”——团队组建

目标:让团队成员了解本次团体辅导的性质、活动目的、活动方式、活动意义;明确团队规则;团队成员相互熟悉。

活动:刮大风吹小风、无声排队并分组、心脏病、来自星星的你。

时间:60 分钟。

简介:

(1)通过热身活动(报数分组、心脏病)使气氛融洽活跃,同学们能够更快地融入大团体,了解小组成员,进入小组角色。

(2)通过主要活动(来自星星的你)使同学们尽快相识,为团队出谋划策,促进良好的团体氛围的形成,共建团队规范;介绍“自己来自哪颗星”,希望“成为什么样的星”,说出自己对团队的期待,并订立契约,盖上印章;(结束活动)让成员对整个团体辅导的感受进行升华,活动中与团队成员的交流也加深了成员对自我的认识,可以更好地启发学生自信,坦然投入新的学习环境,更好地面对自己的大学生活。

（一）开始前介绍（5分钟）

1.介绍本次团体辅导的主要目的、形式和大致时长

指导语：（自我简介略）在进行活动之前，我先简单介绍一下团体辅导。团体辅导是一个模拟团体的体验形式，它是通过团体内人际的交互作用，促使个体在交往中通过观察、学习、体验、认识自我、探讨自我、接纳自我，调整和改善与他人的关系，学习新的态度与行为模式，以适应生活的助人过程。在这个过程中，我们主要通过活动、纸笔练习、讨论交流等形式就大家关心的问题进行共同探讨，彼此启发、支持鼓励，以达到助人自助的目的。所以，在活动的过程中大家要学会主动、积极、勇敢地开放自我。在团体中，你投入越多收获就会越多。

2.团体宣誓

注意：在宣誓前，辅导老师要简明扼要地说明团体辅导所要遵守的五点原则并说明其目的。

指导语：我们在团体辅导中，要遵循以下五点原则。

（1）遵守时间和约定，保持手机关机或不带入场地。

（2）注意力集中在当下，认真倾听，积极投入。

（3）保持坦诚、开放的心态。

（4）尊重每个成员。

（5）保守团体成员的秘密。

（二）热身活动（共15分钟）

1.我的歌唱给你听（5分钟）

指导语：请所有人站成两个同心圆，内圈人面朝外，外圈面朝内，然后大家跟着我播放的音乐一起唱歌。在唱歌的同时，两个圈都转动起来，内圈顺时针转，外圈逆时针转，当歌唱到某处，我喊停，大家就马上停下来，内外圈面对面的人相互握手并介绍自己，当歌声再次响起，游戏继续。我讲清楚了吗？大家还有没有什么疑问？若没有，我们就开始游戏啦！

2.无声排队并报数分组（10分钟）

指导语：下面我们来进行分组，活动要求如下。

（1）所有学生保持安静，不做任何交流，以出生月份为序排成一列。

（2）排成一列后按1～6报数，然后所有报1的排在一组，其他组以此类推。分好组以后，按照小组坐好。

（3）请无声排队游戏中排在第一位和最后一位的同学进行分享。

（4）小组中各个成员进行自我介绍，选出组长，同时每个人想好自己的性格特点，如善良的王晓、乐观的张嘉轩等。

(三)工作阶段(共30分钟)

1.心脏病(10分钟)

指导语:为了让我们的团队成员尽快地熟悉起来,下面我们来玩一个小游戏——心脏病,活动规则如下。

每组围成一个圈,派人到我这里领一副扑克牌,组长洗牌之后,从小组长右手边的同学开始,顺时针方向摸牌,第一个摸完牌的同学请马上亮出自己的牌,接着第二位同学摸牌、亮牌。在亮牌过程中不管什么花色,只要出现两张数字相同的牌,这两位同学就要迅速说出对方的性格特点+姓名,先说出且正确的成员就是本轮的获胜者,可以把手里所有的扑克牌给对方。接下来的摸牌顺序就从获胜者这一方开始。小组面前牌最少的同学就是本场比赛的最终获胜者。我讲清楚了吗?大家有没有什么疑问?若是没有疑问,各小组就抓紧时间开始游戏吧。

我看大家都玩得很投入,是不是已经对小组里的同学有了更多认识?接下来我们请小组中扑克牌最多和最少的同学进行分享。

2.来自星星的你(20分钟)

指导语:每个人都有自己的闪光点,都是一颗闪亮的星,在团队中发挥着独一无二的作用。接下来我们来体验一下,“来自星星的你”这个活动,活动规则如下。

(1)发放准备好的星形纸片,让每个组在卡纸的一面写上对团体的期待、加入团体的目的以及想要大家遵守的规则。

(2)两人一组,彼此采访记录于星星上,相互认识。内容包括:a.姓名;b.我的专业;c.我的星座;d.我的爱好;e.我的特长;f.我希望大家叫我×××的×××。(采访时,可播放音乐,增加气氛)

(3)采访结束,互相介绍伙伴给团体内其他成员认识。

(四)总结阶段(10分钟)

指导语:请同学们围成一个大圈,接下来我们逐个分享自己第一次参加团辅活动的感受。我先来抛砖引玉,期待大家的精彩发言。需要注意的是,在分享的同学结束的时候,请大家用热烈的掌声为分享人点赞鼓励。鼓掌不仅是素质的体现,更是我们表达感情的很好方式。希望在今后的人生旅途中我们不吝啬自己的掌声,同时也能收获他人真诚的掌声。

二、第二次团体辅导:“多彩的我”——加深自我认知

目标:通过热身和主要活动,探讨自己理想的生活状态。

活动：你还记得我吗、我的理想大学生活。

时间：60 分钟。

（一）你还记得我吗？（10 分钟）

指导语：经过了上次团体辅导活动，大家互相之间还认识吗？请大家迅速找到自己的组员坐好，并分享一件自己最近经历的幸福小事。

（二）我的理想大学生活（40 分钟）

指导语：在踏入大学校门之前，大家肯定有想象过自己理想的大学生活，那么今天我们一起来走进我们理想的大学生活。

1.理想的大学宿舍

大学宿舍是我们除了教学楼以外最经常待的地方，在这里又住着来自不同地方的有着各种差异的室友，你希望自己的大学宿舍是什么样的呢？

现在，请大家慢慢地闭上眼睛，想象一下，如果把理想的宿舍比作一个鱼缸，鱼缸里的每条鱼代表宿舍中的成员。这个鱼缸是什么样的？你慢慢地能够感受到鱼缸的大小、形状、颜色……在这个鱼缸里面，生活着一群五颜六色、形态各异的鱼儿。如果你的脑海里已经呈现出比较清晰的画面，可以慢慢地睁开眼睛，并把它画下来。

画完后给自己的画命名，并在小组中分享介绍你的画，看看各自理想的宿舍生活有什么共同点，作为宿舍成员可以为此做些什么。

2.四年后的理想的自己

大学四年后，变成什么样子才是你满意的呢？请尝试用四个积极正向的词语描述一下大学四年后的你。

写好四个词之后，请大家和组内小伙伴交流一下为什么用这四个词语描述四年后的理想的自己。

3.与四年后的自己对话

请写下你想请教四年后自己的三个问题。然后两两一组，请对方扮演现在的自己，自己扮演四年后的自己，由现在的自己询问四年后的自己，后者为其解答。扮演结束后，在小组中分享交流各自扮演的感受，以及你会如何度过未来的大学生活。

（三）总结阶段（10 分钟）

指导语：今天我们不仅加深了小组同学间的认识，还通过金鱼缸幻想了自己最理想的宿舍生活，并且与四年后的自己有了深入的交流，我相信大家应该对自己又有了一些不一样的认识，接下来我们逐一分享本次团辅活动的感受。

……

好的，感谢同学们的分享，从大家的分享中我感受到了大家的成长，为同学们点赞！下一次团辅我们将借助自我盾牌进一步探索自我，让我们拭目以待，下期见！

三、第三次团体辅导："我的盾牌"——进一步自我分析

目标：进一步进行自我分析，了解自身的特质，加深对团队成员的认知。

活动：九宫格识人、自我盾牌。

时间：60 分钟。

（一）热身阶段：表格识人（15 分钟）

给每个成员发一张写好九个特征的九宫格，如会弹钢琴、爱美食、做视频小能手、乐观开朗等，给成员讲好规则。

指导语：现在，我们每个同学都有了一张九宫格，我们的活动规则是这样的：请大家快速找到符合九宫格里特征的同学，让对方在表格里写上自己的名字，每个格子里写一个名字即可。注意，9 个格子里的名字不能重复，最先写完 9 个名字的 5 位同学抓紧时间到我这里集合，然后我们请这 5 位同学分享一下他们是如何做到又快又准地完成这项任务的，分享结束后这 5 位同学可以得到一个小礼物作为奖励。我讲明白了吗？好，那就行动起来吧，看看是哪些同学率先完成。

（二）工作阶段：自我盾牌（35 分钟）

通过主要活动"找自我盾牌"让成员寻找自己身上的资源，通过分享活动（小组讨论，团体分享），让成员总结自己的体会与感受。

指导语：同学们，听了刚才 5 位同学的分享，你是不是觉得他们很厉害？是不是对自己有了一些"技不如人"的感受？生活中，有很多同学在看到别人优秀的同时看到了自己的缺点和问题，成为自我批判的专家、自我欣赏的"门外汉"。今天，就请大家静下心来，好好地欣赏一下自己，是什么造就了现在的我，我的这些独一无二的特点将如何帮助我抵御外界的压力、否定和伤害。活动的规则如下。

（1）请在白纸上写下你最欣赏自己的：外表（1～3 个）、爱好（1～3 个）、性格（1～3 个）、能力（1～3 个）、品质（1～3 个）。

（2）请在白纸上写下你的力量来源。①家庭的影响：父母、家风等。②他人的影响：朋友、师长等。③过往经验的影响：战胜困难、取得成功等。④我的信念：价值观/座右铭等。⑤我的目标：短期/中期/长期目标等。

（3）同学们可以先在自己的本子上画上一个盾牌，如图 1-1-1 所示。当然，

大家也可以试着进行创造，画出属于自己的独一无二的盾牌。

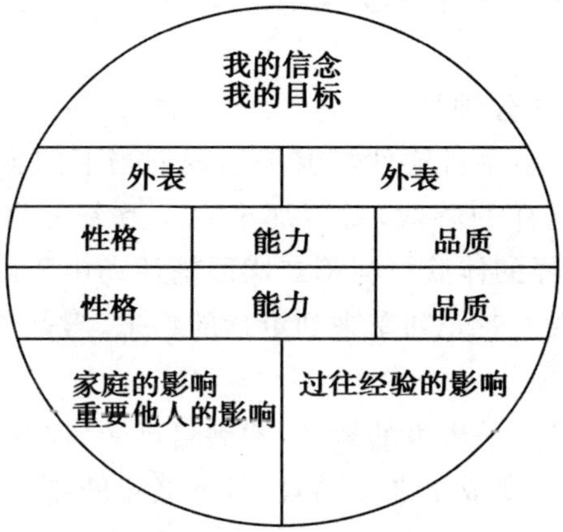

图 1-1-1　自我盾牌

(4)大家画好自我盾牌之后，请把自己与就业求职相关的资源，比如性格、品质、能力、其他资源等具体内容补充在自己的盾牌上。补充好自我盾牌的具体内容之后，进行小组内分享，每位同学都向组内的其他成员介绍自己的自我盾牌，其他同学听完之后，谈一下你从对方的分享中是否发现自己也有类似的资源和力量。

(5)团体中进行分享。

指导语：首先，我们请每个小组推选出一位成员分享一下他的自我盾牌。

为了让更多同学也有机会进行分享，接下来我们采用击鼓传花的方式，来抽取其他同学分享他的自我盾牌。现在开始击鼓。

我们首先采访一下被抽中的同学有什么样的感受，然后再分享自己的自我盾牌。

(三)总结阶段(10 分钟)

指导语：今天的团辅活动即将结束，为了更好地促进我们学有所获，请每位同学用“通过本次团辅活动我学到了什么、感受到了什么，今后可以做些什么”进行活动总结。语言表达能力是用人单位面试时比较看重的能力，借助本次活动总结也锻炼一下大家的表达能力，提升我们未来的职场竞争力。

四、第四次团体辅导：“未来的我”——丰富多彩的人生

目标：通过给未来的自己写信、幸福车票等活动，让成员为自己的将来打开

一个全新的世界，增强信心。

活动：写给未来的一封信、幸福车票。

时间：60 分钟。

（一）未来来信（20 分钟）

指导语：现在有很多手机软件能够根据我们当下的容颜推测出我们年老的模样，我也曾经玩过这样的游戏，看着那个白发苍苍的自己，心中有很多感慨。不知大家是否也有这样的体验？在第二次团辅活动中我们曾与四年后的自己相遇，那么今天我们就乘上时光列车来到更远的将来，邂逅年老的自己。活动规则如下。

(1)请大家利用自己手机里的软件，找到自己老年时的样子。

(2)现在，拟定自己变成了老年的自己，请老年的自己给年轻的自己写封信，说点什么吧。比如，感谢年轻的你，年轻的你（现在的自己）期待看到怎样的你（年老的自己）？现在的你希望过上什么样的老年生活？当陷入困境时，年轻的你会如何运用自己宝贵的特质来协助自己走出困境？这些特质会如何陪伴你到老？你希望这些特质在老年自己身上扮演何种角色？你希望我如何记得你？

（二）幸福车票（25 分钟）

指导语：同学们，最后让我们来设计属于自己的“幸福车票”，一起踏上专属自己的幸福号列车。大家面前都有彩色车票数张。请小组内每位成员拿一张车票，在车票的正面依次写上如下内容。

车次：幸福号列车车票——2032 年。

姓名：××。职业：××。座位号：××。

背面可以绘制自己车票的专属 logo。

(1)请大家制作最能代表自己的幸福车票，其中可以包括未来的职业、座位号（自己的住址）、公司名称、未来想过的生活等（车票的时间可根据团体的情况自定，可以 5 年、10 年……）。

(2)请大家两两一组，彼此交流一下自己幸福车票的内容。比如车票上的职业、座位号是什么，设计车票时想到了什么，哪些因素可以帮助你踏上这趟幸福号列车等。

(3)现在，我们结束两两分组的交流，回到大团体中，集体探讨一下若要踏上这趟幸福号列车，现在可以做哪些努力。

（三）总结阶段（15 分钟）

指导语：我们从最初的破冰游戏开始互相认识，到今天的最后一个活动，一起携手踏上属于自己的幸福列车。所有成员都积极主动地参与每一个团辅活动，大家积极思考，勇敢分享，越来越自信，越来越从容，对大学四年的规划越来越明晰。在本阶段团体辅导活动的最后，我们一起来回顾一下整个团体辅导的过程，请每个同学依次分享一下印象最深的团体辅导是什么，在团辅活动中有哪些收获。

现在请全体成员手牵手，闭上眼睛默念1分钟，祝福所有的梦想成真。让我们一起努力，乘着幸福号列车去追寻自己的梦想。团辅活动到此结束，谢谢大家的积极参与，再见！

第五节　辅导后学生反馈

所有团体辅导活动结束后，学生们写下了自己的收获和感悟，下面简单地分享几个：

(1)通过参加此次团体辅导，我对自身有了更清晰的认知，知道了如何寻找自身所需的资源。(星月)

(2)认识了更多的朋友，我不再孤独了。(孟帆)

(3)更加深入地认识自我，寻找到了自己内心深处真正的自己和未来要成为怎样的自己，解决了不知道未来方向的问题。(德洲)

(4)通过与其他同学的交流，我开阔了思路，和舍友的矛盾也解决了。(家兴)

(5)通过参加团体辅导，我认识了自我也明确了自己的目标，最主要的是发现了自身的更多优点和闪光点。(启航)

(6)经过分享和讨论，我发现了自身的不足，还有很多方面需要向周围的同学学习，要努力提升自己，未来还有很长的路要走。(孟丽)

(7)与刚入学相比，现在的自己可以更加明确自己的努力方向了。(佳乐)

(8)通过这次活动，我更加了解了自己，对大学生活更加有信心，同时也激发了我参加活动的兴趣，我会继续努力，为将来做好准备。(小迪)

(9)感谢老师，感谢这次团辅，感谢所有的小伙伴！好舍不得你们！(新悦)

(10)我又找回了曾经的那个自己，对大学生活和未来充满了希望，看我的表现吧！(先赛)

第六节　辅导后教师反思

金树人先生在《生涯咨询与辅导》中提到，每一个人、每一只动物、每一株植物，都有一个天生的使命——完成如其所是的自己。生涯选择的使命是要通过积极的自我认同来完成的：一方面，自我不断构建那个如其所是的自我；另一方面，积极获取外界反馈从而通过社会不断建构自我。通过团体辅导中的重要事件以及团队成员串联起那些生涯事件，通过觉察积极的自我认同，从而建构现在的我乃至未来的我的生涯发展。在辅导中需要注意如下几点。

第一，对团体成员进行了解，包括成员对自身的理解以及对外部环境的反馈。辅导教师的首要任务是和团体成员建立起良好的关系，帮助学生厘清思路，鼓励成员承担起自我决策的责任，也就是“淌自己的汗，吃自己的饭，自己的事情自己干，靠天、靠地、靠祖宗，不算是好汉”。

第二，在辅导中运用职业规划的相关方法和技术，探索成员的兴趣、性格、技能以及价值观，使其在大学低年级阶段能够树立认识自我的意识；协助成员将未来工作发展的可行性与外部工作世界进行对比与对接，了解目前工作的条件、局限与前景，这样可以更好地将理想中的职业和未来“接地”，把设想一步步变成现实。

第三，根据成员对未来世界的期待，设定可行的、具体的、可量化的、积极有效、有一定挑战的并且具有时间限制的目标，制订长远计划以及短期计划。为自身的职业发展找到一定的动力和支持。

第四，鉴于成员的年级以及个性特点，辅导教师需要使其树立“对自身的生涯保持弹性，乐于面对各种可行性”的思想。可以具备“遇到岔路，就走岔路”的精神，面对自身的生涯，具有更好的自我掌控感。这样的咨询方式，可以有助于辅导教师更好地表达客观和中立的态度，更好地让来询者得到自己预期的结果。

第五，与成员澄清工作中的基本原则，包括保密原则、保密例外以及“工作同盟”关系。教师不能成为团队成员生命的专家，只是通过问话、工具等方法协助成员成为更真实的自己的专家。

第六，运用生涯人物访谈和实地考察方法。学生无法做出合理决策的原因在于他们对职业信息了解不够。在了解职位和岗位的问题上，还可以通过实地参观考察或亲身体验帮助学生获得第一手资料。

第七，生涯发展目标是“适应变化，做自己”。通过团辅活动，我们引导学生关注自身的职业生涯，学会通过自我探索、外部世界探索、理性决策、目标设定来管理生涯过程，实现生涯发展目标。

第八，对生涯辅导与咨询工作本身的思考。首先，生涯辅导与咨询是一项专业性非常强的工作，需要熟练掌握职业生涯发展的理论和模型，并根据不同人群、不同年龄、不同问题选择合适的理论和模型。辅导过程中，要时刻以来询者为中心，适当运用助人技巧，并做好记录，严格遵守职业规划师的职业道德规范，这是开展咨询工作的基础和保障。

其次，辅导与咨询的效果取决于辅导教师和来询者双方。如果来询者不能很好地配合，即使辅导教师再怎么努力，辅导效果也可能不明显。因此，不能强求咨询效果非要令人满意，这是开展辅导与咨询工作应有的心态。

最后，辅导教师的自我效能感很大程度上也会影响团体。如果教师本身的自我效能感低，那么会给规划效果带来消极的影响。因此，在辅导与咨询前教师要做好各个方面的准备。同时，生涯咨询与辅导过程既是一门学问，也是一门艺术，辅导教师需要在实践中不断地摸索和研究才能形成风格独特的辅导与咨询模式。建立系统的辅导与咨询模式，形成工作规范，针对学生面临的职业发展问题以及与职业发展紧密相连的生涯发展和学业问题，提供动态的指导和帮助，促进学生自我成长是开展辅导与咨询工作的必经之路。

第二章　新生活，从选定方向开始

第一节　辅导前学生案例

晓宇来到办公室倾诉他的烦恼。刚刚进入大学三个月，对他来讲一切都特别新鲜，他也对一切事物充满了好奇，同时也对自己的未来感到迷茫，每天上课、参加各类活动，但不知道为什么参加。他学习的专业是听从父母和老师考虑“就业前景”“热门专业”等因素选定的，现在学习了这个专业之后发现并不喜欢。晓宇听说一年后有转专业的机会，同时发现未来有很多选择，一时不知该怎么办。他现在每天都在为自己的前途烦恼，一直想充分利用好自己的大学时光，能学有所成。他看到其他同学对待这个问题没像自己想得这么多，更是疑惑。家人让他考研，有的朋友选择出国，一些优秀的高年级同学一毕业就找到了好的工作，听到这些他越发感觉自己意志不坚定，易受他人观点的影响，不知该如何做出抉择，很害怕自己会一着走错，满盘皆输。

案例分析：通过这个案例可以看到，刚刚步入大学的晓宇对未来的方向选定充满了迷茫，这是盲目“跟风”选择专业，没有充分做好大学学习准备的“后遗症”。高中生活相对目标单一，步入大学之后，之前的“填鸭式”教学要转化为自主学习模式，还要适应不同的环境，很多学生突然发现所有的事物都很新奇，未来发展的方向也非常多元。这个时候，如果前期没有做好“功课”，做好大学学习的准备，就难免心生疑问：我该如何找到正确的方向？从本质上说，这种不适应既是心理发展不成熟的表现，也是进入陌生环境的特殊心理反应。如果想要尽快摆脱这种困惑的心态，首先要对自己有一个清醒的认知，了解不喜欢自己专业的深层次原因；其次要对自己所处的环境和位置有判断，充分、深入地了解未来的可能性，看看自己所处的环境能够得到什么样的支持；最后要积极选定方向，并制定相应的实施方案，最重要的还是实践，因为自己亲身体验得来的经验才是最宝贵的财富。

第二节　新生选定方向团体辅导设计方案

活动目的：建立大学新生积极成长小组，从学习、生活和人际关系适应与积极应对等方面促进组员的自我成长。

(1)帮助成员认清大学生活与高中生活的区别。

(2)帮助成员理清大学需要面对的常见挑战、相应的应对资源以及解决办法。

(3)帮助成员建立一个长期的支持系统。

活动对象：对大学生活中的学习适应、人际关系适应和环境适应有困惑的大一新生，每场参与者控制在 20～30 人。

教辅人员：助教人数根据参加学生的人数确定，摄影师 1 名。

活动时长：活动分 4 个模块，每个模块均为 90 分钟(见表 1-2-1)。

表 1-2-1　团体辅导活动框架

<table>
<tr><th>模块</th><th>活动名称</th><th>活动目标</th><th>活动内容</th><th>设施与材料</th></tr>
<tr><td rowspan="3">1</td><td rowspan="2">说出困惑</td><td rowspan="2">建立小组信任感，增进小组成员之间的熟悉与了解
引导成员正视大学生活中的不适状态，通过彼此分享增进群体归属感，并让成员意识到困难的出现不是个例
帮助成员树立解决困境的信心和勇气</td><td>报数分组
小组破冰：自我介绍</td><td>多媒体活动教室、活动桌椅</td></tr>
<tr><td>大学里的酸甜苦辣</td><td>每人一张 A4 纸；每人一支笔</td></tr>
<tr><td colspan="4">作业：通过查阅资料、采访等方式，(1)了解所在的城市、学校，(2)了解所学专业</td></tr>
<tr><td rowspan="4">2</td><td rowspan="3">身在何处</td><td rowspan="3">引导团队成员正确认识生活的环境，包括所在的城市、校园
引导团队成员自主探索所学习的专业，包括专业课程、就业前景
引导团队成员调整自我状态以便更好地适应大学环境</td><td>成长三部曲</td><td>多媒体活动教室、活动桌椅</td></tr>
<tr><td>走进我的城市
认识我的校园</td><td>每小组一张海报纸；每小组一盒彩笔</td></tr>
<tr><td>推介我的专业</td><td>A4 纸、彩笔</td></tr>
<tr><td colspan="4">作业：写一封给四年后自己的信</td></tr>
</table>

续表

模块	活动名称	活动目标	活动内容	设施与材料
3	畅游与选择	帮助成员树立大学生涯目标	招牌动作 十年后的我——生涯幻游 给未来的自己写一封信	多媒体活动教室、活动桌椅
4	选择实践	引导成员对现状进行思考 结合大学愿景,引导成员对短期的未来目标进行构想 引导成员思考为实现目标,大学生活中还需采取的行动	暖场:松鼠和大叔的故事 生涯九宫格	多媒体活动教室、活动桌椅、A4 纸、彩笔
团体辅导效果整体评估				

第三节　相关理论链接

一、积极心理学

积极心理学由宾夕法尼亚大学教授马丁·塞利格曼(Martin E. P. Seligman)于 1998 年提出,该理论认为应该重视人性中积极的情感和因素,而积极心理学就是帮助人们发现并利用自己的内在资源,提升个人的素质和生活的品质。积极心理学不仅要研究怎样调动人的积极品质去克服心理问题,更重要的是帮助人培养积极的心理状态,建立起高质量的社会和个人生活。

大学新生在中学阶段往往是学业的佼佼者,生活在赞扬和羡慕中。然而进入大学后,他们会发现许多更优于自己的“强者”,以前的那种优越感不复存在,他们的自尊心受挫,因而内心深处产生不同程度的失落感,情绪低落,尤其在学习和生活中遇到挫折就会产生强烈的心理冲突。积极心理学强调把自己的研究重点放在人自身的积极因素方面,主张以人固有的、实际的、潜在的、具有建设性的力量、美德和善端为出发点,用一种积极的心态来对人的许多心理现象(包括心理问题）进行新的解读，从而激发人自身内在的积极力量和优秀品质，并利用这些积极力量和优秀品质来帮助人们最大限度地挖掘自己的潜力并获得良好生活。积极心理学非常适合大学新生群体，从实践的观点来看，倡导积极心理学，关注积极心理学可以帮助人真正到达幸福的彼岸。积极教育致力于发掘、研究学生的各种积极品质（包括外显的和潜在的），并在实践中进行扩展和培育这些积极品质。积极教育就是要创建一种教学环境，让学生的主动性、思考能力、热情等得以充分发挥，而不是过多地约束、控制学生。另外，积极教育的目标是把所有人尽可能地建设到一个他可能达到的理想状态，这一理想状态是依每个人的具体情况制定的，不求一致，但求尽力。

二、盖拉特（Gelatt）生涯决策理论

目前，大学生特别是大学新生在面对社会和大学生活的快速发展、变化时往往无所适从，绝大多数大学新生入学后迷茫、无所事事、目标缺失，这已经成为困扰大学生的大问题。盖拉特采用新的态度、新的思维方式，提出了“积极的不确定论”。所谓“积极的不确定”，是指以积极乐观的态度面对、接纳做决策时的不确定以及成功概率的不确定，以直觉、开放的心态进行职业决策。盖拉特认为，决策是一种非序列性、非系统性、非科学性的人类历程。他把做决策重新定义为“一种将信息调整再调整，融入决策或行动内的历程”。这个决策历程中包含三个要素：信息、调整再调整的历程、行动的决定。

他认为，信息固然重要，但应对信息持怀疑和不确定的态度，这样才能作再三的思考和探索。他提出要“以幻想面对事实，但不对事实抱有幻想”。“以幻想面对事实”是培养一种活泼但步步为营的心态，对事实时而批判，时而证实；“但不对事实抱有幻想”则是对“以为掌握了信息，就掌握了未来”这一想法进行警示。另外，决策者要改变对目标的态度，对目标要调整再调整，保持一种“不确定”，让目标浮动，不要固定目标，随时根据内外在环境对目标进行调整，从而产生新的经验、新的信息、新的价值、新的观点。最后，他提出，决策要采用全方位的理性决策，能够适应变化，也能创造变化。他认为，未来成功的决策者必须具有的态度是面对未来的不确定，保持积极的心态，同时也要思考人如何主宰信息，如何主宰自己的人生。

第四节　新生选定方向团体辅导具体实施过程

一、第一次团体辅导:说出困惑

(一)建立关系(3 分钟)

指导语:进入大学一段时间了,大家感觉怎么样?之前我总是或多或少听到一部分同学存在这样的疑惑:上了大学应该是想干什么就干什么,可是为什么我每天都超级忙,却不知道自己在忙什么?我的方向在哪里?相信大家中学时代都是同学中的佼佼者,但是为什么在大学会感到失落、疑惑甚至迷茫呢?接下来我们将用我们的两大法宝——积极心理学和生涯决策理论来指导大家开展活动。通过对我们的外部环境和对自身的积极探索,更好地确定我们的方向,大学里选定了方向将使我们的学习生活事半功倍。

未来我们将开展四次活动,每次活动大家共度一个半小时,通过做团辅活动了解我们站在何处,探索我们自身的想法,从而选定未来的方向以更好地适应现在的大学生活。

(二)暖场活动:报数分组(7 分钟)

指导语:现在我们需要做一个活动,首先全体成员依次从 1 到 5 报数,报 1 的同学为第 1 组,报 2 的同学为第 2 组,报 3 的同学为第 3 组……以此类推,并请全体学员根据分组情况找到小组的位置落座。我们本轮开放 5 个名额,请 5 位同学依次起来发言,发言的内容为对自己所在小组组成的感觉如何,认识了几位新朋友,整体活动的感受如何,有没有印象最深刻的人和事,发言时间为每人 1 分钟。

结语:感谢刚才勇于分享的同学,在这样短的时间内迅速组建好小组,让我们感受到现场氛围活跃起来了。我们通过分组活动将起初团队里熟悉的小圈子尽可能打乱,同时加入小组集体找座位的设置,通过大家集合的速度、小组椅子的摆放情况可以看出不同的小组的不同风格,也可以为结合速度最快、坐得最紧密的小组点赞。

(三)工作阶段(65 分钟)

1.活动一:小组破冰(10 分钟)

(1)自我介绍

指导语:我们的小组已经建立起来了,下面请各小组成员围坐成圆圈,小组成员自由组合，一对一互相介绍，每人限定 1 分钟。每人三句话："我叫××；认识你们是我的荣幸；我有三个优点……"最后所有小组成员围在一起，依次站在圈中间，简要介绍自己。这样能够使小组成员快速记住他人信息，认识更多的朋友。

(2)讨论分享

指导语：在刚才的自我介绍环节，大家有没有发现小组中有"牛人"，他能很快地记住小组同学的名字。那么我们就请各小组推荐一位同学来分享一下"我是如何实现又快又准地记住团队每个成员的名字的"。哪个小组先来？

2.活动二：团队目的澄清、规则制定及确定团体领导者(10 分钟)

指导语：经过前面的分组与自我介绍，大家应该对本小组的成员有了基本的了解。今后，我们的学习都将以小组的形式来开展，也希望能够通过一系列活动帮助成员更好地适应大学学习、生活和人际交往。下面请各小组通过集体讨论、制定团队中每个人必须遵守的规则，比如保密规则、尊重规则、注意力规则等，把获得大家同意的规则写在海报上。由团队商量讨论确定小组领导者，并由领导者上台就本组规则进行解释说明。我讲明白了吗？好的，谢谢大家，请各组领取海报纸和彩笔。

下面请各小组分享自己团队的规则，分享过程中我会及时进行归纳总结，出现比较多的规则我们可以作为整个团队集体遵守的规则，大家说可不可以？

3.活动三：大学里的酸甜苦辣(45 分钟)

(1)记录生活

指导语：我们团队中大部分同学都是第一次离开家乡，在这里我们生活了一段时间，肯定有一些不同于以往的感受，我们可以把它叫作大学生活中的酸甜苦辣，请大家回想一下进入大学的这段日子里有没有遇到过尴尬的事情、开心的事情、悲伤的事情、愤怒的事情。请大家回想之后，每人在白纸上写下自己进入大学以来遇到的各种事件。每种类型写一至两件即可。

A.酸：尴尬的事情：______________________________。

B.甜：开心的事情：______________________________。

C.苦：悲伤的事情：______________________________。

D.辣：愤怒的事情：______________________________。

(2)讨论分享

指导语：接下来请大家在小组内进行交流，交流的主要内容如下。

①进入大学后我们感到开心的事情有哪些？我们还可以做哪些事情让自己更开心？

②进入大学后哪些事情让我们不太适应,甚至觉得尴尬?别人也会有类似的感受吗?

③大学里什么事情让我们感到悲伤和痛哭?对此我们可以做些什么?

④哪些人哪些事让我们感到愤怒?愤怒的时候我们可以做些什么?

⑤当我们意识到自己的各种情绪后,我们是不是更能接纳自己?在今后的生活学习中,我们该如何面对自己的各种情绪?

(3)总结交流

指导语:现在是我们的集体总结交流环节,请每组派出一名代表,分享小组的讨论成果:讲述小组成员分享过程中出现频次最多的四大类事情,并且分享关于上述五个问题的小组讨论结果。

(四)总结阶段(15 分钟)

指导语:今天是我们"新生活,从选定方向开始"主题团体辅导的第一次活动,通过报数分组、自我介绍及回忆大学生活的"酸甜苦辣",我们相互熟悉,认识了很多的新朋友,我们建立了团队规则,感情迅速升温。下面进入我们的总结环节,请大家准备好便笺纸,小组内两两一组,首先互相分享今天参加活动的感受与收获,然后在便签纸上互相写下对对方在今天活动中表现的评价,最后结合对方分享的大学故事写下一句鼓励的话。

我们通过这些活动认识了新的朋友,更深入地了解到每位同学在大学生活中的"酸甜苦辣",也看到了他们处理问题的不同方式方法和心态,希望大家在活动结束后复盘反思,同时通过同伴间的鼓励建立自信心和对小组的信任感、归属感。给大家留一个作业:请大家通过查阅资料、采访等方式了解我们所在的城市、学校,了解所学专业。希望大家能够尽快适应新生活,尽快选定方向,从而更好地学习和生活。谢谢大家,我们下次见。

二、第二次团体辅导:身在何处

(一)上期活动回顾(10 分钟)

上次活动结束时给大家留了作业,下面请大家就搜集资料过程中的所思所想进行分享(从领悟的深度、结合专业学习的角度来点评分享)。很多同学通过作业增进了对所在城市、学校和专业的了解,今天我们就这些问题进行探讨,探寻一下我们究竟身在何处。

(二)暖场:成长三部曲(10 分钟)

指导语:请在场同学围成一个圈,初始状态为鸡蛋,即蹲着的姿态(老师可示范)。鸡蛋两两配对猜拳,赢者成长为半蹲着的小鸡,失败者仍为蹲着的鸡蛋。同等级的鸡两两配对猜拳,获胜者为大鸡,大鸡站直继续找同等级的鸡猜拳,胜利者为游戏胜出者,回到座位成长结束。同等级鸡猜拳败者降一等级,循环往复,直至游戏结束。

分享过程:好,时间到。我们先看看大家的状态,请分别处于鸡蛋、小鸡和大鸡状态的同学分享一下自己的活动感受,然后再请今天的胜出者谈一下自己的体会与经验。通过大家的分享,我们可以看到,鸡蛋—小鸡—大鸡的“成长三部曲”正如我们的人生,不可能一帆风顺,这个游戏让我们体验到了成长中既有快乐也有烦恼。

(三)工作阶段(60 分钟)

1.走进我的城市(20 分钟)

指导语:下面假设我们有三天假期,小组成员共同在海报纸上画出这三天假期要去游览大学所在城市,可以是风景区、博物馆、图书馆等等。给每个小组发放一张海报纸和彩笔。要求图文并茂,需要对每个地点进行介绍,并且需要说明去游览的原因、游览的关键点。绘画结束后,每个小组派代表上台介绍本组的旅游方案。

全部介绍完毕后,各小组上台投票选出最理想的游览城市线路,每小组可投两票,并对得票高的小组予以奖励。我们可以看到通过规划游览线路,各小组成员都能更好地认识大学所在的城市,增强对城市的归属感,也可以看到很多旅游路线中有很多相同的地点,这说明大家对城市的地标有着相同的观点。

注意事项:指导者须在活动开始时的指导语中说明有投票环节,以激发各小组成员的参与度和创造力;在投票环节设定每组有两张票,其中一张可以投给自己,这样可以保证在展示时不致有小组得票为零,打击成员参与的积极性。

2.认识我的校园(15 分钟)

指导语:大家进入大学已经有一段时间了,请问大家喜欢我们的校园吗?下面请各组讨论如下几个问题。

(1)我对校园内最满意的地方是什么。

(2)我对校园最不满意的地方是什么。

(3)在以后的大学生活中,我可能会常去校园的什么地方。

(4)我可以为改善校园环境作出哪些贡献。

小组讨论结束后,每个小组选派一名代表就小组讨论的结果进行分享。最后请注意不同小组的共同点和区别。

结语:通过讨论的四个问题,帮助成员更好地厘清对于大学校园的认知,同时有意识地引导学生畅想未来的生活，并引导团体成员注意不同小组的共同点和区别。通过思考可以增强新生的主人翁意识。

3.推介我的专业(25分钟)

指导语：大家都进入自己的专业学习已有一段时间，有的同学可能是自己的选择，有的人可能是机缘巧合。目前学的这个专业你是否真的了解呢？我们的寒暑假都有大学生返家乡的活动，很多同学也参加了向自己的高中母校介绍现在学校的活动。下面我们请每位同学设计一段广告语，向还没进入大学的准高考生介绍自己所学的专业，要求尽可能全面、有吸引力。介绍结束后进行小组分享讨论。讨论结束后每个小组选一位成员在团队内进行分享。

大家的分享都非常精彩，每个人对专业的认识和理解都不一样，通过这个活动大家能够相互学习，也更加详细地了解自己和他人的专业，对未来的学习有更好的促进作用。

(四)总结阶段(10分钟)

指导语：今天是我们“新生活，从选定方向开始”主题团体辅导的第二次活动，通过成长三部曲大家认识到了成长的幸福。我们还一起走进了我们的城市、我们的学校、我们的专业，大家对这些都有了全新的认识，知己知彼才能百战百胜，希望我们对目前所处的地方、所学的专业有更多的了解，更好地探寻未来的方向。下面进入总结环节，准备便笺纸，小组内两两一组，互相分享今天参加活动的感受与收获，并结合对方介绍的大学专业写下一句鼓励的话。另外，给大家布置一项作业，写一封给四年后自己的信。请大家针对目前的所思所想，畅想未来。

三、第三次团体辅导：畅游与选择

(一)热身——招牌动作(10分钟)

指导语：经过两次的活动，相信大家已经对团队成员有了进一步的认识。下面请各位围成一个大圈站好，从任意一位成员开始，每个人向前踏出一步，以“我是××的×××”为例，说一句符合自我特点的介绍语，如“我是勤劳的小龙”，然后做一个简单的招牌动作(如弯腰、原地向上蹦等)，接下来所有人一起大声说出“欢迎××的×××”，如“欢迎勤劳的小龙”并一起重复刚刚参与者的招牌动作。一个同学做完后轮到下一名同学，直到所有同学做完。

结语：我们通过简单的动作进行了热身，这个过程可以帮助团体成员记住其他人的名字。另外，我看到大家最后在集体说欢迎语的时候，好多同学眼中都闪着光，看来大家对活动越来越有信心，对团体也有越来越多的信任。

（二）工作阶段（70 分钟）

1.十年后的我——生涯幻游（30 分钟）

准备：提前准备一段轻柔的背景音乐。请参与的团队成员摘下手表、眼镜，找到最舒服的姿势安静地坐好，也可以选择趴在桌上。

指导语：请你轻轻地闭上眼睛，保持眼睛一直闭着，除非我叫你睁开，因为这样你可以更好地放松，内心也会变得宁静。其实，你并不需要进入很深的放松状态。现在让我们一起坐进时光隧道机来到十年后的世界，请想一想，那时你是多少岁，容貌有无变化。请你尽量想象十年后的情形，越清晰越好。

好，现在你正躺在家里卧室的床上。清晨，你和往常一样，从睡梦中慢慢醒来，首先看到的是卧室里的天花板。请问它是什么颜色？

你准备下床，尝试去感觉脚趾接触地面那一刹那的温度，是凉凉的，还是暖暖的？一番梳洗之后，你来到衣柜前，准备换衣服上班。今天你要穿什么样的衣服上班？穿好衣服，你看一看镜子。你回头看一下你的家，它是一栋什么样的房子？然后你来到了餐厅，早餐吃的是什么？一起用餐的有谁？你跟他们说了什么？

接下来，你前往工作的地点。你将乘坐什么样的交通工具？

你很快到达工作的地方，请注意，这个地方环境如何？好，你进入工作的地方，跟同事打了招呼，他们怎么称呼你？你还注意到哪些人出现在这里？他们正在做什么？

你走到自己的办公桌前坐下，安排一下今天的事情，然后开始上午的工作。上午的工作内容是什么？跟哪些人一起？工作时会用到哪些东西？

很快地，上午的工作结束了。午餐如何解决？吃的是什么？跟谁一起吃？午餐还愉快吗？

接下来是下午的工作，你在忙些什么？跟上午的工作内容有什么不同吗？

下班了，你会在哪里用餐？吃的是什么？和你一起吃晚餐的是谁？晚餐后你会有什么活动呢？

回家了，你躺在床上，回忆一下今天的工作与生活，今天过得愉快吗？是不是要许个愿？许什么样的愿望？

渐渐地，你很满足地进入梦乡，睡吧……深深地睡吧。一会儿我会叫醒你……(1分钟后),很好,你刚才睡了一会儿,下面我将从3数到1。数到3慢慢开始清醒,数到2可以动动左脚或者右脚,当数到1的时候你就睁开眼睛回到现在。

幻想与梦想的能力也许是进化赠予人类最好的礼物,因为梦想可以激发人们前进的动力。我们完成了生涯幻游,下面我们花时间进一步梳理自己对未来的期待。请大家认真填写自己的生涯幻游卡:

> "我在进行幻游时,印象最深刻的画面是____________。"
> "我在进行幻游后,未来与现在环境最大的不同点是____________。"
> "我在进行幻游后,我认为自己未来会从事什么职业,过什么样的生活?"
> "我准备如何把握现在(结合现在的生活与学业),以更好地实现未来的理想?"

团队成员填好生涯幻游卡后进行小组展示和分享。

(1)十年后的你与现在的自己有什么不同?

(2)在你的想象中十年后的你将去往何方?

(3)你为了实现自己的愿景,大学期间需要采取哪些实际行动?

分享讨论:通过畅想十年后的我们,大家都逐步厘清了大学愿景,学会了解、洞察自己的生涯发展意向。也请大家多了解现状与未来目标的差距,并思考如何去实现目标。

2.给未来的自己写一封信(40分钟)

准备:团队成员独立写下"给四年后的自己的一封信",想想自己四年后的状态,详细描述自己的工作和生活情况。

指导语:上次作业是"给四年后的自己的一封信",下面请小组内分享"给四年后的自己的一封信",谈谈对自己大学四年中人际关系、学业以及对今后职业选择的规划。规划要素包括目标(小、大)、步骤、管理策略(监督机制、奖惩机制)等。最后,每个小组选一名同学进行分享发言。

分享讨论:每个小组都讨论得特别热烈,请大家思考,如果想成为四年后的自己,那么四年后你应该做到什么,三年、两年、一年后应该做到什么,我们可以将大目标拆分成小目标,请大家写完一个问题后再写下一个。通过对一个个问题的解答,相信大家都逐渐明确了自己选择的方向,相信我们通过自己的努力目标会越来越清晰。

结语:今天我们通过信件的形式帮助大家进一步明晰大学生涯目标,对未来的方向进行了"模拟"选择,而所有目标的实现都需要具体的行动,请同时将行动、奖惩等内容清楚地写下,每位成员互相监督,更好地执行计划,实现目标。

(三)总结阶段(10分钟)

指导语:今天是我们"新生活,从选定方向开始"主题团体辅导的第三次活动,通过招牌动作大家认识到了一个与众不同的你,拉近了彼此的距离。我们还一起进行了生涯幻游,畅想了十年后的自己,同时又一起分享了"给四年后的自己的一封信",通过一步步拉近时间,我们对未来的方向选择更加地清晰,这也是我们的活动目标:让大家通过对自我和外部世界的探索,发现自己未来的方向。尽管这个目标不一定特别清晰,但是有了方向,我们就有了更明确的前进路径,这对我们未来的大学生活来说非常重要。如果我们这节课还没有清晰的思考,也请大家回去继续完善我们的几个活动,从而选定方向。下面进入总结环节,请大家准备便笺纸,互相分享今天参加活动的感受与收获,然后在便签纸上写下对对方在今天活动中表现的评价,并结合对方分享的大学愿景写下一句鼓励的话。

四、第四次团体辅导:选择实践

(一)暖场:松鼠和大树的故事(10分钟)

指导语:今天是我们最后一次活动,非常感谢前几次活动大家的支持与配合,我们度过了如此难忘的一段时间,也相信大家对自己的方向选择有了一个逐步清晰的目标。

下面开启热身活动,请成员自主分组,三人一组。两人扮演大树,面对对方伸出手搭成一个圆圈,一人扮演松鼠,站在圆圈中间;指导者或其他没成对的学员担任临时人员。当大家听到我喊"松鼠"时,大树不动,扮演松鼠的人须离开原来的大树,重新选择其他的大树,临时人员需临时扮演松鼠选择大树,落单的人应表演节目;当大家听到我喊"大树"时,松鼠不动,扮演大树的人须离开原先的同伴重新找同伴组合成一对大树并圈住松鼠,临时人员需临时扮演大树,落单的人要表演节目;当听到我喊"地震"时,扮演大树和松鼠的人全部打散并重新组合,扮演大树的人也可以扮演松鼠,扮演松鼠的人也可以扮演大树,临时人员也插入队伍中,落单的人表演节目。大家都听清楚了吧。好,行动起来吧!

(二)工作阶段(60分钟)

1.来自生涯九宫格的思考

表1-2-2 生涯九宫格表

学习进修(____分) 1.课程表上要求的课程有哪些? 2.除了课程表的内容,你还需要学习什么? 3.基于自己未来的目标职业,你需要积累什么? 4.你的学习习惯怎么样?	**职业发展(____分)** 任何一个阶段的时间都是在为下个阶段的发展做准备。 1.你理想的职业有哪些? 2.你为此可以做哪些准备? 3.你现在做得怎么样?	**人际交往(____分)** 1.你感觉难以应对的人有哪些? 2.哪些场合让你感到不自在? 3.为了将来更好地适应社会,你打算在人际交往方面从哪几点开始准备?
个人情感(____分) 1.你怎么看待爱情、友情等等? 2.你建立并维系亲密关系的能力如何? 3.重要他人对你的影响有哪些?	**身心健康(____分)** 1.你有没有坚持运动的习惯? 2.适合你的运动方式有哪些? 3.你如何保持自己的心情愉悦? 4.你如何处理焦虑、沮丧等不良情绪?	**休闲娱乐(____分)** 1.你有哪些兴趣爱好? 2.你业余时间会做哪些事情让自己感受创造感和成就感? 3.除了学习、工作之外,你做什么来愉悦自己?
财务管理(____分) 1.你每个月的生活费是如何管理的? 2.你是否了解过一些个人理财知识? 3.你是否尝试过为自己增加一些收入? 4.财富在你未来的生涯发展中比重如何?	**家庭生活(____分)** 1.你跟父母的关系怎样? 2.你是否从内心接纳与尊重自己的父母? 3.你父母对你是影响还是掌控? 4.你和父母的关系是如何影响你今天的人际交往的?	**服务社会(____分)** 1.你是否参加过一些志愿服务? 2.你怎样理解一个大学生的社会责任感? 3.你怎样看待社会公益组织?

指导语：

(1)请大家填写生涯九宫格(见表 1-2-2)。

关于学习进修模块，请大家注意思考对目前专业的认知、专业课程的了解，明确在专业课程之余还需要学习的内容，同时大家要反思自己的学习习惯，认识到良好的学习习惯对人生发展的重要性；在职业发展模块，请大家注意，在大学中越早选定方向越有利于大学生涯发展；在人际交往模块，我们可以用大学生活尤其是新同学可能会面临的生活场景进行举例，以此对我们个人人际交往状况进行思考；在个人情感模块，请大家思考目前生活中存续的情感关系维持状况，以及个体在维持情感关系时的行为；在身心健康模块，请大家注意健康，包括身体健康和心理健康两方面，并思考自己在保持身体健康和心理健康两方面的行动；在休闲娱乐模块，请大家对个人兴趣爱好进行思考，并认清一名优秀的大学生只有在前六个模块都状态良好才可能有很好的发展。

(2)请大家反思以下问题。

①请成员对九宫格中每一项的现状进行自我评估。

②反思每一项在本学期内期待达到的分值(维持现状还是想要达到更高分)。

③为了每一项能够达到期待分值，你应该做些什么，还有哪些困惑？

(3)请大家分享讨论：

①九宫格中，现状分值最高和最低的分别是什么？最高分最令你满意的是什么？最低分最令你不满意的是什么？

②本学期内你希望提升分值最多的是哪一项？为什么？

③针对期待提升分值最多的这一项你需要做些什么？计划每天分配多长时间在这件事情上？

④想象一下，如果你能按照提分计划去实施，四年后的你将会有什么不同？

(4)请大家承诺。

如何能让自己如约按期完成计划、梦想成真呢？答案只有一个——积极践行。请大家拍下自己所填写的生涯九宫格，小组成员建立微信或 QQ 群，通过小组交流和监督，明晰需要改进和提升的方向，帮助我们更好地自我觉察。同时小组线上进行打卡活动并互相监督，集体坚持行动，能使我们的目标更有实现的可能。

(三)总结阶段(20 分钟)

指导语：本次活动已经接近尾声了，在这四次团辅活动中，我们学到了如何探索环境和选定方向。刚入校的大学生，面对未来的很多不确定性会稍显迷茫。

我们可以通过对外部环境包括城市、大学、专业以及对自己的认知不断地进行收集和探索，选定自己的方向。如何选定方向取决于我们大学中信息的收集、调整的历程和行动的决定。未来我们肯定还有迷茫的时候，请大家随时用我们活动中的工具帮助大家选定未来的方向。

在这段时间里我深刻感受到了每位同学带给我的力量，一些同学爱思考，一些同学擅长表达，我们每个人都有很强的能量。积极心理学的力量在于帮助人们发现并利用自己的内在资源，进而提升个人的素质和生活的品质。积极心理学不仅要研究怎样调动人的积极性去克服心理问题，更重要的是帮助我们培养积极的心理品质，建立高质量的社会和个人生活。

感谢大家的信任与支持，期待大家能在未来的生活中积极乐观，多留意身边的资讯，畅想未来，脚踏实地，期待我们遇到更好的自己，再次谢谢大家！

第五节　辅导后学生反馈

小威：一系列丰富多彩的团辅课让我拥有了家的归属感。面对一个全新的环境，我们从一开始的陌生青涩慢慢到彼此熟悉，从一开始的不适应、不习惯慢慢到融入其中，从一开始的迷惘到慢慢找到了未来的方向。我感受到一群身怀赤子之心的人一起为自己的青春理想奋斗的热血和激昂，如此团结、温暖的大家庭让慢热的我逐渐跟上了大学生活的节奏。

对于这座城市、这座学校来说，我是一个初来乍到的新人。远离家乡的不适、学习方式的转变都令我感到不安。但在这个温暖的家庭中，我得到了来自老师与同学无微不至的关怀与帮助。从相识之初的打开心扉，到小组活动的团结协作，这让我既融入团体，又一步步认识了真正的自己。

在与其他同学的交流中，我了解到，原来大家面对陌生环境与新生活，心里大都充满了迷茫，甚至是恐慌。所有的人都在经历同样的找寻自我、找寻梦想的过程。而一系列团辅活动通过不同的主题将我们心中的疑问一一解答，将我们的不安一一安抚。

感谢团辅活动让我交到了新的朋友，让我更加了解自己，也让我做好了选择并下定决心去做出改变。期待成为更好的自己。

洪言：在参加本期的团辅课程之前，我还被束缚在被他人“推着走”的学习模式中，面对需要自己规划的专业课程、需要自己选择的选修课，我仿佛走进一团迷雾，不知如何自处。团辅活动的出现仿佛天降甘霖，解我燃眉之急。

团辅活动的形式完全不同于传统课堂，其中，让我感触最深的是小组团体活动环节。从分组到分配工作，再到最后的登台展示，都让我有了新的感受和体验。我觉得，与传统的课堂模式相比，这种学习模式能使我们收获更多。我们在这种模式的课堂上似乎更能提高自己的动手、动脑能力和团队合作能力，让我们有机会展现自己的长处，同时又能在团队合作中发现自己的不足，汲取他人的优点。受益于此，我迅速适应了自主、自觉、个性化的大学学习模式，也更加具备团队合作意识，我希望能有更多的机会参与这样的课堂，学到更多，成长更多。

小楠：通过本学期的团辅，我们对所学专业及所在城市有了更深入、更全面的了解。我们在增强对所学专业及所在学院的归属感的同时，也增进了对威海这个城市的了解。经过一系列的团辅课，我看到了自己的闪光点，也认识到了自己的不足。前后最大的差别是发现自己变得自信了，在这个包容不同声音的团体里，我被倾听也被理解，既学习他人的经验，也在给他人出谋划策，一步又一步地见证着自己的成长。

印象最深的是为自己专业拟写广告词的活动，我感受到了同学们对其所学专业的热爱。专业没有高低好坏之分，每一个专业都有着可供我们攀登学习的无限空间。在开学之初，我也有过对所学专业的怀疑：我以后可以在这个专业领域从事什么样的工作呢？这个专业是否真的有前途呢？也曾受到他人的质疑。但在团辅课程的学习过程中，我对自己所学的专业有了明确、深刻的认识。

古语云："术业有专攻。"我们应该热爱我们的专业，并为之求学不断，攀登学术高峰。我将以此为志，不忘初心，砥砺前行。勇攀学术高峰。

丁一：团辅活动形式多样，主题丰富、干货满满。这促使我思考上大学乃至人生的意义，十年以后我会成为什么样的人，该如何做到？丰富多样的小组活动、积极向上的班级成员，都给了我很大的鼓励和启发。刚过去的高中就像是一场梦，如果沉溺于当下，而不去思考大学生活的意义，无异于断翅的蝴蝶。人生的意义在于起舞，而不是不思进取，不考虑未来。感谢团辅给了我一个使自己未来更像是未来的机会。

大家分别从外貌、学业、性格与成熟度方面为自己制定了目标，我听到了大家对自己的期许与鼓励，也使我对自己未来的规划有了更深的思考。之前的我仿佛身处一团迷雾中，现在的我仿佛看到了阳光和灯塔，我知道抗拒家人的意愿"考研"需要面对很大的压力，但是对我自己选择的与专业学习毫不相干的播音主持，我会在学好现有专业的基础上继续发展，我会加油的。

戊丙：在本学期的团辅中，我最大的收获是懂得了要想更好地适应社会，我们需要关注身边的人与事，要对生活中的"日常"进行更加深入的了解以及更加深刻的思考。课程之前，我曾以为我们只需要树立大局意识以及长远的发展眼光即可，对于一些细枝末节的东西无须过度关注。但在团辅活动的参与过程中，我逐渐明白，千里之行，始于足下，忽略细节不可能走得长远。

在这里，我学会了团队合作，明白了如何引领自己的团队，也明白了如何配合其他同学的工作，我清楚地体会到了一个团队的力量远远超过几个人的力量之和。在这里，我认识了自己所处的环境，了解了我所学的专业，这都帮助我更加适应大学生活，更好地规划大学生活。我幻游过我想要的未来，也开始思考为了那个理想中的明天，今天的我该做出哪些努力。在这里，我学会了反思，学会了清楚地认识自己的现状，学会了制订适合自己的计划，学会了脚踏实地做好每一件小事。

同时，我认识到在日后的学习中应当广泛涉猎、大量阅读，不断拓展自己的眼界。有了目标就要付诸行动，实践对于我们来说是更大的挑战，它要求我们把目标具体化，合理规划时间，协调好各方面的工作，并且时刻检查自己的目标完成情况。我会把这些要求贯彻到实际行动中，未来四年让自己变得更好！

第六节　辅导后教师反思

大一新生来自不同的地方，有着不同的成长背景，他们往往缺乏心理支持、安全感和归属感，团体辅导可以在团体中满足成员的心理需求，包括获得归属感与安全感、满足社会交往的需求、满足自我确认的需求等等。团体成员间的相互信任、相互作用，团体的凝聚力会更强，也能更好地发挥团体的效能，引导学生主动思考。刚刚入学的大一新生，很容易对“自我”以及未来产生迷茫。因此，本学期团辅开展了说出困惑、身在何处、畅游选择、始于足下等活动，引导团体每一个成员在参与过程中进行自我探索，发掘学生的主动性，引领学生真正融入校园、融入新环境，在这个大家庭中完成自己对未来的规划。

美国生涯发展专家唐纳德·E. 舒伯(Donald E. Super)的生涯发展理论指出，青少年和大学生面临的主要生涯人物是“探索”，这也是个体能够成功地从学生角色向工作者角色转换的基础。也就是必须发展出足够的自我和职业知识，获取足够多做出生涯和教育决定所需的信息。本团辅帮助自我认知不足、生涯方向迷茫的同学深入地从生涯发展的角度来探索自己、认识自己，认清所处的环境，促进他们积极地开展生涯探索行动。本团辅最适合的对象是那些开始思考未来发展方向但是又不知道该如何选择，如何动手的学生。他们还有时间塑造和提升自己的各方面能力，学生们通过本团辅活动可以逐渐清晰自己想要选择的方向，在此基础上也会努力地查找不足，为将来的职业发展规划打好基础。

第三章　来吧，认识你自己

第一节　辅导前学生案例

容一，女，大一学生，高中未住校，家长在学校附近租房子陪读。大学入学后，感觉自己跟别人的差距很大，学习上不会安排时间，不像高中那样能把时间高效地利用起来，学习效果也没有自己认为的那么好，有的同学还在参与科研、社会实践活动，自己根本就没有时间和精力去参与，感觉太难了。与同学相处虽然没什么矛盾，但也没有亲密的朋友，有什么事还是只跟父母讲，生活上马马虎虎，总体上觉得自己不应该是这样，但好像现实就这样了。

齐齐，女，大一学生，所学专业为调剂录取，自己不是很擅长，但高中成绩并不差，大一第一学期有一门专业课考的分数刚刚及格。第二学期就开始不学了，认为不是自己选的专业，不感兴趣就学不好，其他同学都看起来很感兴趣的样子，就自己不行，上学期的成绩也说明了这一点，也不知道这个专业将来怎么就业，如果就业了能不能达到自己的预期，当下看不到希望，不想学，开始混日子。

案例分析：以上案例是欠缺对自我的全面认识，不能恰当地接纳自我，在自我意识上出现了种种误区而对学习、对未来没有信心的典型。自卑是由于自我认识偏差等原因形成的自我轻视和自我否定的情绪体验。有自卑心理的同学往往无视自己的优点，容易过分夸大自己的缺点，不喜欢自己，不能接纳自己的缺点和不足，感到自己什么都不如他人，常常处于沮丧、失落的心理状态。他们的人际交往模式是“我不好，你好”“我不行，你行”或者“我不好，你也不好”“我不行，你也不行”。他们常常习惯于用否定的眼光看待自己和整个世界，缺乏进取心，终日闷闷不乐。

第二节　自我认识团体辅导设计方案

活动目的：从自我觉察和自我认知的角度带领团体成员进行自我探索，旨在让成员有更多的体验和觉察，帮助成员接受自我、肯定自我，帮助成员认清成长中可以利用的资源，积极提升自我。

活动对象：各年级大学生，8 人 1 组，不超过 8 组。

教辅人员：助教人数根据参加学生组成团队数确定。

活动时长：活动分 4 次，每次均为 90 分钟（见表 1-3-1）。

表 1-3-1　团体辅导框架

<table>
<tr><th>模块</th><th>活动名称</th><th>活动目标</th><th>活动内容</th><th>设施与材料</th></tr>
<tr><td rowspan="4">1</td><td rowspan="4">知你知我知他</td><td rowspan="4">了解团体性质，分享团体期待，建立团体规范
促进团体成员相互认识和熟悉
协助成员初步认识自我</td><td>名字的故事</td><td>多媒体活动教室、活动桌椅</td></tr>
<tr><td>棒打“薄情郎”</td><td>用白纸或报纸卷成的棒子</td></tr>
<tr><td>猜猜我是什么样的</td><td>A4 纸</td></tr>
<tr><td>规划小组</td><td>A4 纸，每组一张；每组一盒彩笔</td></tr>
<tr><td rowspan="3">2</td><td rowspan="3">我是谁？</td><td rowspan="3">协助成员从不同方面深入探索自我
进一步强化成员的自我认识</td><td>我来报数</td><td>多媒体活动教室、活动桌椅</td></tr>
<tr><td>20 个我是谁</td><td>A4 纸</td></tr>
<tr><td>自画像</td><td>A4 纸，每人一张；彩笔，每人挑选一支</td></tr>
<tr><td rowspan="2">3</td><td rowspan="2">悦纳自我</td><td rowspan="2">帮助成员挖掘自身的闪光点
帮助成员接纳个人眼中的“缺陷”，悦纳自己</td><td>海盗船
个人特点词语的头脑风暴</td><td>多媒体活动教室、活动桌椅</td></tr>
<tr><td>神奇商店</td><td>A4 纸</td></tr>
<tr><td rowspan="2">4</td><td rowspan="2">一起自信的日子</td><td rowspan="2">回顾成员在团体中的收获和成长
巩固成员对未来生活的信心</td><td>成长记</td><td>多媒体活动教室、活动桌椅</td></tr>
<tr><td>戴高帽
回首过去</td><td>A4 纸</td></tr>
<tr><td colspan="5">团体辅导效果整体评估</td></tr>
</table>

第三节　相关理论链接

“自我”是人类个体对自身整体的存在产生的一种自觉意识。通常个体会认为他们自身是一个连续性的、整合的、不可分而且具备独特的自我。心理学对自我的研究由来已久，威廉·詹姆斯(William James)提出的“自我理论”为人格心理学的发展开辟了道路，创造性提出 Self＝I＋Me，主我是自我认识的主体，客我是自我认识的客体。乔治·赫伯特·米德(George Herbert Mead)认为主我是有机体对他人的态度做出的反应，客我则是个体获得的一组有组织的他人的态度，即主我是现实生活中的自我，客我则是他人评价对象的自我。自弗洛伊德开始的精神分析理论对自我有大量的研究，弗洛伊德的人格结构说包括自我、超我与本我，自我面对本我的需要、超我的要求和现实原则的约束，在困境中逐步形成了一套自我防御机制。卡伦·霍妮(Karen Danielsen Horney)把自我意识分为真实自我(个人的全部潜能)、理想自我(个人凭空在头脑里设想的形象)和现时的自我(个体此时此地身心存在的总和)三部分。哈里·斯塔克·沙利文(Harry Stack Sullivan)则根据个体自我体验，将自我意识分为与愉快体验相联系的好我、与痛苦和威胁体验相联系的坏我和与难以容忍的焦虑相联系的非我。亚伯拉罕·马斯洛(Abraham H. Maslow)提出自我实现。卡尔·罗杰斯(Carl Ransom Rogers)提出自我概念，区分了理想自我(我希望成为什么样的人)和现实自我(我认为我是什么样的人)。阿尔弗雷德·阿德勒(Alfred Adler)的个体心理学认为自我意识在人格形成中发挥了主要作用。特质论心理学家高尔顿·乌伊拉德·奥尔波特(Gordon Willard Allport)和雷蒙德·卡特尔(Raymond Bernard Cattell)从特质和因素的角度对自我进行了研究。越来越多的理论聚焦在自我的潜力和能量上，积极心理学的研究更是强调了自我的重要作用。

第四节　自我认识团体辅导具体实施过程

一、第一次团体辅导：知你知我知他

(一)建立关系(5分钟)

说明此次团体的目标及进行方式、活动形式和组织的意义。

指导语：在日常生活中，我们常常会问自己是什么样的人，自己的优势有哪些，自己在他人眼中是什么样的，在群体中自己充当着什么样的角色。这些都是对关于自己是谁的一些探索和询问。只有对自己是谁、自己是一个怎样的人、未来将要做什么以及自己与社会的关系，有了一种相对稳定且连续的认知，我们才会明确自己的价值观和底线是什么，未来选择从事什么样的职业，如何平衡自身意愿与社会期待等。因此，清晰地认识自己、了解自己对我们来说是非常重要的。

本次课程将会通过四次每次 90 分钟的单元，帮助大家一步步地通过活动体验和分享交流，找寻关于“我是谁”的答案，让大家能够增强对自我的觉察能力，加强对自我的全面认识，悦纳自己的优缺点，不断完善自我。

为了我们每次单元的顺利进行，也希望大家能够遵守以下三点。第一，积极参与每次的活动，不缺席，不迟到，不早退。因为你的参与和分享对其他人来说是非常宝贵的学习机会，可以为他们提供不同的视角以加强对他人自己的认识。第二，认真倾听，通过他人的分享，我们能够从不同的视角中去学习认识和觉察自己。第三，保密，希望我们能够将团体内其他成员的故事、想法和感受留在团体内，不要将其放到团体外进行议论。安全信任的氛围由我们共同去创造。

那现在就开始我们第一单元的活动吧。

(二)热身活动(30 分钟)

1.名字的故事(10 分钟)

指导语：从小到大，最能代表我们自己的那个符号就是我们的名字。这个名字也许包含了很多关于你自己的故事和意义，那么请大家在小组内分享一下自己名字的故事，说一说父母为什么会给你取这个名字，你对这个名字有什么理解，是否满意，如果可以自己给自己取名字的话，你希望叫什么？在这个小组中，你愿意其他成员叫你什么？

小组讨论结束后，请每个小组出一名代表在大组内分享。

2.棒打“薄情郎”(10 分钟)

学生坐在自己的椅子上，一起围成一个圈，其中一个人站在中间。

指导语：现在我们要做一个游戏，××现在在中间，你将这个棒子拿着，随机喊一个人的名字，被喊到名字同学的两侧坐着的同学要及时站起来，若反应迟缓，中间的人就要用棒子捶打这位“薄情郎”。两三轮之后，座位重新调整，再进行两三轮。

3.猜猜我是什么样的(10 分钟)

指导语：刚刚大家通过名字熟悉了彼此，那现在我们将通过三句话对自己的描述，让彼此更加熟悉。请大家在白纸上写上三句话来描述自己，三句最能够代表自己的特点、爱好或者愿望的话，其中两句是真话，一句是假话。

分享环节指导语：现在大家在小组内依次轮流分享自己所写的三句话，由其他的人猜测哪句是假话，并依次说出自己猜测的答案和简短的理由，最后由分享者公布答案。

（三）工作阶段：规划小组（50 分钟）

指导语：请大家在组内选出一名组长，组长将在我们每次单元的活动中起着组织协调引导的作用。选出组长之后，请给小组起一个名字，设计组徽和口号，这使小组各具特色，同时能够彰显我们“自我认识”的主题。

现在请每组组长依次上台展示自己的组名、组徽和口号。

（四）总结阶段（5 分钟）

指导语：今天我们的活动就到此结束，请大家用“这次活动，我感受到了……”为开头分享对这个单元活动的感受。

那么现在请 1、3、5 组的组员分享汇总一下自己的感受，并分享自己在听完组内成员的感受之后，是否还有新的内容想要分享。

二、第二次团体辅导：我是谁

（一）单元回顾（5 分钟）

指导语：现在请大家回顾一下我们第一单元活动的过程，请大家通过观察这些照片和视频，回顾一下自己在这个过程中是什么样的？在群体中分享和表达自己是什么样的？是什么让你有了这样的表现？

播放事先编辑好的带有音乐和情节的第一单元活动的照片。

有哪几位同学愿意分享一下你对自己的新的觉察。

谢谢该同学的分享，从他的分享中我们发现以第三视角再去观察自己时，会发现不一样的自己，能够多一层对自己的理解，同时我们也可以通过其他人对自己的反应来认识自己，希望大家在我们后面几次活动时能够再次运用这样的方式积极进行自我觉察和观察。

（二）热身活动：我来报数（10 分钟）

指导语：现在请大家一起玩一个游戏，这个游戏可以帮助大家再次熟悉彼此的名字。请大家围坐一圈，根据各组的人数（组内人数若为 8）按照 1～8 进行报数，报数的时候站起来并喊出数字，若有两个及两个以上的人同时站起来，必须立马说出对方的名字，若对方喊出你名字之后你还没喊出对方的名字，你就需要重新记忆他的名字，并真诚地说出对方身上令你欣赏或者印象深刻的一点。最后一个报数的人,需要说出组内所有人身上令你印象比较深刻的一点。

(三)工作阶段(70分钟)

1.20个"我是谁"(20分钟)

指导语:今天我们通过不断的自我审视和询问来增强对自己的认识,现在大家手上都有一张白纸,请大家用5分钟的时间从各个角度在白纸上写出20个我是谁,完成"我是______"的句子。

现在请大家将自己写的内容进行归类,积极的与消极的各占多少?

请选择你觉得跟你很像或很不像的那个人组队分享以下几个问题。

(1)你在写20个"我是谁"的过程中,觉得有困难吗?是很快就写完了还是写到后面越来越想不出来了?

(2)请评估你对自己的描述是倾向于积极还是消极?

(3)请看看自己对自己的描述更多地集中于外在还是内在,以及为什么。

(4)请评估你对自己的了解程度,以1~10分进行打分,分数越高,表示对自己各个方面越了解,你会打多少分?

现在请×竖排的同学依次用一个词形容你在整个过程中的体验和感受。

结语:在20个"我是谁"的活动中,我们通过文字的形容和描述从各个方面认识了自己,了解到自己更倾向于积极还是消极的态度,也意识到对自己的认识还不够全面,那么接下来我们通过画画的方式,去表达、去认识我们自己吧。

2.自画像(50分钟)

指导语:现在大家每人选择一支彩笔,然后在白纸上用15分钟的时间画出你眼中的自己,不限于形式,你可以画肖像,也可以画动物、植物来代表自己,甚至也可以创作能代表自己的生物。

画完之后,请在这个自画像旁边用三个形容词去介绍它最大的特点或给人印象深刻的点。

分享环节指导语:现在请大家在组内展示并分享你的自画像,并先根据你对自己自画像的喜欢程度进行打分(满分100分),越喜欢越满意的,分数越高,反之,则越低。打完之后请两人为一小组分享,分享完之后,再找另一个伙伴去再次分享,接着再找另一个新的伙伴进行分享,你需要找到三个小伙伴一对一地分享一下两个问题。

(1)你为什么打这个分,你觉得它目前可以做些什么能够加分。

(2)邀请小伙伴根据他对这个自画像的喜欢程度进行打分,并分享为什么打这个分。

现在通过几轮的分享和交流,大家肯定对自己又有了新的认识和发现,有谁愿意分享一下你的感受、体验以及对自己的新的认识？

（四）总结阶段（5 分钟）

指导语：今天我们的活动就到此结束啦，请大家在小组内分享自己对这个单元的活动感受，用“这次活动，我感受到了……”为开头分享这个单元活动的感受。

现在请 2、4、6 组的组员代表分享、汇总一下本组成员的感受，并讲讲自己在听完组内成员的感受之后，是否还有新的内容想要分享。

三、第三次团体辅导：悦纳自我

（一）单元回顾（5 分钟）

指导语：现在请大家回顾一下第二单元活动的过程，再次回顾一下自己在这个过程中是什么样的，自己在群体中分享和表达自己是如何的，以及是什么让你有了这样的表现。

播放事先编辑好的带有音乐和第二单元活动照片的视频。

哪几位同学愿意分享一下你对自己的新的觉察。

（二）热身活动：海盗船（20 分钟）

指导语：请每个小组上台领一张报纸，铺在地上，所有的成员都站在报纸上。然后将报纸对折后再要求组员全部站上去，接下来再次对折报纸……看哪个小组完成得最快。

（三）工作阶段（60 分钟）

1.个人特点词语头脑风暴（10 分钟）

指导语：请每位同学轮流说出一个描述个人特点的词（形容个人外貌、性格、能力等特点的形容词皆可，如高的、胖的、做事拖拉的、乐于助人的、开朗活泼的等），不能重复其他人的词，重复其他人的词或者卡住的人都要用非言语形式即用肢体表情去表演形容个人特点的词（可以是新词也可以是之前说过的词），其他成员猜对即可继续（2～3 轮）。

2.神奇商店（50 分钟）

指导语：接下来，我们将在神奇商店的游戏中，加深对自己的认识。现在大家需要添置自己神奇商店里的商品。请大家将白纸进行对折，将 A4 白纸分成 8 等份，在上面写上自己商店的名称，并添置自己的商品（即自己的优点和至少 3 个缺点）。可以发散自己的思维，从性格、能力、外貌、兴趣特长等方面发掘自己的优点（如健康、勇于说不、认真等）和想要改进的缺点（如做事拖拉等）。

大家添置好之后，请在组内进行自由买卖，神奇商店的大门将于30分钟后关闭，请尽可能多地在这个时间里去买你想要的商品，并卖出你不想要的商品；你可以用自己某一件商品或者该商品的百分之几去兑换你想要的商品。在此期间，你需要至少卖出一件自己缺点的商品。

分享环节指导语：30分钟时间到，现在请组内两两分享。(1)你买到了什么，卖出了什么？(2)你换的商品哪些是你十分渴望的，哪些留下来或交换来的商品是你内心需要的？(3)你想要的商品都得到了吗？没有得到的时候，你有什么感受和想法？(4)你卖出了哪个缺点的商品？是如何卖出的？

分享完之后，请大家在白纸的背面，写下你对自己想说的话(你看到了什么样的自己，有什么是你想改变的，有什么是需要你去接纳的，你会给自己什么承诺、希望等)。

有谁愿意分享一下在这个过程中你的体验、感受和收获？

(四)总结阶段(5分钟)

指导语：我们今天的活动就到此结束啦，请大家在小组内分享自己在这个单元的活动感受，用“这次活动，我感受到了……”为开头分享对这个单元活动的感受。

现在请3、7、8组的代表分享汇总一下本组成员的感受，并分享自己在听完组内成员感受之后，是否还有新的内容想要分享。

四、第四次团体辅导：一起自信的日子

(一)单元回顾(5分钟)

指导语：现在请大家回顾一下我们第三单元活动的过程，请大家通过观看这些照片和视频，再次回顾一下自己在这个过程中的感受。自己在群体中分享和表达是怎样的，是什么让你有了这样的表现？

播放事先编辑好的带有音乐和情节的第三单元活动的照片。

有哪几位同学愿意分享一下你的新感受。

分享完之后对其回答进行回应并承上启下。

(二)热身活动：小鸡成长记(20分钟)

指导语：现在我们先玩一个游戏，以“蹲着”代表“鸡蛋”，“半蹲着”代表“小鸡”，“站着”代表“大鸡”，然后与相同的成长阶段的人猜拳，获胜的就进化。游戏的开始状态大家都是鸡蛋，然后两两猜拳，赢的人可以进化一步变成小鸡，输的就仍然是鸡蛋。小鸡和小鸡之间继续猜拳，赢的又可以进化一步变成大鸡，输的

就要退变成鸡蛋，鸡蛋和鸡蛋之间也要继续猜拳，赢的就变成小鸡，输的继续保持鸡蛋状态，然后大家再继续找同样状态的人猜拳。大鸡和大鸡之间继续猜拳，大鸡猜对胜出者站到团队带领者身后，算成长结束，输的就要变成小鸡，继续找小鸡进行猜拳。

这个规则大家清楚了吗？还有没有什么疑问，没有的话，我们就开始吧。

(三)工作阶段：戴高帽(45分钟)

指导语：现在请大家将手中的白纸裁成8张小纸片，在纸上分别写出本组其他成员的至少两个优点，然后小组中每个人轮流当“明星”，其他成员挨个讲你心目中“明星”的优点。说优点时态度要真诚，要用“我认为你的优点有______，我是从______发现的”句式来表达。全部说完之后，将自己写的优点的纸条送给“明星”。注意：(1)该优点必须是你认为“明星”确实具有的，能举出例子更好，确保真诚、真实。(2)在别人讲述你的优点时，你只微笑听着就好，不必不好意思，也不必表示感谢，更不要因为别人叙述不够准确而反驳。

分享环节指导语：现在请大家在小组内分享每个人都当了“明星”后，数一数同伴帮你找到了几个优点。想一想，其他同伴的优点哪些是你也具备的，你以前有没有发现自己还有这么多的优点，以及通过这个活动你收获了什么。

(四)总结阶段(20分钟)

1.本次结束活动(5分钟)

指导语：在自我认识之旅结束之际，请大家选一支彩笔在A4纸最上端写下自己的姓名并加上一句简短的给自己的话(可以是给过去的自己，也可以是给现在的自己或者未来的自己)。写完之后请每个成员依次在组内寻找一个跟你过去/现在/未来的自己比较像的人向对方表达(两个椅子，面对面)，其他成员认真倾听。

现在请大家根据自己写的这段话，在这张白纸上画画，1分钟之后，按照顺时针方向，传给下一个成员，该成员根据这段话在其基础上作画或者写上对其祝福的话。依次轮流，直至每个成员的画回到自己手上。

请大家观察自己的画并在组内分享体验和感受。

2.回首过去(15分钟)

指导语：通过四个单元的活动体验和交流分享，我们从不熟悉到通过名字的故事了解到每个人名字背后的意义，到20个“我是谁”的不断自我叩问和审视，以及对自画像的不断探索，再到通过不断地买卖交换神奇商店的物品，在不断的选择决定中明晰自己看重的和需要接纳的，再到最后的相互欣赏的明星环节，我们的自我探索之旅也要接近尾声了,请大家回顾一下这四个单元的活动,在小组内分享令你最难忘、收获最大的单元活动并分享原因。

第五节　辅导后学生反馈

文丽:参加这次团辅活动收益很大,与小组成员一起完成各个单元的任务,彼此之间越来越信任了。最重要的是我发现了自己更多的优点,也能坦然面对自己的一些不足,从而很好地接纳了自己,也相信自己的未来是美好的。

大艺:我觉得自己是一个内向的人,平时在班级、宿舍里存在感不是那么强,但在小组里我好像不一样了,随着任务的一步一步深入,我对自己的认识逐渐加深,也解决了一些成长中的困惑。到最后戴高帽环节,我都能坦然接受别人对我说的优点。

蕾蕾:刚开始参加活动的时候,自己其实很紧张,担心做不好或是别人评价不好,在老师的带领下,我逐渐认识到这些都是我对自己的认识不客观造成的。通过四个单元的活动,我基本上能接纳自己了,最后也很放松,就像第四单元的活动一样,我正过着自信的日子,非常感谢这次团辅,感谢老师,感谢团队成员。

润泽:团辅跟平常的培训还是不一样的,小组内的体验,让我对传递的知识印象深刻,不是靠别人告诉我这个是什么样,而是靠自己体验。其实认识自己挺难的,我一直对这个话题感兴趣,甚至还读过哲学方面的书,但都没有这次体验来得具体、来得畅快,并不是完全聚焦在积极的方面,更重要的是可以转化消极的方面。

苏六:在老师及成员们默契的配合下,我们愉快地结束了团辅,既学到了相关的知识,也获得了相关体验,这种体验不是日常生活中能感受得到的,这些只有在特定的情境下才可以收获到。非常感谢老师及成员努力营造的情境,大家都很投入,我自己也收获良多,更加清楚地了解自己,能认识到自己还有没被发现的优点,当然也会有一些不足,但这并不影响我们完成将来的一些规划,我相信将来会很好。

第六节　辅导后教师反思

一、建立良好关系

个体咨询中，无论来访者的品质、情感和行为怎么样，咨询师对其都不做任何评价和要求，并对来访者表示无条件的接纳，使来访者觉得自己是一个有价值的人。这点特别重要，是建立良好关系最基本的要求。自我认识团队对关系的要求更高，只有在温馨而安全的环境中，团队成员才能无负担地探索自己、开放自己。这就要求团队带领者在带团体的过程中不批评、不指责，而是抱着好奇的心态去探究究竟发生了什么，并给予积极关注。

二、妥善解决突发事件

在有突发事件的辅导中，是放弃对事件的深究保持方案的完整性还是探究事件以达到很好的辅导效果？这就回归到为什么要做团体辅导，形式完整并不是团辅本质的要求，毕竟还有非结构性的团体辅导。团体辅导就是要通过成员间的互动，观察、学习、体验，从而探索自我、认识自我、接纳自我，在团体成员经验与感受的分享中产生“与别人一样”的体验，这种体验更深刻，更利于成员的成长，但这对带领者来讲挑战还是很大的，需要掌握好探究的程度，既要关注到当事者，还要兼顾其他成员。

三、注意增进团体动力

在团体辅导中要注意运用策略来催化团体动力。创始阶段要启动团体动力，过渡阶段要增进团体动力，工作阶段要运用团体动力，结束阶段要凝聚团体动力。

第二篇
团体辅导主题二：学在大学

大二是大学生能否顺利完成大学学业的关键时期，大二也是学生最容易出现问题的时期。百度百科上有一个词条叫作“大二现象”，指学生在大二进入自主学习阶段后，在学业上出现的严重“两极分化”现象。学习目标明确、职业规划合理的学生学习动力较强，已经开始朝着职业生涯目标不断努力；学习目标不明确、没有职业生涯规划的学生，往往会陷入迷茫、徘徊之中，学业、心理和人际关系等方面都有可能出现问题。同样是大二，由于状态不同，这两类学生从此差距越拉越大。

大学四年转瞬即逝，大二是非常重要的转折期和关键期，我们需要帮助学生及时调整学习生活状态，找到学习目标，积极行动起来，提高自己的时间管理能力、学习觉察能力、沟通能力和情绪管理能力，将荒怠的大二变成充实的大二，不给自己的大学生涯留下遗憾，为实现自己的职业生涯目标提供良好的保障。

第一章 做好生涯规划的有力支撑，学会时间管理

第一节 辅导前学生案例

方齐是个性格开朗、积极活跃的男孩。他入校后迫切地想在大学的舞台充分展示自己，为了锻炼工作能力，参加了校学生会和院学生会的纳新，均顺利入选，还当选了班委；为了结识更多志同道合的朋友，他加入了四个社团。方齐同学每天在各种通知、活动策划、现场组织、社团或班级活动中分身乏术，因为任务过多，经常需要熬夜，上课精力无法保证，这直接影响了学习效果，在第一学期的期末考试中有两门必修课不及格，其他课程的成绩也不尽如人意。

期末考试的当头棒喝让他痛定思痛，决心利用寒假好好把落下的学业补一补。但是又出现了状况，刚放假时，他想先休息一下，调整调整状态。刚做了学习计划，隔三岔五就有高中同学约他聚会。等聚得差不多了，已经临近春节，家里开始准备过年，紧接着走亲访友。忙忙活活一通，离开学也不远了，结果寒假学习计划仍未实施。于是，方齐同学带着尚未解决的问题回到学校，在后悔和内疚的情绪中开始了新学期的学习。

案例分析：以上案例是大学生时间管理方面比较典型的表现，对自己的大学学涯没有足够清晰的目标和规划，选项太多又难以取舍，分不清轻重缓急，导致每天都感觉时间不够用，一天到晚忙忙碌碌却没有与之相应的收获，甚至连学业都受到了影响。像案例中的方齐同学，虽然也意识到了问题所在，但是缺乏足够的行动力、自制力，更没有实施计划的保障措施和必要监督。如此一来，很容易陷入恶性循环。

在平时与学生的接触当中，会遇到不少同学存在“时间都去哪了”的困惑。

有同学说，每天都忙死了，陀螺一样连轴转，甚至忙得连睡觉的时间都没有，可是回头看看，好像没有什么收获。

有同学说，我好想安安静静地看自己喜欢的书，那种厚厚的大部头的书，但是没有集中的时间，只好把零零碎碎的空闲时间用来刷手机，让支离破碎的闲暇更加支离破碎，而且鲜少有有意义的收获。

还有同学说，同样是上课，同样是参加活动，同样是忙忙碌碌，为什么人家学业成绩优异、拿奖拿到手软，走到哪里都是焦点，而自己却样样稀松平常，没有任何可圈可点之处。可以说，在大学校园里，上述情况比比皆是。

第二节　时间管理团体辅导设计方案

活动目的：提高学生的时间管理能力，为其大学生涯规划的实施提供更为有效的时间掌控，以保证大学生涯规划的实施质量，乃至养成受用一生的时间管理习惯。

活动对象：可以单独面向在时间管理方面有苦恼的学生等特定群体开展，也可以以班级为单位组织主题活动，30 人以内为宜。

教辅人员：助教人数根据参加学生组成团队数确定，摄影师 1 名。

活动时长：活动分 6 次，每次均为 90 分钟(见表 2-1-1)。

表 2-1-1　团体辅导框架

模块	活动名称	活动目标	活动内容	设施与材料
1	记忆中的我	组建团队，成员相互认识 营造氛围，达成共识 回顾过去，聚焦问题	开场白 安静地排队 平衡轮	计时器(可以用手机代替)；根据参加人数准备空白平衡轮
2	时间都去哪儿了	分析自己典型一天的时间消耗情况 找出可以优化的部分 设计优化思路	滚雪球 时间饼图 君子之约	根据参加人数准备空白时间饼图
3	时间管理工具	引导学生搜索时间管理技巧和工具 各组对搜索到的工具进行“推销”	沉默三分钟 时间寻宝 立“军令状”	计时器(可以用手机代替)；根据参加人数准备标有号码的标签 作业：使用时间管理工具，找到适合自己的

续表

模块	活动名称	活动目标	活动内容	设施与材料
4	对抗拖延症	通过分享检验学生使用时间管理工具的效果 引导学生分析自己的拖延症类型 为自己设计治疗拖延症的方案	盲贴马尾 对号入座 对症下药	白板、白板笔、眼罩、计时器（可以用手机代替）、六种颜色的纸质马尾巴 作业：测试自己的对抗拖延症方案，并进行必要的调整
5	余生宝贵，切勿浪费	引导学生再次感受时间的宝贵、生命的可贵 引导学生珍惜每一秒的宝贵时光	彩色人生 畅想未来 目标落地	计时器（可以用手机代替）、A4 纸、水彩笔；根据参加人数准备标有号码的标签 作业：为自己的短期、中期、长期目标制订详细计划
6	假如我有时光机	充分分享 带着对未来的美好期待在轻松愉快的氛围中结束团辅	时间幻游 所感所悟 放飞纸飞机	轻柔的音乐、白色 A4 纸、黑色中性笔、彩色 A4 纸、水彩笔
团体辅导效果整体评估				

第三节　相关理论链接

一、二八时间管理法则

“二八时间管理法则”具体是指我们花 20％的时间，即可取得 80％的成效。所以，要把自己的精力放在重要的事情上，以提高时间利用效率。

二、时间管理四象限法则

我们将任务按照重要、不重要、紧急、不紧急来划分，可以分为四个象限。重要且紧急的任务，被称为“第一象限”，该象限内的任务同时具有时间紧迫性和影响重要性，必须优先处理，不容拖延更不能回避。重要不紧急的任务，被称为“第二象限”，该象限内的任务在时间上不具备急迫性，所以往往被忽视，但是它通常具有重大的影响，对我们有着重要意义，应当予以充分重视，否则不利于长远发展。不重要却紧急的任务，被称为“第三象限”，该象限内的任务颇具迷惑性，导致我们误认为紧急的事情都是重要的，实则不然，很多不重要的事情往往因为其时间上的急迫性占用我们很多时间。既不重要又不紧急的任务，被称为“第四象限”，该象限内的通常都是一些杂事，纯粹是浪费时间，这类任务应该尽可能规避。

三、SMART 原则

为高效达成目标或执行原则，人们往往制定目标管理的五项原则(Specific、Measurable、Attainable、Relevant、Time-bound, SMART)。其具体内容包括以下五个方面：Specific，是指所设定的目标必须是具体的；Measurable，是指目标必须是可衡量的；Attainable，目标必须是可实现的；Relevant，该目标必须和自己的其他目标相关；Time-bound，目标必须有其明确的完成时限。

第四节　时间管理团体辅导具体实施过程

一、第一次团体辅导：记忆中的我

(一)建立关系(5 分钟)

1.简要介绍此次团体辅导的性质、活动目的、活动方式、活动时长、活动意义。

指导语：我们在学习、生活中，经常会遇到这样的问题，明明每天都很忙碌，但是却不见收获。大致会有这样几种情况，比如有的人时间观念特别强，一秒钟都不允许自己浪费，所以把时间精确到分秒，紧绷神经让自己身心俱疲；有的人像陀螺一样忙个不停,时间投入不少,却没有获得相应的成效……究其原因,在于行动之前没有确立目标,又或者是目标眼花缭乱、计划完美无缺,但实施起来虎头蛇尾。

时间是我们最宝贵的资源,科学、有效的时间管理有利于提高我们学习、工作的效率,进而提高生命质量。所以,时间管理对我们来说是一项特别实用的技能,掌握好这项技能,可以帮助我们避免跌入时间陷阱,收获高效人生。

我们的"时间管理"主题系列团体辅导将分成 6 次活动,每次用 90 分钟的时间,通过做团辅活动的形式来体验时间管理的魅力,了解我们对时间的感受和掌控力。

2.明确此次团体辅导的规则。

指导语:各位同学,为了保证大家能够全身心投入,充分发挥团体辅导的效果,在活动过程中,大家要共同遵守以下五条规则。

(1)遵守时间和约定,保持手机关机或静音,不带入场地。

(2)注意力集中在当下,认真倾听,积极投入。

(3)保持坦诚、开放的心态。

(4)尊重每个成员。

(5)保守团体成员的秘密。

关于以上五点,大家同意吗?如果有不同意见或者有补充,请直接反馈。……规则既然得到了集体认可,希望每一位参赛者都能够信守承诺,在团体中获得更好的体验和收获。

(二)热身阶段:安静地排队(15 分钟)

指导语:请所有人绕着我围成一个圈站着,面朝我,下面我来介绍一下活动规则。接下来,所有成员在不讲话的情况下,按照各人生日,从 1 月 1 日到 12 月 31 日,排成一列,排头站在我的面前。排队的过程要求绝对安静,同时,大家要在不借助任何计时工具的前提下,预估完成时间。当我喊"开始"后,同学们迅速开始行动,然后助教用秒表计时。请大家在完成排队后举手示意,所有同学都确认好自己的位置之后,我们从头到尾公布生日,验证排队的准确度。这个活动规则我讲清楚了吗?那么现在正式开始。

好,同学们,刚才大家完成得非常规范,而且准确无误,特别棒!可见对规则的掌握很清晰,而且具备了超强的行动力。我想请几位同学猜一猜,咱们这次完成"安静的排队"花了多长时间?这位同学说 5 分钟,有人觉得 5 分钟不够吗?你觉得是多久?6 分 30 秒。还有不同答案吗?这位同学说 3 分 40 秒。还有其他答案吗?……好,那么接下来请我们的助教来公布一下确切的时间。

怎么样，同学们，是不是很吃惊？请1～2位同学谈谈感受，分享一下在活动中有哪些新的发现和收获吧！很难想象听起来如此复杂且困难的一件事情，我们居然用这么短的时间就顺利完成了。这个小活动就是请同学们体验一把我们对时间的掌握力，同时呢，也提醒我们时间蕴藏着巨大的能量，而如何更加合理地掌握时间，如何能在有限的时间投入内获得更丰富的产出，正是我们这一系列团体辅导要探讨的主题——时间管理关注的重点。

好了，这个环节还有一个小尾巴，借助排好的队，我们来分一下小组：从排头开始，大家按照1～6的顺序循环报数，报数相同的同学组成一个小组，小组内生日最大的同学担任组长。从此刻起，我们的活动都以目前分好的小组为单位来进行。请大家迅速相互认识一下。

（三）工作阶段：平衡轮（50分钟）

指导语：请助教给大家发放我们事先准备好的空白平衡轮。各位成员认真回忆一下，自己过去一年当中发生的重要事件，总结出自己最重视的8个方面，写下一年里最得意和最遗憾的3件事，比如学业、健康等方面的事情。这个环节，我们用20分钟完成。

好了同学们，请对照已经填充的平衡轮进一步思考，你写出的最得意的三件事是因为自己做了什么才得到了好的结果；最遗憾的三件是因为什么导致了遗憾的产生。这个环节，我们用10分钟完成。

结合刚才的平衡轮填充和事件分析，接下来我们进行小组内部分享，看一看你最得意的事情能否获得大家的赞叹，最遗憾的事情是否能引起大家的共鸣。组内分享15分钟之后，每个小组派一位代表进行总结发言。

好了同学们，刚才大家的发言非常踊跃，传达的信息也很丰富，从中我们不难发现，不论是得意之作还是遗憾之处，都和“时间管理”有着千丝万缕的联系。那么，你是不是很好奇“你的时间都去哪了？”这个问题，这也将是我们下次团体辅导的主题。

（四）总结阶段（20分钟）

指导语：同学们，我们最后简单对今天的活动做一个回顾。来，一起面对面围成一圈坐下，请大家闭上眼睛。各位同学，请你想象一下，如果你有机会可以用完成“最得意的三件事”的态度和做法做每一件事，“最遗憾的三件事”还会不会出现？从今天开始，自己能不能做到尽己所能，避免遗憾？请大家向自己提问，并明确作出回答。相信每位同学都会给出明确的答案。

本次活动之后，大家有一周的时间进行实践，请大家认真记录未来一周内自己做出的改进，在下次团体辅导的时候我们会给大家机会来分享实践效果。

最后，请全体成员起立围成一圈，每人用一句话总结一下参加这次团体辅导的感受和收获。

各位同学，请大家带着今天的收获开始一周的实践之旅，带着期待迎接下一次团体辅导的到来吧！

二、第二次团体辅导：时间都去哪了？

（一）热身阶段：滚雪球（20 分钟）

指导语：同学们，一周不见让本就不甚熟络的我们重回陌生，大家不妨猜一猜，用多长时间大家可以重新熟悉起来并且能够记住小组内所有同学的姓名、家乡等呢？关于这个问题，大家给出的时间差异比较大，那我们就用一个小游戏来挑战一下，在帮助我们消除陌生感的同时也让彼此有更深入的了解。这个游戏叫作“滚雪球”，大家可能并不陌生。接下来，请大家在小组内进行详细的自我介绍，具体方法我来说明一下：每个小组围成一个圈，以组长为第一位，向大家介绍自己的姓名、来自哪里以及最显著的特点。接下来按照顺时针方向，每个成员依次介绍。需要注意的是，第二位成员在介绍自己的时候，要先说出自己前面成员自我介绍的全部内容。第三位成员要说出第一位和第二位成员自我介绍的内容，以此类推。最后一位成员在做自我介绍的时候要把全组的成员信息都介绍到。

老师和一组组长来示范一下。一组组长：“我是来自山东济南的喜欢长跑的A。”老师接着：“我是来自山东济南喜欢长跑的 A 的旁边的来自山东威海的喜欢看书的 B。”……规则我讲清楚了吗？

正式开始之前，我再提醒一下，在进行过程中，小组成员要集中精力、相互关注，让彼此有团队归属感。同时，请助教计时，逐一记录每组的完成时间。

先完成的小组，请举手示意。好，所有小组都完成了，我们请每个小组选派一名成员把本小组的成员介绍给大家。

让我们做一个小分享，请另外选派一名成员发言。请问大家，在进行组内自我介绍时，全组成员的信息被重复了多少次？大家对哪位成员的信息记忆最深刻？答案很一致，是组长对吧？原因很明显，因为组长的信息被重复的次数最多，这就向我们揭示了一个很浅显的道理——“只要功夫深，铁杵磨成针”。将时间用在哪里，成果就出在哪里；不论是学习还是工作，有意识地强化训练一定能取得成效。

(二)工作阶段:时间饼图(60分钟)

指导语:大家上周的作业完成得怎么样啊?接下来我们请两名同学做一下分享(辅导老师根据分享情况进行点评,给予肯定)。

同学们还记不记得,在第一次团体辅导结束的时候我们留了一个什么问题?对,是“时间都去哪了?”以前你关注过自己的时间流向吗?本次团体辅导将会用“时间饼图”这个工具帮助大家揭晓答案。

请助教给每人发一张空白的时间饼图,我来向同学们介绍标记方法:从0点到24点,逐一标注出自己一天时间的使用情况,并进行分类计算,分析自己的24小时去了哪里。给大家20分钟的时间来完成,然后用5分钟进行小组分享,介绍自己的时间使用情况。

小组分享结束后,请同学们回答我的问题:起床时间晚于早上7点的请示意,就寝时间晚于晚上11点的请示意,每天睡眠时间少于7个小时或者多于9个小时的同学也请示意。以上同学,请注意健康作息噢!特别是中一条以上的,更需要尽快调整。

分享暂告一段落,请同学们重新梳理一遍时间饼图,盘查有哪些时间是可以重新规划并有效利用的。各自计算可以“节约”下的时间,设想这些时间可以用来做什么,并将以上内容写下来。这个环节,大家用10分钟完成,然后进行小组分享,看看其他人的想法是否可以给你一些启发。

最后,我们用10分钟的时间进行整体分享,每个小组选派一名成员代表小组发言,介绍自己小组同学的时间饼图调整前后的变化。

(三)总结阶段:君子之约(10分钟)

指导语:同学们,我们最后简单对今天的活动做一个回顾,一起面对面围成一圈坐下,请大家闭上眼睛。各位同学,请你想象一下,通过时间饼图的盘点节省下的时间,如果按照自己的设想充分利用起来,并且能够持续一个星期的话,会给自己带来什么变化;如果能持续一个学期、一年,会给自己带来什么变化。然后问自己,是否愿意坚持,并明确回答。请小组内的成员结成两人小组或者三人小组,相互监督。我们在下次活动时分享效果。那么,我们本周的作业就是时间饼图实践。

最后,请全体成员起立围成一圈,保持圆圈的状态,每人用一句话总结一下参加这次团体辅导的感受和收获。

各位同学,请大家带着今天的收获开始一周的实践之旅,带着期待迎接下一次团体辅导的到来吧!

三、第三次团体辅导：时间管理工具

（一）热身阶段（20 分钟）

指导语：各位同学，很高兴看到大家齐聚在今天的团辅现场，你们的如约而至，是对自己承诺的信守，也是对彼此努力成长的见证。首先，我们还是来做一个和时间有关的游戏，我把它叫作“沉默三分钟”。

请大家面向我，围成一个圆圈，集体向后转，统一把眼睛闭上。我喊“开始”之后，助教进行三分钟倒计时，同时大家开始预估时间。在不借助任何计时工具、不进行任何交流的情况下，各自感受自己的“二分钟”，当你感觉三分钟结束时，向后转，眼睛仍然不要睁开，然后助教根据成员转动的次序分发带有序号的标签。

助教在三分钟倒计时结束时示意所有成员睁开眼睛，根据大家拿到的标签看谁估计的时间最接近三分钟。

请估时最接近三分钟的三名同学用“我感受时间的秘诀是……通过这个活动，我的收获是……这个活动对我的启发是……”为句式组织发言，进行一下分享。

感谢大家的分享，我们都直观感受到经过两周的训练，大家对时间的感知力越来越强了。我们借着这阵东风，再回忆一下上周的内容，分享为期一周的新“时间饼图”的实践感受。请用“我对新‘时间饼图’的实践体验是……在充分利用时间方面，我最大常用的方法……在继续优化时间管理方面，我最大的困惑是……”为句式组织发言，进行分享。

通过同学们的分享，看得出大家对时间管理工具的需求还是比较集中的。下面我们就共同来开启一场特殊的“时间寻宝”之旅。

（二）工作阶段：“时间寻宝”（60 分钟）

指导语：请大家以小组为单位，搜集时间管理的技巧和工具，包括但不限于手机或电脑应用软件、小程序等。在这个过程中，可以借助手机等工具。小组内部逐一讨论搜集到的时间管理技巧和工具，并筛选出公认的最具可行性的四种项目。这个过程，给大家 40 分钟时间。

按照完成顺序，各小组依次在白板上写出本组确定的项目，这个环节我们需要在 5 分钟内完成。

下面请大家注意白板上的内容，我们一起找一找，各组有没有相同或者类似的项目（根据各组的答案进行点评）。

接下来请各小组派一名代表对自己小组的项目进行解释说明，让全体成员了解情况，以便于大家选择。

(三)总结阶段：立“军令状”(10分钟)

指导语：经过大家的挖掘和整理，我们一共收获了N种可供大家选择的时间管理小工具，那么大家觉得，我们这个周的作业将会是什么呢？(等待回应)

对，本周的作业就是在本次团体辅导结束后，测试出适合自己的方法，并坚持一周，检验该方法是否合适自己。同时，请在自己的两人小组或者三人小组内相互监督。

最后，请全体成员起立围成一圈，保持圆圈的状态，每人用一句话总结一下参加这次团体辅导的感受和收获。

各位同学，请大家带着今天的收获开始一周的实践之旅，带着期待迎接下一次团体辅导的到来吧！

备用方案：

辅导老师可以提前准备部分时间管理的技巧和工具，如果学生在“时间寻宝”的环节发掘不够充分，辅导老师可以适当地补充。

四、第四次团体辅导：对抗拖延症

(一)暖场阶段：盲贴马尾(20分钟)

提前准备好白板，并画好一匹没有尾巴的马。准备6条用纸做的马尾巴，可以用不同的颜色以示区分，贴好双面胶备用。在白板前4～5米处标记出起点。

指导语：同学们好，本次团体辅导的暖场活动有点难度，看看哪6位同学愿意来挑战一下。流程是这样的：每个小组派出一名同学，戴上眼罩，在其他组员的语言引导下，从起点开始走到白板前并将马尾巴贴到马身上。注意，在贴马尾的过程中，负责辅助的同学只能通过语言提供帮助。助教记录完成时间。6个小组依次完成。最后我们来比较哪个组贴得又快又好。我讲清楚了吗？

下面，请每个小组各派一名代表进行分享，贴马尾的和负责辅助的同学我们各请三位，请大家结合自己的角色，分享一下活动感受和收获，重点谈一谈带给自己的启发。

感谢同学们的分享，老师简单总结了一下，大家发言中很有价值的一条是：只有目标精准、方法得当才能取得理想的效果。

(二)工作阶段："对号入座"和"对症下药"(60分钟)

指导语：在刚才的活动中，我们总结出"目标精准、方法得当才能取得理想的效果"。而实际学习、生活中，阻碍大家的计划顺利实施的障碍来自哪里呢？让我们给自己"诊诊脉"，找出症结所在。

请大家以小组为单位，进行组内分享。每位同学都要发言，组长负责记录。围绕的主题是：上周的作业完成情况怎么样，坚持得好不好？坚持满整周的有什么秘诀，没有坚持住的遇到了什么困难？

各小组派代表分享本组结论。通过分享，我们发现"拖延症"这个词的出现频率比较高，成为妨碍我们进步的绊脚石。那么，大家有没有想过，引发"拖延症"的原因有哪些呢？再请大家就自己的拖延情况作一番梳理，看看能否找到答案。

经过两次分享，同学们已经提炼出拖延的原因，也就是所谓的拖延症类型，不外乎以下四种：

积极型拖延，即拖延时间是为了做更加充分的准备以更好地完成任务；

消极型拖延，即破罐子破摔，不到最后一刻绝不开始；

任务过重型拖延，即任务太多导致不知从何下手；

毫无理由型，即没有任何理由，只是单纯拖着不想做。

同学们可以根据自身情况"对号入座"。

下面的环节我们可以自由移动，请具有相同拖延类型的同学组成临时小组，综合已经掌握的时间管理工具和技巧，设计方案对抗拖延症。如果以上情况你符合不止一条，请依照最明显的一条选择临时小组。小组内分享结束后，请每个临时小组派一名代表分享本组的拖延症对抗方案。

同学们，我们想了很多主意，我看到了大家在努力寻找对策，解决自身存在的问题。号脉、开方、抓药、煎药，都很必要，但都不是最重要的，最关键最有效的时间管理方法，是强大的意志力。只有不断强化自己的意志力，才是有效管理和使用自己的时间的王者之道。

(三)总结阶段：立"军令状"(10分钟)

经过大家的挖掘和整理，我们一共收获了N种可供大家选择的对抗拖延症的方法，那么大家觉得我们这个周的作业将会是什么呢？(等待回应)

对，本周的作业就是在本次团体辅导结束后，测试出适合自己的方法并坚持一周，检验该方法是否适合自己。同时，请在自己的两人小组或者三人小组内相互监督。

最后，请全体成员起立围成一圈，保持圆圈的状态，每人用一句话总结一下参加这次团体辅导的感受和收获。

各位同学，请大家带着今天的收获开始一周的实践之旅，带着期待迎接下一次团体辅导的到来吧。

五、第五次团体辅导：余生很贵，切勿浪费

（一）热身阶段："沉默三分钟"（20分钟）

指导语：各位同学，我们今天的暖场活动仍然用第三次团体辅导用过的"沉默三分钟"，操作方法我就不重复了，请大家准备好，开始。

请估时最接近3分钟的3名同学仍然用"我感受时间的秘诀是……通过这个活动，我的收获是……这个活动对我的启发是……"句式进行一下分享。重点分享这两次活动感受不一样的地方。

感谢大家的分享，这次我们发现同学们估算的准确度比第一次要高，这充分印证了大家超强的学习实践能力。

（二）工作阶段：彩色人生（60分钟）

1.绘制人生方格

指导语：各位同学，请仔细看一下助教发给大家的道具，请问你发现了什么？对，这是一张印满方格的A4纸，表格的纵列有100个格，横行有12个格，列和行分别代表年和月，这一纸的方格，代表了100年。下面，请大家做一个设想，希望自己的人生有多长？请将你预设的年龄之后的方格涂成黑色。现在表格上剩余的方格就是我们一生的岁月。那么你现在多少岁？请用颜色涂满已经过去的时间；空白的，就是自己的余生。请接着想象，每过完一个月，就涂掉一格。涂颜色的时候，回忆当时遇到的事情和当时的心情，用不同的颜色去表示。

过去在回忆里变得色彩斑斓，但毕竟已经成为过去，满意或不满意，都已无法改变。所以，关键在于当下和未来。你希望自己未来的人生是什么颜色，你将用什么样的态度去过完将来的每一天、每个月、每一年，这完全取决于你自己。请大家带着思考和憧憬来决定用怎样的颜色去涂满剩余的空格。这也意味着，自己期待在余生希望发生什么事情，希望自己沉浸在什么样的心情里。我们借用这张彩色的表单，来规划自己的余生，这种具象的手段轻而易举地营造出"时不我待，只争朝夕"的紧迫感。

2.小组交流研讨

下面请大家在小组内分享一下自己的人生方格，看看彼此的异同，然后再集体探讨一下如何缓解这种紧迫感。根据表单上同色色块的聚集情况对应出自己

的短期、中期和长期目标，并依照SMART原则做好行动计划。计划做好后，回忆上一次团体辅导的主题——对抗拖延症，想一想，如果无法有效遏制拖延症，自己的所有目标无异于镜花水月。

（三）总结阶段：立“军令状”（10分钟）

经过大家的共同努力，我们给自己未来的人生设定了颜色，找到了自己不同阶段的目标，也找出了通往这些目标的必经之路。本周的作业就是在本次团体辅导结束后，实施自己的行动计划。同时，请在自己的两人小组或者三人小组内各组员相互监督。

最后，请全体成员起立围成一圈，保持圆圈的状态，每人用一句话总结一下参加这次团体辅导的感受和收获。

各位同学，请大家带着今天的收获开始一周的实践之旅，带着期待迎接下一次团体辅导的到来吧！

六、第六次团体辅导：假如我有时光机

（一）方案简介

1.本次活动直接进入主题。

2.通过核心活动让成员畅想未来，立足当下，更好前行。

3.圆满完成本系列团体辅导活动。

（二）实施过程

指导语：同学们，今天，是“时间管理”系列团体辅导的最后一次活动，我们已经是老朋友了，这次就直奔主题吧。今天，老师将带着大家进行一次特殊的旅行——“时间幻游”。请助教放音乐，大家在椅子上找一个合适的姿势坐好，请闭上眼睛，尽量放松，放慢你的呼吸，放松你的头，放松你的脖子，放松你的肩膀、胳膊、手指，放松你的后背和腰部，放松你的腿和脚……现在，你已经完全放松下来了。现在的你乘坐时光机来到了10年之后，这是公元哪一年？你希望是哪一天在什么样的地点和场合与10年后的自己相遇呢？环境怎样，设施怎样？进行了有效的时间管理之后的自己，在10年之后，会是什么样子呢？你从事什么工作，当时的你在干什么，处在什么样的状态？你最想对那时的自己说什么？

很神奇的是，那时的自己也看到了你，而且认出了你，对方要感谢你让他成为现在的样子，你觉得，那时的自己最可能对你讲的一句话是什么？

我们回到现在，回到教室，回到现在坐着的椅子上，好，睁开眼睛，欢迎你们回来。

下面，请每位成员依次向组内的其他成员介绍自己在时间旅行时的所见所闻，注意介绍细节。分享自己对10年后的你说的那句话以及10年后的你对现在的自己的感谢，并谈谈听到这两句话后的感受。

下面，我给大家20分钟的时间，请每位同学写下参加团体辅导以来的感想和收获。哪一次的团体辅导给你的印象最深，为什么？哪个活动给你留下的印象最深，为什么？

写完之后，让我们围坐成一圈，每位同学畅谈感受和收获。

最后，是我们放飞纸飞机的环节，请助教给大家分发彩纸和水彩笔，大家选择自己喜欢的水彩笔，在纸上写下对未来的自己的美好祝福并折成纸飞机，尽情放飞。接下来请大家就近捡起一架纸飞机，从我开始，大声读出上面的祝福语，按照顺时针方向依次进行。

结束语：同学们，六周的相互陪伴让我们见证了彼此的成长与进步，感谢你们，让我在你们的生命中路过并留下了一段美好的记忆，请大家用心实践这六周的所得所获，将这段记忆转变为帮助你走得更高、更远的不竭动力！

第五节　辅导后学生反馈

其一：我是第一次参加这样的专题性的团体辅导，第一次有机会如此郑重、细致且系统地思考时间管理问题。在活动中我找到了自身的症结所在，与此同时，在老师和小伙伴的帮助下，也找到了解决方法。令我十分高兴的是，通过尝试，我已经小有收获。我想我会坚持下去，因为我深深认同那句话：时间管理的核心，是我们的毅力。我有信心做一个自律的人，通过努力让自己的人生更有价值。

其二：时间管理的团体辅导让我学会了“做计划”。这不同于高中，那时候的计划仅限于学习任务，而大学阶段的计划则包含了方方面面。现在，不论是周日做“下周时间安排表”，还是每天早晨列出“今日清单”，都已经成为我的习惯。得益于这份自己和自己的“预约”，我的生活和学习越来越井井有条。悉心规划看得见的未来，大胆设计看不见的未来。为了更加美好的明天，我会好好努力！

第六节　辅导后教师反思

在快节奏高效率的当今社会，有大量的时间管理拥趸，可见“时间管理”戳中了不少人的痛点。赫尔曼·黑塞(Hermann Hesse)说过：“生命究竟有没有意义并非我的责任，但怎样安排此生却是我的责任。"我想，我们可以化用一下："时间究竟有没有意义并非我的责任，但怎样安排此生却是我的责任。"

学生初入大学，大都面临适应问题，有的同学状态转变很快，迅速进入新的轨道，开启精彩的大学生活；有的同学则原地打转，迟迟不能迈步向前。究其原因，很大程度源于不能合理、有效地掌控自己的时间。进入大学之前，很多学生的时间被学校、老师、家长规划得明明白白，日程表甚至以"分钟"来计算：在学校有老师监督，在家有家长管教，时时处处都处在固定的框架之下。进入大学，学习方式发生了很大的变化，少了老师的严密监督，没有了父母的耳提面命，空前的自由和近乎真空的监管让很多人对时间失去了概念，往往在求学学涯中遭受了打击才追悔莫及。所有的规划无论多么宏大、多么系统、多么合理，都要落地才能带来现实价值，而规划落地的一个重要依托就是充分利用好自己的时间，这就体现了时间管理的重要性。但是，工具仅仅是工具，是技能层面的支撑，做好时间管理的真正内核，在于行动力和意志力。

人生是一场现场直播，没有彩排，没有预演，没有快进也没有倒带，不会给任何人反悔的机会。每一天，每个人都是 24 小时直播。如何高效地利用好手中宝贵的 24 小时，让每一分钟都发挥出巨大的能量，是一个有意义又有难度的命题，它直接关系到我们生命的质量。在不能停止、不能重来的现场直播中，我们应该怎样做才能抓住每一分、每一秒，将每一个动作、每一个镜头都演绎成经典而在历史中定格呢？我想，这也许正是你我曾经和正在思索的问题，也正是我们这个章节想要解决的问题。希望本章节能够帮助大家运用我设计的系列团体辅导活动指导自己的学生破解时间管理的困境、走向更为理想的人生。

第二章　走近生涯元认知，提高学习觉察力

第一节　辅导前学生案例

小王同学：我刚上大学时自信满满，觉得高中三年压抑太久，终于可以轻松一下了，但是由于不熟悉大学的学习规律，我大一结束时有三门考试挂科。到了大二，努力了一学期，仍然没找到学习的有效方法，我感到既失落又自卑，觉得自己技不如人，开始自我放弃，也不太愿意和同学交流，大二结束时，有五门考试不及格。我不知道自己能不能顺利毕业、未来要去向哪里、能做些什么，生活学习处于撞钟混日、随波逐流的状态。

小李同学：我在中学阶段凭着苦读考上了大学，经过两年的大学生活，我切身体会到了高水平大学中高手如林，为了追赶这些佼佼者，我坚信“勤能补拙”和“笨鸟先飞”，希望通过自己的努力最终保研成功：我每天早上 5 点半起床早读，没课就去图书馆自习，回宿舍还坚持学习到 12 点，周末也很少出去玩乐，自己的精力和体力已经熬到了极限。即使这般努力，我也没能实现超越，无力感和挫败感笼罩着自己，我对自己以往的信念产生了动摇，不知道自己坚持的意义在哪里，也找不到继续努力的动力，我感觉自己绷紧的弦随时可能会断。

小林同学：记得我刚上大学的时候，根本不懂大学的意义，对网上所谓的“心灵鸡汤”一笑置之，父母老师“好好学习”的教导听了多年也没有放在心上，于是不自觉地走上“考上大学就轻松了”的道路：我加入各种社团组织，尽情地打游戏，考试就在考试周里突击一下，也没有想过未来的道路，就这样过了两年……看着学长学姐在台上领奖，那是真的羡慕，当时心里就想，什么时候我也能以领奖人而非工作人员的身份登上学校报告厅？这种想法在看到与我同一级的同学上台领奖的时候达到巅峰，甚至涌出了些许难受：大二时同一部门的其他两个副部都能上台，凭什么我却只能坐在台下看着？回头看看高中时期的学习、做题根

本不是个事，是什么让我在大学变成这样呢？

案例分析：这三位同学的分享都是由于学业问题产生了生涯困惑的案例，很多学生进入大学前并没有养成良好的学习方法和习惯，进入大学后也没有掌握大学的学习规律，学习效果不好导致学业困难；还有些学生认为平时并不需要花时间和精力去学习，考前突击，临时抱佛脚致使成绩不甚理想；也有部分学生每天喊着"好好学习"的口号，但是很少付出行动，受手机、电脑和游戏等的诱惑，对于学习是三天打鱼两天晒网，并没有持之以恒的毅力。21 世纪的文盲不是不识字，而是没有学习能力。社会竞争的本质就是一个人学习能力的竞争，包括学习新知识的能力、更新旧知识的能力、将知识技能整合起来解决问题的能力。目前，"学困生"问题已日渐成为高校教学管理工作和学生工作的重难点。学业问题如果不能及时解决，往往会引起学生对自我的认识、未来发展等方面的生涯困惑。如果我们不能有效解决学生的学业困难和生涯困惑，他们产生心理问题的概率就会大大增加。科学分析"学困生"成因，寻求适当的解困途径，使"学困生"身心得以健康成长，是目前亟待解决的重要问题，对提高学校教学质量、培养社会发展所需的高素质人才也具有重要的现实意义。应当让学生明白不能靠存量知识混社会，而应该教给学生学习能力。当今时代不是拼速度的时代，而是拼加速度的时代，学习系统、元认知能力就是一个人的加速系统，"to learn"和"to be"是学生进入社会之后赖以谋生的关键能力。

传统的教学模式往往侧重从教师的角度谈学生的学习而不是从学生的角度谈学习，学生虽掌握了学习技能，却未能做到策略性的学习，将学会学习简单地等同于学习方法等。笔者认为，从元认知理论的观点看，教给学生学习的方法固然重要，但是，这是远远不够的，还必须培养学生具有自我觉察和调节、控制学习的能力。研究表明，学习的成功者与失败者之间的区别，并不仅仅在于智商的高低、获得了多少学习技能或"正确的方法"，最重要的还在于前者有较高的自我觉察能力、已经"学会如何学习"，即他已具有"对学习任务的要求进行监控，并作出适当的反应——认识和控制学习情境——的能力"。大学和高中学习的不同之处，除了有更多的自主性以外，还有一条很重要，那就是提升自我觉察能力。"学困生"往往存在以下问题：与人相处、合作、适应能力欠缺，不喜欢和别人共同学习、工作，不爱参加集体活动；抽象能力差，理解能力不够强；自我认识能力弱，精神萎靡，身心疲乏；责任感不强，缺少恒心和自信心。因此，我们要根据他们的人格特质，组织具有较强针对性的团体辅导，引导他们学会觉察自己目前的状态、思维模式和行为习惯，从而在需要决策和调整的时候能做出适合自己的决策或者进行适当的调节。

第二节　学业困难学生团体辅导设计方案

活动目的：通过团体辅导活动，结合生涯理论知识学习，提升“学困生”的合作意识，全面了解自我，正确面对现实，缓解对学业的焦虑，消除孤独情绪，提升他们的元认知能力和自我效能感，科学规划自己的大学学涯和职业生涯。

活动对象：可以单独面向“学困生”等特定群体开展，30 人以内为宜。

教辅人员：助教人数根据参加学生组成团队数确定，摄影师 1 名。

活动时长：活动分 3 次，每次均为 90 分钟(见表 2-2-1)。

表 2-2-1　团体辅导框架

模块	活动名称	活动目标	活动内容	设施与材料
1	你我相处大不同	了解本期团辅目标 成员初次相识 观察自己与他人交往方式的异同之处 共创团体活动规则	大风吹 确认过眼神	多媒体活动教室、活动桌椅
			拼图分组	将 6 幅相似的图画分别剪成 5 块，混放在一起，看哪幅图最先组成，此组为第 1 小组，后续完成者依次为第 2～6 小组
			小组初相识	
			小组共创合约	A4 纸(根据参加人数而定，一组至少两张)；彩笔(根据参加人数而定，每组至少一盒)
			集体总结	
	作业：课后写一下参加本次活动的感悟，分享自己观察到的自己和他人在人际交往中的异同			

续表

模块	活动名称	活动目标	活动内容	设施与材料
2	学习方法千万种	逐步掌握快速记忆的多种方法 提升学习觉察力，做到日常学习方法的触类旁通 增强学生主动参与团队活动的意识	风儿吹 幕布猜人面对面 幕布猜人背对背 集体总结	团体辅导室、3块幕布、6名助教
	作业：课后写一下参加本次活动的感悟，分享自己观察到的自己和他人在学习方式、方法上的异同			
3	思维模式大思考	引导成员明确目标、查找资源	数字猜想	团体辅导室、活动桌椅
	集体绘制自画像	引导学生思考元认知：影响我们的并不是事情本身，而是我们对事情的看法	我的自画像 别人眼中的我	A4纸、水彩笔
	自我激励心手札	元认知再认识 自我激励 结束团辅	制作心手札	A4纸、水彩笔
	作业：课后写一下参加本次活动的感悟，将制作的心手札拍照留念			
团体辅导效果评估				

第三节　相关理论链接

一、元认知(metacognition)

元认知是20世纪70年代美国心理学家弗拉维尔(J. H. Flavell)基于阿尔弗雷德·塔斯基(Alfred Tarski)“元的概念”提出的一个心理学术语，是认知心理学继模式识别、注意、记忆、思维等认识活动之后的一个新的研究领域。元认知研究的开创者弗拉维尔认为元认知即“反映或调节认知活动的任一方面的知识或认知活动”，这一概念包含两方面的内容，一是有关认知的知识，二是对认知的调节即自我认知，是一个人对自己的思维或学习活动的知识和控制。

元认知是认知者(如学生)对自己心理状态、能力、任务、目标、认知策略等方面的认识，同时也是认知主体(如学生)对自身各种认知活动的计划、调节和控制。

重庆师范大学祁莹莹在其硕士学位论文《物理专业大学生元认知能力、学习自我效能感及其关系研究》中指出，元认知能力能够科学地揭示学生的高级心理活动即自我意识对其学习活动的控制调节作用，是引起学生学习分化的重要心理机制，它为充实和完善当前的学习理论提供了重大科学依据，并且有利于开发学生智力，从更深层次提高学生学习能力，最大限度地发挥学生学习的主体性作用。因此，元认知对解决“如何培养学生的自主学习能力”“教会学生如何学习”等公认的教育难题有着重大指导意义。

二、认知信息加工理论

1991 年，盖瑞·彼得森(Gary Peterson)、詹姆斯·桑普森(James Sampson)、罗伯特·里尔登(Robert Reardon)合著了《生涯发展和服务：一种认知的方法》(*Career Development and Services: A Cognitive Approach*)一书，阐述了“认知信息加工理论”(Cognitive Information Processing Theory, CIP)。

认知信息加工理论认为生涯发展就是看一个人如何做出生涯决策以及在生涯问题解决和生涯决策过程中如何使用信息。

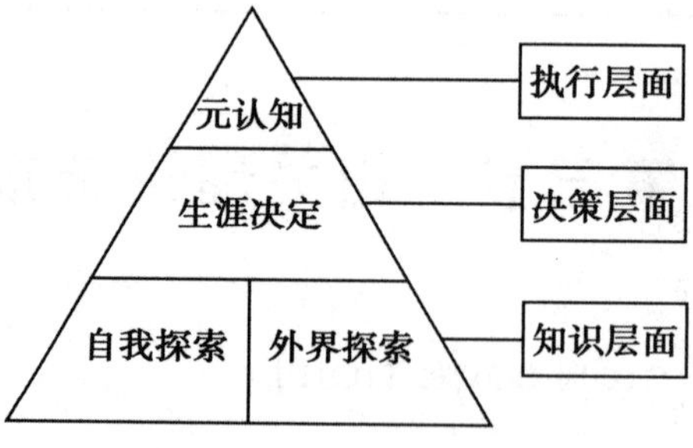

图 2-2-1　认知信息加工金字塔

资料来源：金树人：《生涯咨询与辅导》，高等教育出版社 2007 年版。

在认知信息加工金字塔(见图 2-2-1)中，知识领域相当于计算机的数据文件，需要我们进行存储。决策领域相当于计算机的程序软件，对我们所存储的信息进行加工处理。而执行领域则相当于计算机的工作控制功能，操纵计算机按指令执行程序。

在这三个领域，知识领域是基础，因为没有较全面而准确的自我知识和职业知识，个人就无法做出恰当的职业决策。而执行领域的功能则是对上述两个领域的状况进行监控和调节。

最上层的领域是执行领域，即元认知是个人对自己认知过程及结果的知识、体验和调节，是"对认知的认知"。它包括个人所具有的关于自己思维活动和学习活动的知识，对自我的觉察，以及对自己进行认知活动的过程和结果的监督控制。

第四节　学业困难团体辅导具体实施过程

一、第一次团体辅导：你我相处大不同

（一）建立关系（3分钟）

指导语：在日常学习生活中，总会听到一部分同学有这样的困惑：为什么我也参加了比赛、进行了复习，可是却没有获得理想的成绩？同学们，你是否因为"为什么每个人的人生经历、自身条件都不同，最终却都不可避免地走向平庸"而对自己的未来感到过焦虑？在这里跟大家分享一个可以帮助大家答疑解惑的知识点——CIP的元认知。它包括个人所具有的关于自己思维活动和学习活动的知识，对自我的觉察，和对自己进行认知活动的过程和结果的监督控制。

我们将分成四次活动，每次一起共度90分钟的时间，通过团辅活动的形式来亲身体验什么是元认知，了解我们个体与他人在某些行为方式上的异同，提升我们的学习觉察力，思考如何改善我们的日常学习生活状态。

（二）暖场活动：大风吹（7分钟）

学生都坐在自己的椅子上，拿掉多余的椅子，使椅子数量与学生的人数相等。

指导语：现在我们要做一个游戏：当我说"大风吹"的时候，大家齐声问："吹什么？"我回答"吹运动鞋"时，所有穿运动鞋的同学都要站起来，重新找椅子换位子，动作慢的那个同学就可能没有椅子了，因为我说完之后也会加入这个游戏。如果我回答"吹手表"，所有戴手表的同学就要重新换位置找椅子。以此类推，当

我回答“吹眼镜”时，所有戴眼镜的同学换位置，其他人坐在原来的座位上不动。我讲明白了吗？最后一个动作慢没有重新找到椅子的同学，就要像我这样站到前面来喊口令，直到他抢到位置，新的喊口令的人出现。

（三）工作阶段（65 分钟）

1.活动一：确认过眼神（15 分钟）

(1)食指相对，目光交流

指导语：相逢是首歌，会因为你看过的书、你遇到的人、你对自己的期待而有所不同，那么在今天这个活动中你会遇到什么人，会给你带来怎样的机遇呢？让我们带着好奇和真诚来感受下面这个活动吧，请大家在活动室自由走动，找到想结识的朋友，双方互做自我介绍，内容包括自己的姓名、专业、班级、爱好等，过程需要目光相对、食指相对。双方介绍完之后彼此握手说：“很高兴认识你。”然后再去结识下一个朋友。我们一共有 5 分钟的时间，看看大家在这有限的时间里能够结识多少朋友。

助教 5 分钟计时。

意外事件预案：个别学生不愿参与。

指导语：在我们的辅导生涯中也会有重复性的阶段、内容，但是重复中也会有很多不确定性因素出现，正是因为这些不确定性，我们才永远不会知道下一刻会发生什么。面对生命中的不确定性，你是愿意做个旁观者还是愿意积极参与自己的生命故事呢？

(2)交流分享环节

学员分享这一环节体会：自己一共结识了几位朋友＋整体活动感受＋印象最深刻的是哪位同学。

指导语：好的，时间到。我们来看一下大家结识了几位朋友，结识了 5 位以下的同学请举手，结识了 6～9 位同学的请举手，10 位以上的请举手（可以适当问一下各梯队同学是如何分配自己的时间的，关注点在交流深度还是结识人员数目）。谢谢大家，可以看出同样的时间，由于我们想要的目标不同、方法不同，所以得到的结果也不尽相同，接下来我们来听一下同学们在刚才的活动中都有哪些感受，我们本轮开放 5 个名额，请 5 位同学依次起来发言。发言内容包括一共结识了几位朋友、整体活动感受以及印象最深刻的是哪位同学等，发言时间为每人 1 分钟。

结语：感谢刚才勇于分享的同学，让我们感受到你思考的温度和深度，如果说学习是一种修炼，那么分享则是一种美德，期待在接下来的时间里有更多的同学敢于表达自己的感受，让我们一起共同成长。

2.活动二：拼图找人（20 分钟）

（1）拼图找人

指导语：刚才大家进行了一对一交流，现在想请大家体验一下团队作战的力量。我们给大家准备了 6 副拼图，拼图内容请看题板，每副拼图都被均分为 5 块，我把这 30 块拼图放在桌子上，一会儿请大家依次上前抽取其中一块，等大家都取到一块拼图后，我会宣布拼图找人比赛开始，首先请大家抽取自己的拼图。

好，现在每个同学都有一块拼图，请大家迅速地找到和自己同副拼图的同学，集结完毕并在一张桌子上完成拼图之后最先举手示意我的这个小组就是 1 组，其他依次为 2～6 组，让我们一起看看会是哪副拼图的团队最先集结完毕。

（2）分享环节

分享环节一：

好的，感谢大家的配合。刚才的环节，有的团队又好又快地完成了拼图，接下来我们请他们分享一下自己的成功经验，看看他们在寻找同伴的过程中，如何能最快地找齐自己的同伴。

我发现在刚才的环节中，有的团队出现了一些波折，接下来也请他们分享一下原因。

分享环节二：

听完团队分享，我想再请几位成员分享一下在拼图活动中你是主动找寻还是被动等待以及各有什么优缺点。

分享环节三：

听了大家的分享，同学们有没有一些新的想法？如果以后遇到类似的情况或任务，你会运用今天学到的哪些方法来处理？

3.活动三：滚雪球（15 分钟）

（1）自我介绍

指导语：我们由于拼图而相聚到一个小组，缘分有时候真是妙不可言，接下来我给大家 5 分钟的时间，各自在小组内进行自我介绍，我们采取的是滚雪球式介绍方法：每个小组以身高最高的成员为第一位，首先向大家介绍自己的姓名，家乡以及最大的爱好是什么。然后，按照顺时针的方向，每个成员依次介绍自己的姓名、家乡和最大的爱好。不同的是，第二位成员开始在介绍自己的时候，要先复述自己前面成员的自我介绍内容。第三位成员要复述第一位和第二位自我介绍的内容，以此类推，最后一位成员要复述前面所有成员的自我介绍的内容，再介绍自己的姓名和所在地方。需要注意的是，每个成员在听别的成员重复自己的姓名的时候，要以目光注视，报以微笑，在他感到困难时，及时提醒，营造温馨的、相互支持的氛围。最后，每个小组推举一名成员把本小组的成员介绍给大家。

(2)讨论分享

我的小妙招：我是如何做到比较轻松记住小组中每个成员的名字的。

4.活动四：共创小组学习规则(15 分钟)

(1)小组进行学习规则讨论

指导语：经过前面的热身和互相介绍，我们对本组成员有了初步的了解，今后我们将以小组的形式开展多次活动，共同创造一段属于我们所有人的美好记忆。那么，为了达到这样的目标，保证活动顺利开展和有效进行，我们需要做些什么呢？我们大家一起给自己小组命名，制定一下小组在今后的活动中应该遵守的规则，好不好？我给大家 5 分钟的时间进行讨论，讨论结果请写在我们提供的白纸上，可以用不同颜色的水彩笔进行描绘，然后每组派代表分享自己小组的约定。我讲清楚了吗？好的，谢谢大家，请各组派代表到我这里领取白纸和彩笔。

(2)小组进行学习规则分享

在各小组进行分享的时候，老师要及时在黑板或白板上写出学生们提出的闪光点，重复较多的观点可以作为整个团队遵守的约定。

(四)总结环节(15 分钟)

今天是“走近生涯元认知，提高学习觉察力”团体辅导的第一次活动，“大风吹”让我们彼此有了一定的熟悉。接着我们用“食指相对”的方式结识了很多新朋友，“拼图找人”让我们从单一个体成为一个小组，我们通过“滚雪球”进行了自我介绍，还一起为团队命名，共创团队学习规则。接下来我们进入本次活动的总结环节，请每位同学用“通过本次活动我学到了……”“这次活动让我感受到……”“今后我可以在实际生活学习中运用的有……”句式交流发言。

结语：通过这些活动我们认识了很多同学，也看到了彼此在处理问题时采取的不同态度和方法，为了巩固今天的活动成果、及时掌握同学们的学情动态，我给大家留一个作业：请大家写一下参加本次活动的感悟，分享自己观察到的自己和他人在人际交往上的异同。希望今后我们带着这些觉察继续参加后续活动，让我们能更好地学习和生活。谢谢大家的积极参与，我们下次活动再见。

二、第二次团体辅导：学习方法千万种

(一)上期活动回顾(10 分钟)

上次活动我留了作业给大家，下面就请我们一起来学习一下(从领悟的深

度、结合学习的紧密度等方向点评优秀作业)……时间关系我们不能一一点评所有作业，但是这些都是同学们在和他人的积极互动中体验到的，是大家自己觉察出来的，非常棒，让我们把掌声送给成长中的自己！

(二)热身活动：风儿吹(10分钟)

学生都坐在自己的椅子上，拿掉多余的椅子，使椅子数量与学生的人数相等。

指导语：现在我们延续上一周“大风吹”游戏，不过这一次我们将游戏进行升级改良，变成了“风儿吹”，也就是说我们吹的可能是大风，也可能是小风，大风代表正面，小风代表反面，例如当我说“风儿吹”的时候，大家齐声问：“吹什么?”如果我回答“大风吹，吹运动鞋”，所有穿运动鞋的同学都要站起来，重新找椅子换位置。如果我回答“小风吹，吹运动鞋”，所有没穿运动鞋的同学都要站起来，重新找椅子换位置。无论吹大风还是小风，动作慢的那个同学都可能会没有椅子了，因为我说完口令之后也会加入这个游戏。最后一个动作慢没有重新找到椅子的同学，就要像我这样站到前面来喊口令，直到他抢到位置，产生新的喊口令的人，以此类推。我讲明白了吗？好的，下面游戏正式开始。

(三)工作阶段(60分钟)

1.活动环节一：幕布猜人面对面(30分钟)

指导语：下面让我们进入“幕布猜人”活动。这是两个团队之间的比赛，所以我们需要抽签找出需要对决的团队。抽到相同数字的小组就是对决的团队。好，找到对手之后，我们来讲一下游戏规则。

活动分为两轮，第一轮助教把幕布拉起时，两个团队成员分别面对面站在幕布两侧(高高拉起，遮住双方成员的视线)；助教把幕布落下时，两个团队其他成员均蹲下，只有一名成员站着，站着的两名同学谁最先喊出对方的名字谁就是胜利者(裁判由助教担任，强调裁判的权威性)，另一名同学就成为胜方的俘虏。五局三胜。在活动开始前我给大家5分钟的时间互相认识、商讨作战方案。现在计时开始。

好的，准备时间已到，现在开始比赛。

预案：双方都认为是自己先说出对方名字。

指导语：在比赛开始之前我强调了裁判工作的客观公正，参赛双方要尊重裁判的判决。这个活动既是一次比赛又是对现实社会的一次模拟。没有规矩不能方圆。现实社会中，当竞赛双方出现分歧时，需要裁判进行判别，今天的活动就是现实的一次模拟，我们需要尊重裁判、服从裁判，这样才能保证活动顺利进行，希望大家能从本次活动中真切体验服从社会规则的感受。

好，现在三个优胜队已经产生，为了确定最终排名，我们需要重新进行比赛，还是采取抽签的方式，抽到相同数字的小组对决，没有抽到相同数字的小组轮空一次，直接和对决胜出组进行终极PK，其他小组的成员让我们一起为他们加油，看看究竟哪个小组最先登顶。

经过刚才激烈的比拼，登顶小组已经产生，我们请获得第一名的小组分享一下自己的作战方案。

2.活动环节二：幕布猜人背对背（30分钟）

指导语：刚才这个环节考验了大家的记忆力，现在我增加一下游戏的难度：参赛两队背对背站在幕布两侧（高高拉起，遮住双方成员的视线），助教把幕布落下时，两个团队其他成员均蹲下，只有一名成员依然背对对方站着，站着的两名同学在队友的提示（团队其他成员不能直接喊出对方的名字）下，谁最先喊出对方的名字谁就是胜利者（裁判由助教担任），而另一名同学就成为胜方的俘虏。五局三胜。现在我们重新抽签，抽到相同数字的小组，这就是大家第二轮需要对决的团队。

在活动开始前我依然给大家5分钟的时间互相认识、商讨作战方案。现在计时开始。

好的，准备时间已到，现在开始比赛。

现在三个优胜队已经产生，为了确定最终排名，我们需要重新进行比赛，还是采取抽签的方式，抽到相同数字的两个小组对决，另外一个小组轮空一次，直接和对决胜出组进行终极PK，让我们一起为他们加油，看看究竟哪个小组会成为本轮比赛的第一名。

经过刚才激烈的比拼，登顶小组已经产生，我们请获得第一名的小组分享一下自己的作战感受，以及自己是如何做到又快又准的。

（四）总结阶段（10分钟）

1.小组讨论、自我觉察（5分钟）

在“幕布猜人”游戏中，小组与小组之间进行对抗，进一步促进了大家对彼此的认识，增强了组内成员的凝聚力。下面我给大家5分钟的交流时间，请大家一起探讨几个问题：在这个活动中，你印象最深的是什么？如果再给你一次机会，你会如何和你的队友玩这个游戏？经过这次活动和听过小组的分享，你觉得有哪些方面可以在今后的学习中加以利用？

2.集体分享（5分钟）

下面请各小组派代表进行小组讨论结果分享。

结语：感谢各小组的分享，我相信通过刚才的活动以及同学们的分享，大家肯定对自己和他人在学习方式方法上的异同有了更加直观的了解，这么美好的思想火花值得我们保存下来，所以请大家课后写一下参加本次活动的感悟并发给我，时间截至到下次活动前一天上午 12 点。至于大家觉察到的这些不同是如何影响我们的生活和学习的，以及今后可以做些什么来提升我们的认知能力和觉察能力，咱们下次活动接着体会，咱们下次见！

三、第三次团体辅导：思维模式大思考

（一）开场：温暖鼓励（10 分钟）

感谢大家如约来到我们第三期活动现场，你们的到来既是对自己承诺的尊重，也是提升自我的具体行动的落实，我提议首先让我们为已经开始成长的自己鼓鼓掌，表扬一下自己。活动一开始，我们还是一起来欣赏、交流一下优秀作业。

我相信每位同学在参与活动时，只要能够带着觉察积极与他人互动，就能体验到自己与他人学习方式的异同，对接下来的学习生活起到很好的借鉴作用。让我们再次把欣赏的掌声送给正在成长中的自己！

（二）热身阶段（5 分钟）

接下来让我们站起来，伸出手围成一个圈，请大家放下手，朝自己的左侧同方向站立，然后让这个圆圈走起来，在走动的过程中请大家伸出自己的双手，为你前方的同学按摩一下双肩，这段时间大家学习很刻苦，我们用按摩让同学们获得更多坚持的力量。好，接下来，请大家转身，反方向移动，继续为你移动前方的同学按摩一下双肩，同时也感受其他同学为你带来的精神动力。

（三）工作阶段（65 分钟）

大家还记得我留下的开放性的思考吗？即“自己和他人在学习方式方法上的异同是如何影响我们的生活和学习的”，下面我们再通过几个活动，一起来体验一下。

1.活动一：目标的力量（5 分钟）

指导语：请你花 5 秒钟仔细地看上面这张数字表，请问一共有几个“7”？

看完之后请把这张数字表遮起来，然后请同学们回答。同学们一般会很快回答：有 6 个“7”。

指导语：非常正确，那么有几个“8”呢？有几个“4”呢？

同学们往往很难一下子答上来，也许会说老师刚刚并没有让去找有几个“8”以及有几个“4”，刚才只是要求去找有几个“7”。

指导语：很好，这是个好问题，不过有一点请大家留意：这些数字大家刚才都

看到过，对吧？但是除了跟“7”有关的讯息以外，其他的我们都视而不见。其实这些数字一直都存在，但是当我们没有设定目标去看它时，便被大家视而不见；而当我们有了目标，就会见所未见，身边的资源也会源源不断地涌向你。由此可见，目标是感官的过滤器。生活中也一样，很多人会抱怨说没有成功的机会。其实不是没有，而是你没有定义什么对你来说是有价值的。你认识不到有价值的资源，即使把它放在你面前，你一样也会看不到。所以现在大家可以养成一个习惯，明确地定义什么是自己想要的，这样在生活中就会发现更多配合你目标达成的资源，把握更多的成功机会！

2.活动二：我的自画像(35 分钟)

(1)我的自画像

指导语：好的，同学们，除了心中要有目标之外，我们再来看看大家对自己的了解程度。我想问一下大家最熟悉的人是谁？爸爸妈妈、舍友还是好朋友？这些都有可能，但是我们还漏了一个人——我们自己。朝夕相伴的情况下，当你闭上眼睛是否能在脑海中勾画出来自己的容貌？若是想不出来，也可以拿出手机或者镜子，现场看一下。因为我们接下来就要画一张我们自己的自画像。请大家把一张 A4 纸横向放置，在左侧画自画像，右侧我有其他用处。我给大家 10 分钟的时间，可以吗？好的，请大家开始吧！

(2)别人眼中的我

指导语：小组成员都画好自画像之后，请大家按照顺时针方向把自己的自画像交到身边成员手中，请他给你再画一幅他眼中的你。时间同样是 10 分钟。画完之后交到原来同学的手中。

(3)自我觉察

指导语：请同学们先自己观察手中同一张纸上的两幅图，你有哪些发现？

下面请为你画画的同学分享一下他在画你的过程中感受到什么以及这样画的原因是什么。

好的，听了同学这样画你的原因之后，你有什么感受？在“我”的觉知上有哪些收获？

3.活动三：心手札(25 分钟)

指导语：经过以上活动，我们再来认识一下元认知——影响我们的并不是事情本身，而是我们对事情的看法和态度，这就是我们的元认知。其实每个人身上都带着关于自己的宝藏，而那幅藏宝图就在自己的手上，却因为过于紧张、在乎那些问题和麻烦，握紧了拳头，看不见那闪闪发光的钥匙。应当认识到注意力在哪里，结果就在哪里。我们应当以目标为导向，接纳当下，挖掘自身的潜能和优势，聚焦未来。

为了让我们记住这个宝贵的认知，请大家画出两幅图的封面和封底，并写出一句激励自己的话。

请大家在小组内进行分享，谈谈自己在活动中有哪些新的发现和收获。

下面请每个小组选派一名代表上台分享一下你们组成员或者自己的活动感悟。

（四）总结阶段（10 分钟）

好的，本次活动到这里就告一段落了。在这三次团辅活动中，我们学习到了生涯发展就是看一个人如何做出生涯决策以及在生涯问题解决、生涯决策过程中如何使用信息的。元认知是一种“对认知过程的觉察”，在认知过程中起到“综合性监督”的作用。如何度过我们的大学时光，如何应对大学生活中的人与事，其实很大程度上依赖于我们想什么、如何想。我们生活的质量也有赖于我们是否很好地学习和掌握了做出各种决策所需的技能。你可以通过了解自己的元认知，提高自己的学习觉察能力等方式来提高自己的生涯管理能力。

感谢大家的配合，感谢大家给予我们彼此的信任与鼓励，一个高元认知能力的个体也意味着他常反思自身，对自己的了解较深刻，较有自知之明。正因如此，我们更要做个有心人，勤动脑、常反思，在我个人看来，我们可以从生活中的点滴做起，一步一个脚印，努力提高自身的元认知水平，认识到当下的一切都是在为下个阶段做准备！祝大家在今后的大学学习生活中多多觉察自己当下的状态，积极正向地寻找解决问题的方法，期待大家每天都能有成长，谢谢大家！

第五节　辅导后学生反馈

阿亮：首先，在第一个活动“确认过眼神”中，我感受到了主动和热情的力量。我本身并不是一个十分开朗与主动的人，也不太善于与陌生人交谈。但在活动的要求下，我挑战了自我。当我主动与他人对上目光，主动与对方食指相对，主动与他人攀谈后，我发现这是个十分快乐的过程。而一旦我放弃主动、停下寻觅，就不会有人来与我交谈。只有主动出击才会得到自己想要的结果。在学习生活中，主动去学习、主动去工作总是比被动地接受、完成工作的效果好。主动行动意味着你发自内心地想要完成它，并会为之付出努力，而只有全心全意地付出才可以获得回报。只有你去寻觅，机遇、成绩才会找上你。

其次，在“幕布猜人”的活动中，我体会到了团队的重要性。我试过全力记住对方所有人的名字，但效果并不理想，常常会忘记。而当游戏真正开始时，我们团队发动每个人的力量，告诉站起来的同学答案，这样每个人真正需要记住的仅仅是几个人的名字而已。团队合作往往能激发团体不可思议的潜力，集体协作做出的成果往往能超过成员个人业绩的总和。正所谓"同心山成玉，协力土变金"，团队的合作让不可能变为可能。

最后，我还感受到了方法的重要性。游戏中同学们采取的记忆方法多样，让我大为吃惊。很多高效而简单的方法被提出，相比之下我的方法则显得较为低效。学习上也是如此，老师常强调学习方法的重要性，掌握了适合自己的方法则可以事半功倍。

课堂的意义与收获并不止于文中所述。更多的体会也许要伴着我的成长才会出现。最后感谢孙老师给予我们的学习机会。

颖：我最大的感触有两点，一是团队合作很重要，二是要善于将事物与事物之间的特点联系起来。在活动过程中，一个人一次性记住对方所有人的姓名几乎是不可能的，这时就需要与自己的队友进行沟通互补，在比赛前也需要彼此沟通、安排战术，这样才能在比赛的过程中不慌乱。我们队是以 4∶1 的比分战胜的对方，而我们记住人名的技巧就是将人名与其穿的衣服联系起来，这样就可以快速记住对方组员的姓名。虽然有一些碰巧，因为对方组员的衣服恰好不同，但是这也启发了我：平时需要快速记忆时不妨找出事物便于区分的特征去记忆该事物。

在"我的自画像"活动中，我画的自己的自画像和同学一起完成的自画像区别特别大。所以，我觉得一个人应该正确地、认认真真地去认识自己，这样自己在平时生活中才不会"失真"——做到不自卑，不自负，以自信的良好状态去面对生活。

小霞：通过这次活动，我认识到以下三点。

1.勇于表达自己，大胆与人沟通。通过第一个小游戏，我认识到，其实大家内心的想法都差不多：想要跟你认识，却因为没有勇气而悄悄地从你身边走过。自己把这些小事情都想复杂了，担心他人不愿跟你交流啊什么的，其实不然，只要自己勇于表达，勇于交流，世界还是很美好的！

2.团队很重要，充分利用团队的资源更重要。第二个小游戏中，虽然只是简单地记住对方的名字，但同伴之间的配合，一个小组内的战略尤为重要，比如刚才那位同学分享的，进行分工，每人记住对方组中的一个人，然后就可以快速地告知同伴对方的姓名。一个团队嘛，大家都积极参与，充分发挥团队中每位成员的能动性，相信会有不一样的成绩！

3.技巧、技巧、技巧，重要的事情说三遍！这也是我感触最深的一点，做成一件事，有很多不同的路径，放着省时、省力、省心的捷径不走，干吗耗时耗力去走那条曲折的路？有些时候，该机智时绝不能马虎，以致让自己走很多无用的弯路，吃一些不必要的亏！图 2-2-2 就是我自己制作的心手札，我会好好珍惜。

图 2-2-2　学生自制心手札(一)

阿曼：1.跳出自己的安全区

我平时习惯于和舍友待在一起，不太愿意和其他人接触。因此，在第一个互相认识的游戏中，我很不安，但又觉得一个人站在那里很尴尬，所以我主动和人打招呼。起初我觉得很紧张，但是在进行了几次交流后，发现感觉很好，还是应该勇敢地走出自己的小圈子。

2.规则之外的计策——思考是一种习惯

在玩“幕布猜人”这个游戏的时候，起初我只是一遍遍记忆对面同学的名字，但其他同学的表现让我发现人和人的很多差距在于思考。比如我的思考只停留在理解规则、按照规则办事上，而有的同学继续思考，想出了很多可以在游戏中获胜的计策。比如在其他人报姓名的时候把名字写下来，悄悄改变原先所站的位置，利用团队力量，采用一一对应的方式记人名等。我想这就是总有人比自己更出色的原因吧！

3.要敢于正视自己，不能逃避问题

我在创作自画像时，夸大了眼镜的存在，是因为我不想画自己的眼睛，觉得只要戴了眼镜，眼部的特征就可以忽略。但是当我看到其他人对于我眼睛和眉毛的刻画时，我发觉自己其实是在逃避。包括我把鼻子和嘴画得不明显，是因为我在模糊自己的面部特征。我其实是不愿意对自己进行太多思考的，就像封面上画的那样，我把自己锁在一道又一道门里，认为反思和评价自己会感到不适，所以逃避这些问题，刻意不去想。但是今天看了他们画的我，我知道避无可避，自己觉得藏好的东西别人一眼就能看出来。自己不应该自欺欺人，图 2-2-3就是我自己制作的心手札，我会好好珍惜。

图 2-2-3　学生自制心手札(二)

晓丹:当你封闭自己,不去试着接触别人时,别人也不会主动接近你。当你尝试接触别人,但别人却并不是那么积极时,你应该试着去带动别人,但是也要控制自己的时间,明白自己现在最应该做的事情是什么,不能总是偏离目标。

当自己需要记忆一些东西时,可以采取联想的方法,这样可以更快、更好地进行记忆。当记忆量较大时可以团队分工协作,不只是记忆,所有的工作都应该学会团队协作,这样不仅可以较快地完成任务,也能更好地完成任务。

不管你做什么事,不管你觉得做这件事对自己是否有益,你都应该认真去做。既然你已经在这里了,你就应该学点什么,让自己有收获,或许你自己并不觉得有用,但是不积跬步无以至千里,它会在不知不觉中训练你的某项能力,让你变得更好。

通过我的自画像,我发现自己眼中的自己和别人眼中的自己并不相同,由此我认识到应该去试着了解别人眼中的自己,这样才能更好地认识自己,别人眼中的我们可能比我们自己感觉到的自己更客观,但也不一定是真正的自己,要从两个角度正确认识自己,图 2-2-4 就是我自己制作的心手札,我会好好珍惜。

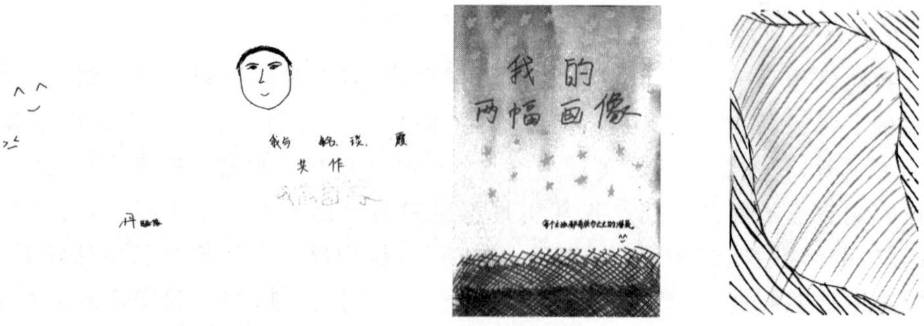

图 2-2-4　学生自制心手札(三)

佳：首先，活动第一项，在5分钟内认识完全陌生的人，就很具有挑战性，我的性格很内向，如果不是这个活动，我应该不会主动和别人说话。这样做了以后，我发现主动和别人说话也没什么可怕的，真正怕的是克服不了自己的心魔，其实自己身边每个沉默的陌生人都有想认识别人的渴望，只是很少有人会主动开口，一旦主动开始交流就会发现一个不一样的世界。这次活动之后，我想下次再遇到想交流的陌生人时我会鼓足勇气去尝试，毕竟主动出击会有更多机会认识更多更好的人，而自己所认识的人是自己未来命运的一个决定因素。

其次，在“幕布猜人”的游戏中，我更加意识到了团队合作的重要性，就像那个男生说的一个人的记忆力有限，但团队的力量是巨大的，一个人记不住那么多人的名字，可以大家一起合作，这样就能把对方队里所有人的名字说出来了。在越来越科技化的社会里，未来几乎所有重大课题都要靠团队的力量来完成，一个人在未来的发展也是如此。

在活动的过程中每做一项活动，老师都会问我们从中受到哪些启发，要我们把经历变为经验，这让我受益匪浅。改变的发生来自学习，每个人也许会有很多不足，但我们可以通过后天的不断学习去改变。

这次活动也是一个改变自己的好时机，希望自己能把这次经历变为经验，加油，自己！

小志：从活动中我更加坚信以下三点。

1.学习必须要掌握方法，充分发挥自己的优势。

2.做事要主动。主动去认识他人，结交更多朋友，靠等是等不来的。

3.要学会利用团队的力量。我们男生队每次都获胜的原因就是因为我们懂得合作，懂得团队协作的重要性。

每个人都是社会的一分子，没有人能彻底与社会隔绝。我们不仅需要认识社会、认识他人，更需要去认识自己。感谢这次活动，让我明白了这一点。我们心中的自己与别人眼中的自己是如此不同。我们对自我的认识很大程度是通过他人来认知的，为了更好地认识我们自己，我们需要更加积极地去接触社会、融入集体。打开自己的心窗，积极地向世界展现自我吧！

朋辈互助，答疑解惑：

媛媛：首先交朋友环节，我发现慢热的我社交能力不够强。虽然很想按照老师所说的去做，但发现在交流的过程中还是很尴尬，不能大方地介绍自己。在交流过程中，我发现很多同学很有自信，能够大方流利地介绍自己；很多同学的社交能力很强，可以全面详细地介绍自己。而我甚至连名字都说不清楚，在这次活动中，我再一次认识到我社交方面的问题，我不知道该如何去克服内心的不自信,怎样才能成为拥有良好社交能力的人。

再者就是"幕布猜人"游戏环节,在我们互相都不熟悉的情况下相互猜名字,即使记忆力再好的人可能都无法完全准确地记下来,而我们接到指令时,第一反应是安排好站起的顺序,然后就开始了盲目的记忆过程,最后全都乱了。所以,团队协作与适应性显得尤为重要,而我缺乏的恰恰就是这种能力,一直处于蒙圈的状态,直到游戏结束我也没能真正地参与其中。

最后我想说进入大学已经一年多了,我渐渐发现了自己越来越多的不足,参加各种活动的选拔都没有成功,无法快速地融入新的环境。通过这次团辅,我发现自己的社交能力与自信心方面有较大的问题,可是我又觉得各类社交活动让我很不适应,感觉很烦琐很无聊。所以我很迷茫:在大学时期,究竟该以什么样的眼光与态度去对待社交活动呢?如果感到不适应还应该继续强迫自己吗?我不知道到底该如何去改变自己,如何学会更加正确地表达自己,展示真实的自己。

通过这次团辅活动,我收获了很多:看到了自己与别人的差距,知道了自己的不足,但还是迷茫于如何去改变。希望在以后的活动中可以不断成长,弥补自己的不足。

青云:这次团体辅导,我有挺多感触,总结三点来说。

1.世界很大,相遇不易,相识更不易。平时的我们各自生活在自己的方寸之地,不喜欢去主动探索新的领域,不喜欢去主动认识新人。我们往往是在生活、工作、学习等因素下去认识新人,或者因为一件小事、一个意外、一段旅程才认识新人,而后者所认识的新人大部分都是"一面之缘"而已。

2.也许大部分人在社交方面都更像一个蜗牛,总喜欢把自己缩入自己建造的壳里,害怕陌生的环境,害怕结识新人。我们总是缺乏站在他人面前的自信,总是被自卑覆盖,总是觉得自己做哪个动作说哪句话不合适,甚至会被旁人取笑,就这样太过在乎别人的看法,而在生活中迷失了自己。这时的我们应该学会反思,去探求真正的自己,去做真实的自己。

3.元认知告诉我们:影响我们的并不是事情本身,而是我们对事情的看法。同一个事物,不同人对它有不同看法,因为每个人思考问题的角度不同,所关注的侧重点不同。当你觉得自己十分平凡,没什么闪光点时,可能其他人会注意到连你自己都没注意到的优点。每个人都是不完美的,是人总有优点缺点,扬长避短是我们应该做的,但同时不要忘了尽情展示自己,多给自己一点自信,去做真实的自己,也许会打开你人生的新世界,遇见更好的自己!

博:在几个小活动中,我首先明白了主动性对一个人的重要性。人作为社会性动物，需要去与各种各样的人结交，需要朋友的相伴。而相比于不断行走主动去结交朋友的人和站在原地等着他人来和你交朋友的人，肯定是前者的朋友更多。再者，朋友的广泛性也对团队合作起着重要的作用。最后，自己眼中的事物和别人眼中的事物总是存在一定的差距，要想客观评判一个事物，必须两者结合。

对于我们现在的学习来说，这是一个自主性更强的大学学习，没有老师按部就班地安排，我们需要更加主动地去获取知识与机会，去结交朋友，去与学长学姐交流，不断改进，不断成长。

第六节 辅导后教师反思

成功需要专门练习而非盲目努力，教授学生一些学习策略是极其必要的。身为学生教育管理工作者，工作的焦点不能只停留在培养精英学生上，也要关注那些需要我们帮助和扶持的学生。提高学生的元认知水平，就是注重学生学习方法的指导，使学生会学，同时学会自己总结自己对学习过程的调控方法，学会获取反馈信息，及时调整、矫正学习中的错误。大学生元认知能力的训练也是促进他们思维能力成熟与完善的重要手段，能够增强大学生这些主体感意识，变"要我学"为"我要学"，让学生反思自己的整个学习过程：我学会了哪些知识？掌握了什么技能或方法？我是怎样解决问题的？在解题中有没有什么遗漏和错误以及怎样才能避免？在今后的学习中怎样做才能学得更好？以此提高学生认知能力，并为以后学习同类知识提供借鉴。通过自我反思，学生自己来评价自己学习的过程，能够有效地选用已有知识、方法，安排调整学习活动，把学到的知识迁移于新问题的解决中。

"学困生"团辅活动难点在于学生一般都缺乏自信，参加活动不会主动行动，而且乐于分享的学生较少。我认为给学生信心比给学生知识更重要，我们需要对学生赋能，帮助学生提高认知技能、自我管理技能，赋予努力实际意义，进而让学生在有策略的练习中不断看到自己的进步，提升学生的效能感。我坚信"教育就是让学生相信，他拥有让自己变得更好的力量"，为了提升团辅效果，在活动中我努力创建一个宽松、不被评判的安全环境，鼓励学生勇敢尝试新事物、接受挑战，鼓励他们进行思考和表达，打造师生之间、同学之间轻松愉快、相互信赖的局面，同学们在民主和谐的气氛中学习，心情舒畅，思维始终处于积极、活跃的状态，敢想、敢说、敢问，勇于大胆创新，乐于发表意见。每次团辅结束，我都会邀请学生写一下活动感悟，这种会后的及时总结有助于学生加深对活动内容的理解。

同时学生的感悟存在神奇的互相激发作用，他们有着相同的困惑，有着相同的收获，在某一点上彼此之间就能很好地一问一答，一惑一解，引导学生自主学习、互相学习，培养学生学习觉察能力，积极看待挫折和挑战，学会自我调适，形成良好的学习心理。

团体辅导使学生认识到：学习也是一种合作与竞争的关系，合作可以多赢，竞争可以促进优秀。通过设计的团辅活动，这些观点已经成为学生学习的元认知。他们意识到在学习和生活中，与别人有一定的交流非常必要。学生在团辅活动中感受到快乐，缓解了心理压力，同时体会到了智慧与团结协作的融合，这为学习方法的改进提供了新的灵感。参加活动的同学意识到：学习必须掌握方法，充分发挥自己的优势；做事要自己主动，主动去认识他人，结交更多的朋友，这些靠等是等不来的；要学会利用团队的力量。

需要进一步说明的是，本章节的团辅活动是笔者在实际工作中对“学困生”帮扶活动的重要板块之一。2015 年 11 月，笔者根据前期调研情况，联系学院实际，启动了学院针对“学困生”（不及格科目 3 门以上的学生）的帮扶活动，以海豚不放弃同伴、不让一个同伴掉队的天性立意，命名为“海豚计划”，主要通过发动专业老师和学习优秀学生帮扶学习出现困难的同学、团体辅导增强学困生自我效能感等方式，达到“一起学习不掉队，互帮互助同进步”的目标。

“海豚计划”的内容包括四类：一是邀请专业教师学期末做的海豚导师课堂，二是班级每月组织的海豚爱讨论，三是学习优秀志愿者每周做的一对一的“海豚一帮一”，四是适时开展“海豚爱集体”团体辅导，形成了“四位一体”的帮扶体系。四个活动各具特色，各具优势，相辅相成，为“学困生”顺利完成学业提供了坚实的保障。

随着“海豚计划”的不断深入，参与学生的学习成绩得到了切实有效的提升：2016 学年度受到成绩警示的学生人数从上一年度的 18 人下降到了 1 人，有不及格课程的人次也减少了 5 人。“海豚计划”帮助学生走出学习困境，从考试“挂科”、无法融入大学生活，到如今学有余力，对未来信心满满，一个个学习帮扶活动使师生间和朋辈间产生了“默契”和“粘力”，在学习中收获师生情和同窗情，增强了学院和班集体积极向上的向心力和凝聚力。

“海豚计划”帮扶学业困难学生项目也因为成效显著，获得了山东大学（威海）2016 年度本科生导师制工作精品项目立项、山东大学 2016 年度“师德建设优秀工作案例”二等奖，成为 2017 年山东省大学生思想政治教育优秀工作案例。

第三章　学会一致性沟通，玩转朋友圈

第一节　辅导前学生案例

大二学生刘林，性格孤僻，在课堂上总是自己坐在最后一排，与其他人保持距离，在实验课上则不与其他人合作。生活中没有朋友，为了不与同学来往申请走读。她认为，自己是不受人喜欢的，因此她惧怕与人交往，对自己没有信心。

大一入学不久，学生亦茹找到辅导员要求换宿舍。亦茹反映，同宿舍的郑炜睡觉晚，而且动静很大，影响别人休息。郑炜经常不经过他人同意在宿舍使用他人日常生活用品如洗衣液、晾衣架等，并多次使用亦茹的物品；带朋友回宿舍，大声说笑，不顾及宿舍正在看书的其他同学。亦茹在大学之前没有住校经历，对郑炜的行为无法包容和沟通，所以提出调换宿舍申请。

案例分析：以上两个案例，是大学生人际交往方面遭遇挫折的典型案例。一种情况是在人际交往中缺乏自信，不知如何展示自己、如何交朋友，不向他人敞开自己，无法与他人合作。另一种情况是在新环境适应过程中，缺乏包容心，不会沟通和表达，不知如何拒绝自己不愿接受的行为。

大学是学生踏入社会之前的最后一个受教育阶段，是学生准社会化的重要时期，因而全面培养学生，培养锻炼学生包括人际交往能力在内的就业胜任力是大学必不可少的内容。人际交往、与人协作是职场成功的重要因素，在中国这样一个重视人情的国家，人际交往能力甚至决定了一个人的优势是否有机会发挥。我们致力于让学生成为全面发展的人，培养学生信任他人、与他人团结合作，学会拒绝，学会沟通，提高学生的综合素质。

第二节　沟通能力训练团体辅导设计方案

活动目的：通过团体辅导活动，学生在活动中体验和觉察人际交往的技巧，自我反思，自我揭露，开放心胸，培养自己多样性的行为反应，并在不同情境中挑选恰当行为，在同伴分享中得到更多启发和动力。

活动对象：可以面向有提升人际交往能力意向的学生等特定群体开展，15人为宜。

教辅人员：助教人数根据参加学生组成团队数确定，摄影师1名。

活动时长：活动分6次，每次均为60分钟（见表2-3-1）。

表2-3-1　团体辅导框架

顺序	活动名称	活动目标	活动内容	设施与材料
1	与你有缘——团队初建	引发学生参与团体的兴趣，成员互相认识熟悉 营造真诚、温暖的氛围 明确团队规则，签订团体契约	好巧分组 心脏病 你我约定	
2	人生最美是初见——留好第一印象	让学生意识到第一印象的重要性 学习第一印象营造方法 促进学生真诚交往	钱多多 多面吉姆 模拟面试 性格理解活动	多媒体教室课后作业：与身边三位朋友交流，谈变化和感受
3	信息高速公路——学会沟通	体验沟通的重要性 培养沟通能力 学会倾听和沟通	花朵和雨滴 我说你画 我为你讲故事	
4	说“不”的艺术——学会拒绝	厘清害怕说“不”的心理成因 引导学生学会适度交往	雨点变奏曲 寻根“不得不” 善于说“不”	课后作业：回想生活中勉强自己接受朋友请求的事例，根据团辅收获设计当初该如何拒绝

续表

顺序	活动名称	活动目标	活动内容	设施与材料
5	不能没有你——学会合作	让学生意识到人生是不仅由个人完成，还有他人的参与 引导学生真诚信任 体验合作，学会合作	绘梦 信任不倒翁 我是你的支撑	
6	祝福伴你行——结束团队	分享所感所悟 畅谈收获 团体辅导全部结束	乌鸦和乌龟 头脑风暴话收获 祝福伴我行	
团体辅导效果整体评估				

第三节　相关理论链接

一、首因效应

首因效应由美国心理学家洛钦斯(A.S. Luchins)提出的，也叫首次效应、优先效应或第一印象效应，指交往双方形成的第一次印象对今后交往关系的影响，亦即“先入为主”带来的效果。虽然这些第一印象并不总是正确的，却是最鲜明、最牢固的，并且决定着以后双方交往的进程。如果一个人在初次见面时给人留下了良好的印象，那么人们就愿意和他接近，彼此也能较快地取得相互了解，并会影响人们对他以后一系列行为和表现的解释。反之，对于一个初次见面就引起对方反感的人，即使由于各种原因难以避免与之接触，人们也会对之很冷淡，极端情况下，对方甚至会在心理上和实际行为中与之产生对抗。

二、人际沟通理论

该理论由美国首位家庭治疗专家维琴尼亚·萨提亚(Virginia Satir)提出，她认为常见的沟通模式有五种：讨好型、指责型、超理智型、打岔型、表里一致型。表里一致的沟通模式是一种高自尊的应对方式。当我们处于表里一致的沟通时，我们既可以意识、察觉到自己的感受和体验，也能够表达它们；倾听我们的知觉和期望，并通过觉知我们深层的渴望，将外界和自身条件通过行动转化为满足我们需求的可靠方式，从而充分发挥我们的潜能，使我们的身心保持和谐、平衡。

在表里一致的沟通模式中，自我的感受、他人的感受和情景的要求全部得到了应有的关注和尊重。它是一种对自我独特性的欣赏；是一股可以自由流动于自身内部和人与人之间的能量；是对个性的主张；具有乐于相信自己和他人的意愿；愿意承担风险，勇于承担责任；能够利用自身具有的内部和外部资源；能对亲密关系保持开放的态度；拥有能够成为真实的自己并接纳他人的自由；爱自己也爱他人；面对改变，保持开放和灵活的态度。

三、教练技术之“3F 倾听法”

“3F 倾听法”指的是在全方位直觉式倾听时，要听到对方三个方面的信息，即 Fact（事实）、Feel（情绪）、Focus（意图）。

Fact：倾听事实，是指不用自己的想法和固有观念对对方的话进行评判，客观地接受对方谈话中的信息，努力把握对方话语中的客观事实，不带偏见看问题。

Feel：倾听感情，是指在倾听事实的同时，通过语音、语调乃至肢体语言去感知对方的感情。

Focus：倾听意图，是指把握对方真的想要什么，真正的意图是什么。

四、MBTI 性格理论

1976 年，凯瑟琳·库克·布里格斯（Katharine Cook Briggs）、伊莎贝尔·布里格斯·迈尔斯（Isabel Briggs Myers）母女在荣格心理类型学基础上，构建了人格理论的“四维八极模型”（Myers-Briggs Type Indicator，MBTI），把人的性格划分为 16 种类型（见表 2-3-2）。

表 2-3-2　类型指标介绍

维度	类型	相对应类型英文及缩写	类型	相对应类型英文及缩写
注意力方向（精力来源）	外倾	Extrovert（E）	内倾	Introvert（I）
认知方式（如何搜集信息）	实感	Sensing（S）	直觉	Intuition（N）

续表

维度	类型	相对应类型英文及缩写	类型	相对应类型英文及缩写
判断方式(如何做决定)	理智	Thinking(T)	情感	Feeling(F)
生活方式(如何应对外部世界)	判断	Judgment(J)	理解	Perceiving(P)

资料来源:北森职业生涯规划 TTT 课件。

四个维度的倾向组合成 16 种性格类型,可以帮助人们探索自己的性格类型,了解自己的性格特征,同时更好地理解他人。了解自己的性格类型,能够更好地扬长避短。每种性格类型本身没有优劣之分。每个人都有与众不同的特质,重要的是在于理解和完善,而非改变和对抗。

第四节 沟通能力训练团体辅导具体实施过程

一、第一次团体辅导:与你有缘

活动目标:

1.引发学生参与团体的兴趣,成员互相认识熟悉。

2.营造真诚、温暖的气氛。

3.明确团队规则,签订团体契约。

活动过程:

(一)分组(5 分钟)

指导语:授课教师和教辅人员进行自我介绍。人际交往是每个人生活中不可避免的一部分,因为人是社会性的动物。与人交往是一门艺术,我们在此次团辅工作坊将体验留好第一印象,进行一致性沟通,学会拒绝和合作。我们一共将开展 6 次活动,每次活动时长大约 60 分钟。今天的内容是大家互相认识,我们将通过一个小游戏来快速建立认识,并形成团队契约。

采用报数的形式,将参与成员分成合适的几组,每组人数 8 人左右。

(二)组员初识:心脏病游戏(15 分钟)

按照小组数量准备卡牌,每组至少分发一副卡牌。

指导语:请所有人员在小组内进行自我介绍,以“形容词+姓名”的形式,介绍自己最突出的特质,并推选出组长。

组长按照顺时针或者逆时针顺序发放卡牌,花色相同者需快速喊出对方的名字,快者赢,快者将卡牌送给慢者。组长手中卡牌发放完毕后,针对手里卡牌最多者,小组内可商定给予激励。

开放两次机会,请成员谈谈收获。

(三)建立合约:你我约定(40分钟)

指导语:为了保证活动的顺利开展和有效进行,我们彼此之间要在这里做一个承诺。

大家手中承诺书的内容,作为讨论的基础,各小组在组内进行讨论并对其进行补充调整。各小组推选发言人,进行介绍。最后,总结归纳完善团体契约承诺书,制作属于本次团体的承诺书。

教辅人员打印并组织成员签署团体契约承诺书。

团体契约承诺书

1.我志愿参加本次团体心理辅导活动,我承诺做到不缺席、不迟到、不早退。

2.我承诺遵守团体辅导活动中的规则。

3.我承诺将注意力集中在活动中。

4.我承诺对所有成员坦诚开放。

5.我承诺做到严格保密。

6.我承诺注意倾听他人,不做任何个人评价。

承诺人:

年　　月　　日

二、第二次团体辅导:人生最美是初见——留好第一印象

活动目标:

1.让学生意识到第一印象的重要性。

2.学习第一印象营造方法。

3.促进学生真诚交往。

活动过程:

(一)热身活动:钱多多(10分钟)

指导语:每个成员代表50万元。

主持人喊出100万、150万、200万等数字,成员听到数字后迅速寻找合作伙伴聚成一组,落单者要接受采访,谈感受、说原因。

重复几次，调动现场气氛，并凝聚成员参与团队活动。

（二）多面吉姆（20 分钟）

体验首因效应实验。事先准备好关于吉姆的描述材料。

1.吉姆走出家门去买文具，他和他的两个朋友一起走在充满阳光的马路上，他们一边走一边晒太阳。吉姆走进一家文具店，店里挤满了人，他一边等待着店员，一边和一个熟人聊天。他买好文具向外走的途中遇到了熟人，就停下来和朋友打招呼，后来告别了朋友走向学校。在路上他又遇到了一个前天晚上刚认识的女孩子，他们说了几句话后就分别了。放学后，吉姆独自离开教室走出了校门，他走在回家的路上，路上阳光非常耀眼，吉姆走在马路阴凉的一边，他看见迎面而来的是前天晚上遇到过的那个漂亮的女孩。吉姆穿过马路进了一家饮食店，店里挤满了学生，他注意到几张熟悉的面孔，吉姆安静地等待着，直到引起柜台服务员的注意之后才买了饮料，他坐在一张靠墙边的椅子上喝着饮料，喝完之后就回家去了。

2.放学后，吉姆独自离开教室走出了校门，他走在回家的路上，路上的阳光非常耀眼，吉姆走在马路阴凉的一边，他看见前天晚上遇到过的那个漂亮的女孩迎面而来。吉姆穿过马路走进了一家饮食店，店里挤满了学生，他注意到那儿有几张熟悉的面孔，吉姆安静地等待着，直到引起柜台服务员的注意之后才买了饮料，他坐在一张靠墙边的椅子上喝着饮料，喝完之后就回家去了。

吉姆走出家门去买文具，他和他的两个朋友一起走在充满阳光的马路上，他们一边走一边晒太阳。吉姆走进一家文具店，店里挤满了人，他一边等待着店员，一边和一个熟人聊天。他在买好文具向外走的途中遇到了熟人，就停下来和朋友打招呼，后来告别了朋友走向学校。在路上他又遇到了一个前天晚上刚认识的女孩子，他们说了几句话后就分别了。

3.吉姆走出家门去买文具，他和他的两个朋友一起走在充满阳光的马路上，他们一边走一边晒太阳。吉姆走进一家文具店，店里挤满了人，他一边等待着店员，一边和一个熟人聊天。他在买好文具向外走的途中遇到了熟人，就停下来和朋友打招呼，后来告别了朋友走向学校。在路上他又遇到了一个前天晚上刚认识的女孩子，他们说了几句话后就分别了。

4.放学后，吉姆独自离开教室走出了校门，他走在回家的路上，路上阳光非常耀眼，吉姆走在马路阴凉的一边，他看见前天晚上遇到的那个漂亮的女孩迎面而来。吉姆穿过马路进了一家饮食店，店里挤满了学生，他注意到那儿有几张熟悉的面孔，吉姆安静地等待着，直到引起柜台服务员的注意之后才买了饮料，他坐在一张靠墙边的椅子上喝着饮料，喝完之后就回家去了。

指导语：我们将现场分成 4 组，分发关于吉姆的描述材料，每组一个材料。小组内讨论总结透过材料所认知的吉姆，他是一个怎样的人。

推选小组代表发言，谈对吉姆的印象。

带领者展示吉姆的全部描述材料，介绍首因效应实验和理论，揭示在人际交往中第一印象的重要性。

（三）模拟面试（20 分钟）

活动以自愿报名的方式，征集面试官 4 名、被面试者 5 名，模拟一次面试。其他成员旁观。

指导语：我们开展模拟某岗位面试。

面试官依次谈一谈每位被面试者在面试过程中出现的问题。被面试者依次说一说个人在面试过程中的表现情况。旁观者点评一下被面试者的表现。

4 个组分别探讨第一印象营造方法。小组代表发言介绍本组意见。

带领者归纳总结第一印象营造方法。

（四）性格理解活动（10 分钟）

指导语：MBTI 性格理论是当今世界上应用最广泛的识别人与人差异的测评工具之一。每种个性类型均有相应的优点和缺点、适合的工作环境、适合自己的岗位特质等。我们在大学了解一下自己和身边同学的职业性格既有利于我们在面对未来的职业选择时做出科学决策，也有利于当下理解自己和他人在行为和思维等方面为何有所不同，达到互相理解、相互包容的目的。我给大家提供几个案例，请大家根据 MBTI 理论，看看案例中的同学分别属于哪种类型。

根据 MBTI 性格理论，在能量获得方式的维度，刘林是典型的 I（内向型）倾向，她从独处中获得能量，她喜静、多思、离群；她的内向倾向是非常清晰的。郑炜在能量获得方式的维度，是典型的 E（外向型）倾向，她从与人交往中获得能量，她开朗、爱热闹、合群；在决策方式的维度，她 F（情感型）倾向较明显，处理事情用“心智”判断，而不是用“头脑”判断，凡事热情参与，这在亦茹看来可能是棘手的。亦茹在决策方式的维度，T（思考型）倾向明显，她做事遵循逻辑，关注原则，凡事喜欢冷静分析，善于找出问题和缺陷，在别人看来可能是冷漠的。亦茹和郑炜的矛盾冲突主要源于性格类型的差异，互相了解彼此的性格类型，能帮助她们更好地达成一致。

有了对这两个案例的分析，请大家也尝试着根据 MBTI 性格理论找一找自己的性格类型代码，然后在小组分享一下。

团辅小结：

心理学研究表明，与一个人初次会面时，前 45 秒钟内产生的第一印象至关重要。因为这个印象一旦形成，它就能在对方的头脑中占据主导地位，并持续较长时间。在交友、招聘、求职等社交活动中，我们可以利用这种效应，向人展示一种较好的形象，为以后的交流打下良好的基础。

在别人心目中建立良好第一印象，我们可以采用社会心理学家艾根(G. Egan)提出的 SOLER 模式，SOLER 是由五个英文单词的首字母拼写而成的专用术语。

S(Sit)代表“坐或站的时候要面对别人”；

O(Open)表示“姿势要自然开放”；

L(Lean)的意思为“身体微微前倾”；

E(Eyes)代表“目光接触”；

R(Relax)表示“放松”。

SOLER 模式可以帮助我们改变其他不恰当的自我表现习惯，可以有效地增加别人对自己的好感使别人接纳自己。

课后作业：与身边的 3 位及以上朋友运用 SOLER 模式及团辅过程中总结归纳的第一印象营造方法开展谈话交流，邀请他们谈一谈你的变化，谈一谈现在的你给他们的印象。

三、第三次团体辅导：信息高速公路——学会沟通

活动目标：

1.体验沟通的重要性。

2.培养沟通能力。

3.学会倾听和沟通。

活动过程：

(一)热身活动：你说我听(10 分钟)

指导语：我们首先将团体成员分为甲、乙两组。接下来，请大家欣赏一篇名为《花雨》的文章。文章中会多次出现“花朵”和“雨滴”这两个名词。每当听到“花朵”时，请甲组成员起立，听到“雨滴”时，请乙组成员起立。如果连续听到两个相同的名词，则站立不动。出错者出列，剩余人员继续活动。

活动过程：当花朵最需要雨滴的时候，雨滴适时而来。在我们的故乡，称此时的雨滴为“花雨”，此时的花朵为“雨花”。因为只有这个时候，花朵才最艳丽动人，雨滴才最晶莹光彩。你看，花朵是雨滴最后的家，雨滴是花朵最爱的宝贝。

雨滴流进了花朵，自己充满了花的欢笑，花朵迎进了雨滴，焕发出雨滴的晶莹。雨滴感染了花朵的颜色，花朵呈现出雨滴的光泽。它们共同映出了天光，雨滴进入了花朵，成了花的一部分，花朵融入了雨滴，因为它的生命是由雨滴构成的。

引导者邀请出错者谈一下活动感受。

(二)我说你画(30 分钟)

指导语：

1.第一轮请一位成员自愿上台担任“传达者”，其余人员都作为“倾听者”，“传达者”看样图一(见图 2-3-1)一两分钟，背对全体“倾听者”，下达画图指令。

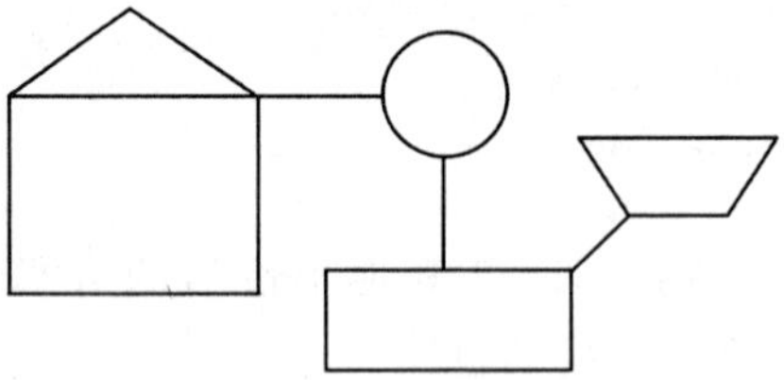

图 2-3-1　样图一

2.“倾听者”们根据“传达者”的指令画出样图上的图形，“倾听者”不许提问。

3.根据“倾听者”的图，“传达者”和“倾听者”谈谈自己的感受。

4.第二轮，再请一位成员自愿上台，看样图二(见图 2-3-2)一两分钟，面对“倾听者”们传达画图指令，其中允许“倾听者”不断提问，看看这一轮结果如何。

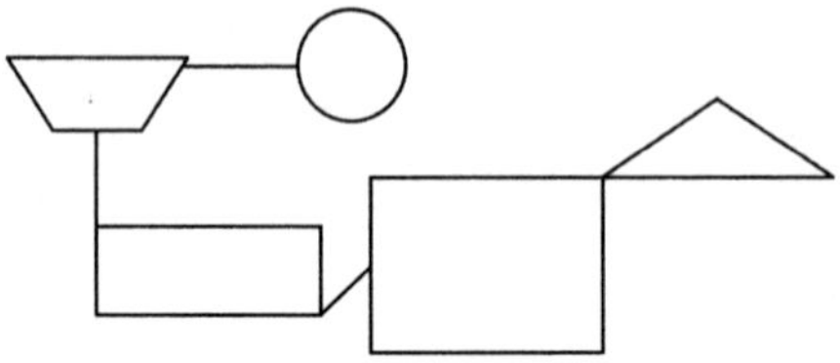

图 2-3-2　样图二

5.请“传达者”和“倾听者”谈谈自己的感受，并比较两轮过程与结果的差异。

现在请大家讨论：为什么第一次几乎没有人画对，而第二次有这么多人都画对了呢？

引导语：因为第二次大家交流了。可见沟通是有效的，沟通是发送者与接收者之间“传”与“收”的过程。信息传递不是单方面的，而是双方面的事情。做好与他人的沟通，并不需要一定有高超的语言表达能力，语出惊人，也不意味着有良好的思维逻辑能力去判断对方的话语的正确性。沟通的真谛在于倾听，倾听自己内心深处的声音，才能明白自己的动机，也清楚自己将以一种什么样的情绪去表达；倾听对方的声音才能根据情绪分析得出他的动机。

有专家将倾听类型分为竞赛型（别人说什么都会和自己的观点去比较对错好坏）、伪装型（装作很认真聆听其实在想其他事情）、智囊型（总觉得自己懂得多喜欢给别人出主意）、防御性（别人说什么都觉得是在针对自己，十分抵触）、转换型（经常转换话题不肯直接交流）、终结型（就是话题终结者，常常把天聊死）等几种类型。

倾听的干扰会极大地影响我们和别人沟通的效率和效果，那么我们应如何练习倾听能力呢？我们可以使用教练技术之“3F 倾听法”。

“3F 倾听法”指的是在全方位直觉式倾听时，要听到对方三个方面的信息：Fact、Feel、Focus——事实、情绪和意图。

Fact：倾听事实是指客观地接受对方谈话中的信息，努力把握对方话语中的客观事实，不带偏见地看问题。

Feel：倾听情绪是指在倾听事实的同时，通过语音、语调乃至肢体语言感知对方的情绪。

Focus：倾听意图是指把握对方真的想要什么，真正的意图是什么。有些人不善于表达自己的意图时，说出来的话跟真正的意图会有很大差异。

（三）我给你讲故事（20 分钟）

接下来我们练习“3F 倾听法”。团体内每两人结为一个小组，互相给对方描述一件事情。在对方讲述的时候，你不要带着自己的思考，而是专心听，同时在心里默默复述。等对方讲完这个事情，你谈谈你的理解和总结，问他你说得对不对。

团辅小结：沟通的过程就是传达信息和接收信息的过程，是双向的。其中，最重要的是善于倾听。“听”的繁体字“聽”告诉我们：只有做到了“用耳朵听事实、用眼睛看情绪、用真心感受正面意图”才是真正的倾听。

职业世界中，沟通是一项极为重要的工作能力。从公司角度来讲，作为一个组织，公司每个人都是组织中的一环，只有整个团队配合得好，才能保证整个系统的良好运转，也就是说，一个团队能不能发挥最大战斗力，取决于沟通带来的协作成本和作战能力。在工作中，员工、部门之间只有做到有效而充分的沟通，才能提高工作效率，密切与各部门、员工之间的配合，才能更好地完成上级下达的各项任务。沟通是建立人际关系的桥梁，职业世界缺少了沟通，那将不可想象。

四、第四次团体辅导：说“不”的艺术——学会拒绝

活动目标：

1.厘清害怕说“不”的心理成因。

2.引导学生学会适度交往。

活动过程：

(一)热身活动：雨点变奏曲(10 分钟)

指导语：听到“小雨”——手指互相敲击；听到“中雨”——两手轮拍大腿；听到“大雨”——大力鼓掌；听到“暴雨”——跺脚。

活动过程：让我们用声音来描绘一曲《雨点变奏曲》。一天的课结束了，同学们决定出去走走，放松一下心情。春天的太阳照在人身上格外温暖，空气也很新鲜，心情好惬意啊！突然，太阳躲进了云彩里，一阵凉风吹来，下起了小雨，同学们纷纷拿出雨伞，小雨变成中雨，中雨变成大雨，同学们走进一个木房子里避雨。这个时候天上乌云密布，大雨变成暴雨，雨下得真大呀！不一会，暴雨变成中雨，中雨变成大雨，大雨又变成中雨，中雨又慢慢变成小雨……

(二)寻根“不得不”(20 分钟)

指导语：请大家设身处地思考讨论。

情景一：王丽和张羽是同班同学。一天下午，王丽邀请张羽一起打乒乓球。可是张羽还有明天要交的作业未完成，但听到王丽的邀请，她很不好意思，心里很矛盾：去吧，其实心里一点也不想，作业还未完成呢；不去吧，多不好意思啊，起码面子上过不去。犹豫再三，张羽还是不情不愿地和王丽去打羽毛球了。张羽闷闷不乐地在球场里“熬”了两个小时。结果，晚上熬夜也没能写完要交的作业，第二天被老师批评了。

请成员结合“情景一”讨论：

1.你在和同学交往中，是否有过类似的经历？如果有，你是如何处理的呢？

2.你是否赞成张羽的做法？请说明理由。

引导语：人际交往本质上是资源交换的过程，但这种交换不只是物质上的，也包括情感和道义上的。在与他人交往中，应该互相尊重，相互理解，分享彼此交往的快乐。王丽在和张羽的交往中情绪反应是快乐的，因为她的心理需要得到了满足，而张羽呢？请大家从张羽的角度谈谈她的情绪体验。很明显，张羽的情绪体验是消极的。那么，这是谁造成的呢？

情景二：王丽和张羽是同班同学。一天下午，王丽邀请张羽一起打乒乓球。

但是张羽还有明天要交的作业未完成，听到王丽的邀请，她真诚地对王丽说："对不起，我现在不能陪你打球，还有作业未完成，明天要交了，今晚熬夜也未必能写完。"王丽听后说："哦，那好吧，我再问问其他人。"

请成员结合"情景二"讨论：

这次张羽的态度与上次截然不同，那是不是就把王丽得罪了呢？请大家试着从王丽的角度谈一谈其内心感受（能不能理解张羽的第二种态度，是否觉得张羽对自己不友好等）。

引导语：通过讨论，我们要明白这样一个道理：与人交往时，我们愿意接受别人的爱，也要学会爱别人；我们要学会设身处地地站在别人的角度去为别人想，你快乐，我快乐，这样的交往才会久远。

（三）善于说"不"（30 分钟）

指导语：拒绝别人需要的不仅是胆量，还要讲究方式方法。引导者讲述关于拒绝艺术的故事，全班讨论分享。

故事一：庄子《秋水》中有一个故事，一次，庄子正在河边悠悠然钓鱼，突然来了两位楚王的使臣，他们恭恭敬敬地对庄子说："先生，我们大王想请您到朝廷做官，您同意吗？"庄子无意当官，直截了当地拒绝又有失礼貌，于是回答说："我听说从前楚国有过一神龟，已死去三千多年了。大王对它十分敬仰，用精美的竹器盛着，上面还盖着极华贵的丝巾，高高地供在庙堂之上。"庄子接着说："不过有一点我搞不明白，你们替我说说看：在那只龟自己看来，究竟是死了后被人把骨头当作宝贝高高地供起好呢，还是像生前那样快活地生活在泥里摇头摆尾好呢？"两位使者听了立刻回答："当然是快活地在泥里摇头摆尾好呀！"庄子听了立即答道："那么二位请回，且容我继续在泥里摇头摆尾吧！"

小组讨论：庄子是用什么方法拒绝的？

小组代表总结发言。

故事二：二战前期，罗斯福任海军部长时，曾打算在太平洋某岛修建一个秘密的海军基地。他的一个老朋友听说了这件事，跑来问他："朋友，你打算在哪里修这个基地，能告诉我吗？"罗斯福看了看他，故意低声问道："你能保密吗？"对方说："能！"罗斯福立刻笑了笑，说："那么，我也能。"

小组讨论：罗斯福是用什么方法拒绝的？

小组代表总结发言。

整合两则故事的讨论结果，引导者带领全体成员讨论整理出拒绝的艺术和方法。

引导者建议：拒绝他人的技巧有四个。（1）诚恳解释。对于不能满足对方的原因，诚恳地向对方说明白，以争取对方同情，获得对方同理心，缓和对方的不满情绪和挫折感。如庄子运用比喻，生动形象又幽默地表达了自己的人生观，争取到了对方的理解和支持。(2)合理支招。解决问题的办法不只一个，帮助对方寻求解决问题的其他合理的方法。(3)智慧迂回。设法拖延是其中之一，可以借他人之口拒绝，对于没有承诺的事情可以拖延一下时间；讲故事，表心声，像庄子那样礼貌得体地拒绝；答非所问，如罗斯福般不直接回答对方的提问，却先问了一个问题，如此封堵式所答非所问，的确妙极；以退为进，赞美拒绝或商量拒绝。(4)主动关怀。拒绝对方后，不是不闻不问，而应该事后关心对方当时如何解决的，表达对对方的关心、关注，以促进友谊。

团辅小结：一个心理成熟的人在社会交往中能自如地对别人说“不”，能主动请求别人给予自己帮助，也能接受别人的拒绝。不会拒绝别人，不能自如地提出要求，又怕被别人拒绝的心理状态，在心理学上称为“拒绝敏感”。不敢说“不”，是一种心理投射，本质是自己内心怕被拒绝，就认为别人也会受不了拒绝，从而不忍或不敢去拒绝别人。其实，拒绝是每个人都拥有的权利，在与他人交往中该拒绝就拒绝，尊重别人的同时也要尊重自己。

初入职场，一般都会面临相同的一个境况：领导或者老员工给自己安排许多与本职岗位无关的内容，如何拒绝？首先你要学会做一个靠谱的人，事事有回音，凡事有交代，件件有着落。然后根据自己的能力和精力，判断领导和同事给你的工作，你是否能干好，及时与领导或者同事沟通，这个工作交给你以后，你能做好、能做完还是根本就做不了。对于做不了、做不好的事情，不要勉强答应，要诚恳解释，合理拒绝。这不仅是拒绝，而且是一种负责任的表现。

课后作业：回想生活中勉强自己接受朋友请求的事例，根据团辅收获设计当初该如何拒绝。

五、第五次团体辅导：不能没有你——学会合作

活动目标：

1.让学生认识到个人职业生涯不仅由个人完成，还有他人的参与。

2.引导学生真诚信任。

3.体验合作，学会合作。

活动过程：

(一)热身活动“绘梦”(20分钟)

指导语：请成员听音乐画画。请大家把在音乐中感受到和想到的画面画出来。每个人大约有一分钟的时间来作画，时间到了，引导者喊停，无论你画到哪

里,必须把手上的画传给下一位成员,下一位成员接着上一位成员的最后一笔继续画。依次进行,直到每位同学都画完为止。其间不能有任何交流。

活动过程:在听音乐绘画的过程中不要紧张。这和你的绘画水平、画得好不好看没有关系,你只要接着前一位成员的最后一笔继续画下去,把你内心想到的东西画下来就可以。每组确定从谁开始,往哪个方向传。

小组内共同欣赏交流画作,还可以继续修饰和完善。小组代表发言,向全体成员展示作品。

引导语:我们每个人的人生就像这幅画,并不是只有自己一个人完成,而是由周围的人帮你、替你完成。我们每个人都不可能单独存活在这个世界上,人与人之间总有接续和相处的方式,信任与合作是非常重要的人际交往方式。

(二)信任不倒翁(20 分钟)

指导语:每组围成一个圈,一位组员站在圈中央,其他组员手拉手围圈。圈内人闭上眼睛,随心所欲、自由自在地倒向任意方向,其他组员手拉手形成保护圈,确保圈内人不会摔倒。圈内人往哪里倒,整个小组就要去哪里接住他,并推动他站立起来回到中心位置,站稳后再倒下去。每个组员轮流做圈内人进行体验,全部体验完之后回到座位上。

小组内围绕"倒下的那一刻你害怕了吗?""你相信其他成员会稳稳地托住你吗?""你从这个游戏中学到了什么?"讨论并分享感受。

每组派一名代表分享对此次活动的体会。

引导语:信任是感情交流的桥梁。被人信任是人生幸事,生活在互相信任的环境中是一种幸福。职场中,基本的信任感和被信任感是良好人际关系的基础,我们需要被人信任,也需要信任他人信任组织。

(三)我是你的支撑(20 分钟)

指导语:两名成员组成一组,背靠背站立,一齐向下坐到地上,一齐站起来。坐下、站起时,双手不能撑地,交叉抱在胸前。顺利完成者,可与其他成员交换再做。

小组交流分享:背靠背坐下、起来,容易吗?顺利完成活动有什么感受?是什么因素起作用?做不到有什么感受?你认为是什么原因造成的?

引导语:合作是成功的基石。人有了合作者、支撑者,面对困难更容易解决。合作过程中,规则是必需的,有规则指导更容易成功。缺少规则,合作不成功容易带来挫败感。

团辅小结:人生道路上,当我们真诚相信他人的时候,他人会更加积极地将热情反馈给我们,并帮助我们一步一步走向成功。付出真诚,收获感激和信任。

现代社会，团队合作意识和能力是必备的素质之一。会助人、会求助、会合作，就会自然而然地融入集体，也会收获朋友，收获心灵的愉悦。

六、第六次团体辅导：祝福伴你行——结束活动

活动目标：

1.分享所感所悟。

2.畅谈收获。

3.团体辅导全部结束。

活动过程：

(一)热身活动——乌龟与乌鸦(20分钟)

指导语：两人为一组，做好预备姿势，左手握拳，食指伸直，右手伸平，把左手食指放到搭档的手掌上。引导者会讲一个故事，在听故事的过程中，听到“乌鸦”和“乌龟”这两个词的时候，要迅速去抓对方的食指，同时避免自己的左手食指被抓。游戏时成员只能变换手部的姿势，不能移动身体其他部位。每次听到相关的词完成动作后要迅速复原。

故事：森林里有一个小小的城堡，里面住着可怕的巫婆和她的仆人乌鸦。突然有一天，天上飘来大片乌云，转眼间就乌黑乌黑的，什么也看不见。在狂风暴雨中，巫婆听到有人敲门，开门一看，原来是一只乌龟和一只乌贼。它们请求巫婆让它们进屋。巫婆同意了，可是乌鸦不同意，因为它和乌龟是多年的宿敌。雨越下越大，大家也越吵越凶。乌贼指着乌云对巫婆说：“雨这么大，乌鸦却不让我们进去，我和乌龟都会生病的。再不开门，我一定会让你的城堡变得乌烟瘴气。”没多久，雨停了，太阳出来了。巫婆和乌鸦这才打开门来，乌龟已经冻得缩成了一团。

(二)头脑风暴话收获(20分钟)

指导语：个人回顾前面几次团辅内容，梳理收获与成长，在小组内交流分享，可围绕“我印象最深刻的团辅活动”“我获得的成长”等话题展开。

每个小组推选代表在团体内部发言。

(三)祝福伴我行(20分钟)

播放音乐，每个人写下一段祝福鼓励的话，并签上自己的名字。完成后折叠好，做好标记，然后将祝福纸条集中到引导者准备的盒子中。每人随机选取一份阅读，并找到写纸条的人与他交流。

活动最后，请全体成员合唱周华健的《朋友》，团体辅导活动在歌声中结束。

第五节　辅导后学生反馈

嘉慧：我母亲对心理学感兴趣，并对相关知识有所了解，我也从母亲那里了解到一些心理学知识。但知道是一回事，真正会运用是另外一回事。在人际交往能力提升团体辅导活动中，我听了老师对具体实例的分析、讲解，对心理学从内心深处有了体验和认知。每次活动，我的收获都很大，就像今晚一样，在以往的沟通中，我一直以为自己是一个不错的倾诉对象，但环境对我的影响让我不知不觉中改变了许多。大学期间交往过的一个好朋友对我的影响很大。她无时无刻不从我身上汲取能量，但我不知道如何拒绝她。我不情愿地单方面付出，她不停地索取。我对她的期望值一落千丈。对她失望的同时，我也对别人关闭了心门。我在不知不觉中收起了心，不再坦诚、热情地对待他人，与别人划清界限，我的心也变得冷冰冰的。

“不能没有你——学会合作”活动的绘梦环节，让我意识到我的人生应该有别人的参与，我应该将朋友划分等级，不再自寻烦恼，用我感觉舒适的、开心的方式，用真挚的、诚恳的心与他人交流交往。

子淇：通过几次团体辅导活动，我感觉收获颇多。我自觉是那种很矛盾的人，有时候面对别人，会时常觉得自己在交流的时候存在很多问题。参加这次人际交往能力提升训练，我发现我可以逐渐找到与别人舒服的交流方式。其实，这算是自我的一种提升。在这过程中，不单单是谈话，还有一些团辅活动可以让我放松下来，愿意说出自己的想法。我觉得这是自己一种难得的改变。我总会觉得自己是一个不喜欢与人交流的人，因为在我自己看来我总是给别人距离感。但是，通过此次团辅活动，我重新认识了自己。这是在此次活动中我最大的收获。

在活动中，我了解了拒绝的艺术。拒绝别人在生活中是一件看似很容易但其实很难的事情，可能因为我是讨好型人格，所以我很少拒绝别人。但现在我学习到了艺术地拒绝的方法，我学会了勇敢地说“不”，我的性格发生了改变。

惠玲：通过团辅活动，我真正学到了一些交流沟通的技巧，以及处理人际关系的方法。我对自己在人际交往中的某些不足也有了反思，在以后的生活中会更加注意。在“沟通无极限”活动中，我深刻地认识到沟通不只是“说与听”这么简单。今后我会信任他人，优化与他人的合作；我会对生活报以热情，与消极的人际交往方式说再见。

第六节　辅导后教师反思

人际交往技能并非与生俱来，大学生的人际交往需要良性引导，通过不断地体验、学习和实践来熟悉、掌握人际交往技能。第一印象会加速人与人之间的了解，产生先入为主的心理，表现不足或者过度都会影响以后的交往。但我们既要注重第一次交往，也要用发展的眼光去看待对方。在与人沟通中，要学会倾听，准确接收对方传送的信息，做出合理的反馈。要学会说“不”，尊重自己和他人内心的合理诉求，与人适度交往。

在整个团辅活动中，全体成员用心感受，沉浸体验。教师摆脱了说教模式，全体成员主动探索、反思、总结、体验，归纳概括人际交往技巧，是一种主动学习和锻炼。成员通过团辅活动，增强了自信，获得了成长，为个人职业生涯做足了准备。

第四章　呵护青春之花，做自己情绪的主人

第一节　辅导前学生案例

生活中，我们经常会陷入使我们倍感愤怒、焦虑、忧郁、内疚的情境。这时，我们该如何应对和处理自己的负面情绪呢？又该如何在碎片化的生活中保持积极、健康、阳光的状态呢？理性情绪行为疗法可以帮助我们更好地识别情绪的触发点，避免对情境、他人的言行进行错误解读，引起我们的情绪爆发，以便帮助我们更好地做自己情绪的主人，掌握生活的主导权。

张同学，每次涉及重要考试，前一晚必定会失眠，影响考试正常发挥。现在作为求职阶段的毕业生，面临重视的工作岗位因为笔试、面试而出现过度焦虑等情绪问题，一遇到挫折，习惯于回避、自我否定，自信心不足，在内心自我攻击。

曹同学，习惯晚睡晚起，感觉晚上学习效率更高，更专注，而一位舍友习惯早睡早起，并要求其他人配合她。其他舍友性格比较温和，都谦让和忍受着，曹同学不想迁就，有对抗情绪，围绕生活作息不同，两人经常发生言语冲突。曹同学因而变得非常敏感、易怒，会过度解读对方的言语和表现，有时候这位舍友无心的话语，也会引起曹同学的戒备，导致舍友关系紧张。

曾同学，参加了司法考试，并通过了第一阶段考试，前段时间刚进行了第二阶段考试，成绩还没有出来，但自我感觉很糟糕。她害怕查看分数，没有勇气接受一旦考试失败可能出现的结果，觉得自己一年来的复习准备前功尽弃，而且为了司法考试放弃了考研，如果司法考试没通过，觉得自己会一事无成，无法进入专业相关的法律行业。她经常拿自己与身边的同学、朋友做比较，选择性注意，只看到他人身上的优点，和自己的不足，因而觉得大家都比自己优秀，非常在意他人的眼光，否定自己的价值，只看到自己的不足之处，不能接受失败，情绪常常非常低落。

案例分析：这是我们在日常学习、工作和生活中经常遇到的几种负面情绪，因紧张、沮丧、恼火、担惊受怕而出现焦虑、烦躁情绪；听到他人的指责而变得防备、被激怒，无法压抑怒火，产生挫败感；因为失去某段重要的关系，或遭遇学业、工作、生活中的重大打击而情绪低落，无精打采，一蹶不振；因自己的错误而悔恨、自责、内疚，承担超出自己部分的责任。有时候我们表面看起来是被具体的事、某些人引发、触动了情绪按钮，但剥开情绪反应的洋葱，一层一层来看，也许背后隐藏着先前积累的被忽视、未处理、被压抑的创伤，也许正是过去的某些经历被勾起来，才引发了现在的情绪过激反应。

第二节　情绪管理团体辅导设计方案

活动目的：通过团体辅导活动，结合情绪管理知识学习，提升学生对自我和他人的情绪认知能力，提高对情绪反应的灵活性、应变性和适度性，接纳负面情绪，培养积极情绪，提升人际关系交往能力，探索自我激励、自我完善的有效途径。

活动对象：可以单独面向遇到情绪困扰的学生群体开展，30 人以内为宜。

教辅人员：助教人数根据参加学生组成团队数确定，摄影师 1 名。

活动时长：活动分 5 次，每次均为 45 分钟(见表 2-4-1)。

表 2-4-1　团体辅导框架

顺序	活动名称	活动目标	活动内容	设施与材料
1	团队初遇	了解团体辅导的性质、活动目的、活动方式、活动意义 明确团队规则 团队成员相互熟悉	滚雪球 谁在旁边	活动桌椅
2	认识情绪	通过活动让学生了解情绪的类别及健康情绪 激发学生进行情绪管理的需要	我演我们猜 EQ 知多少 晾晒心情	活动桌椅、情绪卡片、投影设备、A4 白纸、笔
3	愉快情绪的唤起	引导学生主动激发愉快情绪	镜中人 发现快乐	活动桌椅、短文《年轻人眼里的开心时刻》人手一份、A4 白纸、笔

续表

顺序	活动名称	活动目标	活动内容	设施与材料
4	愤怒情绪的管理	帮助学生认识愤怒的过程以及愤怒对个人的影响 帮助学生主动进行愤怒情绪管理	察觉愤怒 管理愤怒	活动桌椅、A4 白纸、笔
5	理性情绪的调节	引导学生运用理性情绪法调节情绪	理性调节 ABCDE 心情转化 情绪垃圾桶	活动桌椅、心情转化表、A4 白纸、笔、垃圾桶
团体辅导效果整体评估				

第三节　相关理论链接

一、情绪 ABC 理论

情绪 ABC 理论（见图 2-4-1）是由美国心理学家阿尔伯特·艾利斯（Albert Ellis）创建的。他认为事件 A（Activating Event）只是引发情绪和行为后果 C（Consequence）的间接原因，而引起 C 的直接原因则是个体对激发事件 A 的认知和评价而产生的信念 B（Belief），即人的消极情绪和行为障碍结果（C），不是由于某一激发事件（A）直接引发的，而是由于经受这一事件的个体对它不正确的认知和评价所产生的错误信念（B）直接引起。错误信念也称为非理性信念。

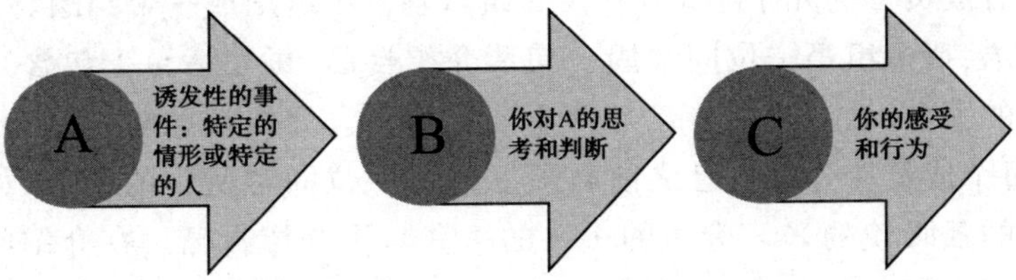

图 2-4-1　情绪 ABC 理论

A 指诱发事件，C 指我们的感受和行为表现，有因必有果，但是有同样的原因 A,却产生了不同类型的后果。这是因为从原因到后果之间,会透过一座解读的桥梁 B,这座桥梁是我们的信念、我们对情境的评价与解读。同一情境之下(A),由于不同的人的理念、评价与解释不同,进而会得到不同的结果。正是人们常有的一些不合理的信念才使我们产生情绪困扰。

第四节　情绪管理团体辅导具体实施过程

一、第一次团体辅导:团队初遇

(一)团队初遇(35 分钟)

介绍本次团体辅导主要内容、形式、大致时长。

指导语:我们的团体辅导是围绕情绪管理的主题进行的,日常学习和生活中,我们是不是常有被某些人、某些事牵着鼻子走的情况发生?有没有被别人的一句话激怒?有没有因为别人的一句话,就让自己的心情陷入谷底?有没有一瞬间被情绪冲昏头脑,事后又觉得追悔莫及的情况?也许是我们看事情的角度,或者是我们对事实情况的了解太片面,所以产生了诸多误会。在团体辅导中,我会带领大家从新的角度去体会激动、愤怒、害怕、紧张、悲伤等情绪,尝试把负面情绪控制在一定范围内,当情绪出来的时候保持觉察,避免情绪积累太多,产生过激反应,一发而不可收拾。同时,引导大家勇于承认自己以往的某些表现反应过激了,并承诺愿意做出改变。接纳已经发生的事情、接纳不完美的自己,是改变的启动键,一味地自责,只会消耗我们的意志力。聚焦“怎样做才能更好”这种建设性的思维,会慢慢改变我们习以为常的本能性反应模式。

1.活动 1:滚雪球(15 分钟)

将所有成员分为几个小组(10 人一组),各个小组围成一个圆圈。

指导语:请每组第一位同学用一句话介绍自己,每句话至少包含三个信息,包括自己的家乡、姓名以及自己与众不同的特质。介绍按顺时针从第二个位同学开始,每个成员在介绍自己之前必须复述上一位同学所讲的内容(如:我是坐来自威海的戴眼镜的××旁边的……的××),再介绍自己。在介绍的过程中,每位成员都要集中注意力,努力记住该成员的名字,而且每位同学都有责任帮助对方完整表达。

2.活动 2:谁在旁边(15 分钟)

指导语:我随机指定一位同学为“执棒者”,由他开始喊出在座另一位同学的名字，被点到的同学左右两边的人要迅速地举起双手并喊“啊”做投降状。如果反应正确，则由被叫者开始执棒，并喊出下一个人的名字；如果左右两边的人反应太慢或者被叫者自己做出投降动作、发出声音等，则会受到“执棒者”的惩罚。

（二）活动分享（10 分钟）

请每位成员在小组分享刚才活动环节中的感受，在这有限的时间里能够记住多少位成员的名字，自己是使用什么方法技巧加深记忆的。

（三）总结

通过几轮活动，让成员相互了解，营造出轻松舒适的环境和安全信任的氛围，从而使小组成员融入团体辅导中来，为更好地进行情绪管理辅导奠定基础。

二、第二次团体辅导：认识情绪

（一）我演我们猜（15 分钟）

1.准备“情绪卡片”

卡片上围绕着“喜、怒、哀、惧、爱、恶（厌恶）”6 种情绪。

指导语：请一位同学随机抽出一张卡片，用表情、动作等非语言信息表达卡片上所写的情绪，不能用言语表达，请其他同学猜测刚才这位同学表达的是什么情绪。

2.表演“情绪卡片”

分别请出其他几位同学分别表演其他“情绪卡片”上所写的内容，锻炼如何从非语言信息来判断各种情绪的能力。情绪卡的表演题目也可以更具体为我很高兴、我很生气、我很难过、我很失望、我很无奈、我很着急、我很困惑、我很害怕、我很担心、我很舒服、我好兴奋、我很不甘心、我觉得丢脸、我觉得厌恶、我好痛苦、我好寂寞、我好满足、我好无助等。

3.介绍情绪的类型

指导语：情绪通常有喜、怒、哀、惧、爱、恶 6 个大类。每一个大类下，又有一些具体的表现形式，比如愤怒，有时会被我们感受为生气、不平、烦躁、敌对、恨意等；而悲伤有时会被我们会成忧伤、寂寞、忧郁、沮丧、绝望等；恐惧有时我们表现为焦虑、紧张、忧心、疑虑、慌乱、警觉等；惊讶有时带给我们的是震惊、讶异、惊喜、叹为观止等；厌恶有时我们称之为轻视、轻蔑、讥讽、排斥等；当我们羞耻时，我们会感到愧疚、尴尬、懊悔、耻辱等；当我们快乐时，我们感到满足、幸福、愉悦、骄傲、兴奋、狂喜等；当内心充满了爱时，我们可能会表现为友善、和善、亲密、信赖、宠爱、痴恋等。

4.分享环节

那么请同学们思考:“情绪有好坏之分吗？什么样的情绪是好的,什么样的情绪是坏的,为什么你这样觉得?”

感谢刚才几位同学的分享。消极情绪如果表现恰当,也是有积极作用的,比如我们在考试成绩不如意时产生了羞愧、内疚等情绪,有助于我们重视学习,奋起直追。当我们愤怒的时候,也许是对方做了伤害我们的事情,也许是碰触到了我们在意的事情,愤怒让我们意识到自己的底线、边界在哪里,想要守护的事情是什么。当我们产生嫉妒的情绪时,说明我也很想要,那么我们要思考,是什么导致对方得到了而自己却没有,进而该如何用合理的方式去弥补或者去争取,比如提升自己的能力,或是降低自己的期待,或是看到并肯定对方的付出,接受这个结果的合理性,看到对方比自己更努力,或是更优秀,找到自己与对方的差距在哪里。

(二)EQ 知多少(15 分钟)

1.介绍情绪智力的概念

指导语:刚才我们了解了情绪的 6 大类型,讨论中得出了情绪没有好坏之分,每一种消极情绪背后都有积极的意义。下面我想给大家介绍一个棉花糖实验。

1960 年,著名心理学家瓦尔特·米歇尔(Walter Mische)在斯坦福大学附属幼儿园里选择了一群 4 岁的孩子进行实验,这些孩子多数为斯坦福大学教职工及研究生的子女。米歇尔让这些孩子走进一个大厅,并给了每一位孩子一块棉花糖。测试老师对孩子们说:现在老师要出去 15 分钟,如果谁能坚持到老师回来还没有把自己面前的糖吃掉,老师回来后会另外再给两块棉花糖作为奖励。在 15 分钟的等待中,大部分孩子经不住糖的甜蜜诱惑,把糖吃掉了。大约有三分之一的孩子表现得更有耐心,他们有的把头放在手臂上,闭上眼睛,不去看那诱人的软糖;有的自言自语、唱歌,有的努力让自己睡着。最后,这些有控制力的小孩如愿以偿,得到了额外两块棉花糖的奖励。

之后,研究者对接受这次实验的孩子进行了长期跟踪调查。中学毕业时的评估结果是,4 岁时能够耐心等待的人在校表现优异,入学考试成绩普遍较好。而那些控制不住自己,提前吃掉棉花糖的人,则表现相对较差。而进入社会后,更有毅力的孩子的人生大多更成功、幸福,而余下的孩子则过着相对贫穷、失意的生活,甚至有的还受到毒品、酗酒、肥胖等问题的困扰。

以前人们往往高估了智力对成功的影响,而这项实验,使人们意识到延迟满足、意志力、情绪控制能力等非智力因素,在人生成就和生活幸福等方面有更重要的影响。

一个人成功的要素中,情绪智力占了极大的比重。1990 年,美国耶鲁大学的彼得·沙洛维(Peter Salovey)和约翰·梅耶尔(John Mayer)首先提出“情绪智力”的概念。他们认为,在一个人成功的要素中,智力因素仅占 20%,而非智力因素中,占比较高的则主要是情绪智力,占 80%。他们认为,情绪智力是个体准确而有效的加工情绪信息以及控制自身和他人情绪的能力。它具体包括以下 5 种能力:

(1)清楚地认识自己的情绪;

(2)妥善地管理自己的情绪;

(3)激发自己的正面情绪;

(4)认识他人的情绪;

(5)安抚他人的情绪。

请同学们针对棉花糖实验、情绪智力进行思考,并针对情绪智力的 5 种能力,举例说明自己在学习和生活中有哪些心得体会。

2.交流分享环节

学生代表发言,通过自身的论证,让学生感悟情绪智力的重要性。

(三)晾晒心情(15 分钟)

1.冥想放松

指导语:伴随着舒缓的音乐,请大家选择舒适的姿势坐好,闭上眼睛,放松身体,回想近期生活中发生的事情,体会自己在回忆中情绪是平静的还是会有起伏变化。约两分钟后,请大家慢慢地睁开眼睛,调整姿势。

2.完成句子

每位同学分到一张纸,请大家参考屏幕中的提示,完成下列句子。

(1)最近让我感觉高兴的事情是________________。当时我的心情是________________,现在想起这些事,我的心情是________________。

(2)最近让我感觉不高兴的事情是________________。当时我的心情是________________,现在想起这些事,我的心情是________________。

(3)每当心情好的时候,我会觉得________________。

(4)每当心情糟的时候,我会觉得________________。

(5)我的心情总是________________。

写好后,请同学们在小组中分享。

3.交流、分享

引导成员进行交流、讨论,帮助成员了解自己的主导情绪,感受不同情绪体验对生活、行为、健康的影响,使其认识到积极情绪的重要性。

三、第三次团体辅导:愉快情绪的唤起

(一)活动1:镜中人(10分钟)

1.分组模仿

指导语:请同学们两两一组,一方做出各种表情,另一方作为镜子模仿,然后双方互换角色,每一轮时间为2分钟左右,一组同学进行4轮。

2.请学生围绕刚才的活动讨论分享

(1)看到"镜子"的表情,我们有什么感受?

(2)你觉得情绪可传染吗?

(3)在努力做各种或者模仿各种表情时,我们的情绪有变化吗?

3.小结

心理学研究表明,我们装着某种心情,模仿着某种心情,往往能帮助我们真的获得这种心情。因此,每天早上起床后我们对着镜子笑一笑,告诉自己"今天会有个好心情",往往会为我们带来一天的好心清。即使没有镜子的时候,也可利用镜子技巧,使自己脸上露出笑容来,挺起胸膛,深吸一口气,然后唱一段歌曲或吹一小段口哨或哼哼歌,记住自己快乐的表情。

(二)活动2:发现快乐(35分钟)

1.快乐清单

指导语:请学生回想最近两周令自己开心的事情,并在笔记本上列出自己的快乐清单,每人至少列出10项。

2.请部分学生读出自己的快乐清单

3.对标《年轻人眼里的开心时刻》

指导语:下面我会把短文《年轻人眼里的开心时刻》发给大家,请同学们快速阅读,对照自己的快乐清单,看看相似的内容有什么,以及有启发的内容有哪些。请同学们在小组中讨论分享。

4.小组脑力激荡法

指导语:在我们每个人的"快乐清单"以及《年轻人眼里的开心时刻》短文的启发下,请大家开动脑筋,看看能不能通过头脑风暴的方式,再尽可能多地寻找快乐,每个小组请一位同学做记录,完成小组的快乐清单。

5.分享小组快乐清单

请以小组为单位分享小组快乐清单，清单项目最多的3个小组将得到我们现场发放的礼品。

附：年轻人眼里的开心时刻

(1)异性友善的注视。

(2)播放自己喜欢的歌曲。

(3)静静地聆听窗外的雨声。

(4)自己想买的商品突然打折。

(5)被邀请参加聚会。

(6)舒舒服服地洗个澡。

(7)傻笑。

(8)一次愉快的谈话。

(9)有人体贴地为我们盖好被子。

(10)在沙滩上画画、写字。

(11)在去年冬天穿过的衣服里发现几十元钱。

(12)在细雨中奔跑。

(13)开怀大笑。

(14)开了一个绝妙幽默的玩笑。

(15)有很多朋友。

(16)无意中听到别人正在称赞自己。

(17)醒来时发现还有几个小时可以睡觉。

(18)和志同道合的朋友组成团队。

(19)认识新朋友或和熟悉的朋友在一起。

(20)与室友彻夜长谈。

(21)甜美的梦。

(22)见到喜欢的人时心脏怦怦直跳。

(23)赢得一场精彩的比赛。

(24)朋友送来自制的甜点。

(25)看到朋友的微笑，听到他们的笑声。

(26)第一次登台表演，既紧张又快乐。

(27)偶遇多年未见的朋友，发现彼此都没有改变。

(28)送朋友他一直想要得到的礼物，看着他打开包装时的惊喜表情。

四、第四次团体辅导:愤怒情绪的管理

(一)活动1:察觉愤怒(20分钟)

指导语:请大家回忆最近发生的最令自己愤怒的事件,试着把自己的情绪引发出来,并按下面的5点要求用笔写在纸上。

1.描写自己当时愤怒的表情和动作。

2.描述自己愤怒时的生理感觉,如心跳加速、呼吸急促、脸热等。

3.表达自己愤怒时的内心感受,如"我被愚弄了!""他(她)太过分!""这简直是厚颜无耻的做法!"等。

4.写下自己愤怒时的行为反应,如骂人、摔东西、打人、痛哭、咬紧牙关、硬忍、强迫自己冷静等。

5.写下自己作出愤怒反应后自己和对方的感受。

小组分享:请同学们在小组内表达自己所写的内容。

6.讨论。

(1)什么样的愤怒反应是恰当的?

(2)压抑愤怒情绪好不好?

(3)宣泄愤怒情绪应注意什么?

(二)活动2:管理愤怒(25分钟)

1.请学生回忆最近发生的最令自己愤怒的事件,试着把自己的情绪引发出来,按要求用笔写在纸上

2.小组讨论

(1)我对愤怒的处理方式是否恰当?为什么?

(2)如果事件重演,我会怎样做?

3.配对练习

指导语:请同学们两两组合,自愿选取一位搭档,用刚才小组讨论环节中的处理方式,与搭档一起进行"事件重演"练习,然后互换角色并重复练习。

总结:感谢同学的分享和参与,让我们感受到大家自我探索的积极性,期待在接下来的时间里,同学们能够勇于表达自己的感受,提高自我情绪的觉察能力以及对他人情绪的识别能力。

五、第五次团体辅导：理性情绪的调节

（一）活动1：理性调节 ABCDE（20分钟）

1.介绍情绪调节方法步骤

指导语：在今天的活动中，我想给大家介绍一下理情绪调节法的ABCDE5个步骤：

A是确定引发情绪的事件；

B是自己对此事件的想法；

C是这想法所引发的情绪；

D是对原想法的不合理成分进行驳斥；

E是建立理性的想法和适当的情绪。

请学生们以自己最近产生过的一种消极情绪为例，按照我刚才提到的5个步骤，练习情绪调整的方法，并把调整过程记录在纸上。

比如：最近我总处在焦虑不安和自卑的情绪中。

A事件：最近一次考试没考好。

B原想法：我真没用，不是读书的料。

C引发的情绪：焦虑不安、自卑。

D驳斥原想法的不合理性：一次失败不代表永远失败，这次发挥不好也不代表我笨，这一次犯了以偏概全的错误。

E建立理性的新想法：这次发挥不好不代表我笨，是自己没有认真复习，下次我会认真做好考前准备，情况会好转。

通过这5个步骤，我获得了一种新的情绪体验：自信。

2.交流分享环节

学员分享参与这一环节体会，交流自己的调整步骤并互相评析。

3.负面情绪事件训练

指导语：请同学们用合理的情绪理论对引发自己负面情绪的事件进行分析：

A.发生了什么事。

B.当时有什么想法。

C.是怎样的情绪反应。（用词语表达，且用1—10程度描述）

D.对“当时想法”进行辩论。“想法”对吗？证据是什么？按当时的想法去做的最大好处是什么、最大坏处是什么？

E.若再来一次，现在“我”会怎样处理，会说些什么，会做些什么，感觉如何。

4.交流分享环节

每组选出一个代表分享自己通过上述训练，有哪些过程重新思考和调整，以及其中的体会。

(二)活动2:心情转化(20分钟)

活动目的:根据合理情绪疗法理论，采用转化技术来降低消极情绪的不良影响。

指导语:请同学们根据屏幕上显示的表格(见表2-4-2)，将手中的空白纸一分为三，左边为“随想栏(自责)”，中间为“认知失真栏”，右边为“合理反应栏(自卫)”。请同学们在随想栏写下自己内心常常出现的消极自责思想，比如我什么事都做不好、我总是迟到、每个人都会看不起我、我是个笨蛋、我会愚弄自己、我真傻，等等。

表2-4-2 团体辅导框架心情转化表

随想栏(自责)	认知失真栏	合理反应栏(自卫)

对于左栏中的想法，我们在中间栏做一个分类识别:以偏概全、胡乱猜疑、灾难化联想、非此即彼、自我攻击等。

在右栏里写出合理反应，就是找一种更合理、更坦然的观点和做法作为替代，这是我们心情转换的关键一步。例如，在反驳“我什么事都做不好”时，你可以写道:原谅自己;出错是难免的;我有的时候做得很好;这件事还有补救的机会;这次失误中我的收获是;我找到了更好的解决方法;等等。

(三)活动3:情绪垃圾桶(5分钟)

指导语:请各位同学在我们下发的纸上，写下会引起自己负面情绪的词语，比如烦躁、不安、担心、忐忑、愤怒、不满等，写完后用你能想到的各种方法把白纸销毁，比如撕碎或者涂抹使词语被遮盖等。

请同学们将撕碎或是涂抹过的纸丢进垃圾桶，想象着那些让你讨厌的情绪已经合理地宣泄出去了，让它们跟着丢掉的纸片一并消失。

总结：我们可以通过锻炼以下四种情绪力，有针对性地提升情绪管理能力。

1.情绪自觉力：随时随地都清楚地知道自己处于怎样的情绪状态，觉察自己的情绪，与自己的情绪在一起。

2.情绪理解力：明白情绪的来源不是外界的人或事物引起，而是取决于我们内心的认知系统，所以我们可以试着换一个角度重新理解，增强思维的弹性，探索更多思考的角度。

3.情绪运用力：认识负面情绪的价值和积极意义，帮助负面情绪进行转化，更好地运用情绪的力量。

4.情绪摆脱力：当某种负面情绪不能帮助自己达到更高层次的快乐时，能够使自己从情绪旋涡中跳脱出来，不被情绪所操控。

第五节　辅导后学生反馈

琪玮：我对情绪管理团体的活动感觉比较满意，在团体辅导过程中，感觉很轻松，带领者能够充分调动同学们的积极性，同时传授了许多情绪管理的方法，我收获很大。最大的收获是学会了观察、记录、释放自己的情绪。印象最深的是记录一周中情绪的变化。通过一周的观察和记录，我更好地认识了自己，也能够及时调节自己的状态。

微：参加本次团体辅导我感觉很开心，最大的收获就是自己的目标更加明确了，能够更好地处理自己的负面情绪，也能更好地认知自己开心的源泉。给我印象最深的是“理性调节 ABCDE”活动，这个活动让我更加全面地去看待那些让我困惑、生气的事情，并且去反思自己，能够更好地处理自己的情绪。我认为活动带领老师很耐心地聆听，而且能够及时给予一些肯定，也让我知道了倾听与积极回应的重要性。如果说对本次团体辅导还有什么意见和建议，我觉得如果能再增加一些同学之间的小互动就更好了。

可馨：带领者老师很温柔、耐心地为我们梳理每一种情绪背后的积极意义，帮助我们看到情绪背后的想法、期待、渴望。我们应当积极应对，直面内心的情绪，不论是积极的还是消极的，它们都是信使，是来提醒我们要更多地关注自己内心真实的想法，不逃避不拒绝，耐心地倾听自己心灵深处的声音，才能更好地自我接纳、自我肯定，与内心的力量联结，挖掘自身的潜力。在热身活动中，老师很细致、很耐心，用自己的阳光让场上的同学们更开朗起来，有效地释放情绪，放松身心，让久坐学习的我们感受到运动带来的快乐。

婧桐：参加了本次团体辅导，我感触最深的活动是“发现快乐”，即回想最近两周令自己开心的事，在纸上列出自己的“快乐清单”。我发现我习惯于回顾和反省自己每天未完成的目标，总是选择性地关注到自己没做到的，总是在自责、自我批评，对于别人眼里认为我好的，我都觉得没什么，但是别人优秀的地方，我总觉得是我欠缺，几乎每天都在强化不快乐，做自卑训练。我要慢慢学着把习惯性的自我否定的视角转过来，看到自己值得肯定的地方，发现并记录每一天的快乐瞬间、有收获的时刻，存储在“快乐源泉小瓶子”里，这个找寻和回顾快乐的过程，给我一种全新的创作感，通过做快乐训练，慢慢地培养了大脑的幸福密码。同时，活动带领的老师们也很尽职尽责，把每一位同学的疑问都耐心解答，并提出一些很好的建议，保密工作也很到位，让参与活动的同学能在安全范围内敞开心扉，希望未来还可以继续参加团体辅导活动，更好地与自己的情绪相处。

第六节　辅导后教师反思

当我们与志同道合的新朋友相识，愉快地开始一段交往，常常对他人的当下和未来抱有美好的期望，但随着时间的推移，日常生活中的琐事，慢慢会凸显人们在价值观、生活习惯等方面的差异，也许会打碎我们对彼此的美好印象。我们需要了解的是，舍友、同学、朋友间除了要保持自己的边界，也要尊重他人的边界，接纳彼此之间在价值观、意见、需求、成长经历、偏好、生活重心上的差异，表达自己的想法，也接受他人和我们意见相左的情况，不被负面情绪左右。

有时候我们可能觉得对方不可理喻，但也许是因为在我们看不到的时候，他们遇到了什么事情，或是接受了不一样的成长环境和经历。我们可能会被他人的言行激怒或是变得不安、惊慌失措，比如舍友的卫生习惯不好，作息时间和我们冲突，宿舍被搞得一团糟，让我们没办法进门，这时我们有三种思考方法：第一种，恐怖＋应该。我再也受不了，他怎么能这样！我真想给他一点教训，结果导致自己情绪爆发，激烈争吵。第二种，被动合理化。我还不如自己收拾呢，我懒得管了，他爱咋咋地吧！第三种，他可能是最近遇到了什么事情，太忙了，没有精力打理自己的生活，而我也遇到过这样的情况。虽然我看到乱糟糟的寝室，感觉很恼火，但我也可以试着和他沟通，了解他最近的境遇，或者也许他还没有意识到，他把宿舍弄乱，会给我们带来的消极影响，我可以跟他沟通一下，用他能接受的方法来督促他改正。

大部分时间我们可以觉察到自己出现了负面情绪，这种时候直觉反应也许是否定、逃避、拒绝面对，想要让这些负面情绪赶紧消失，甚至对自己产生负面情绪本身更生气：我为什么会产生这些愤怒、嫉妒、低落、焦虑情绪，这些都是不好的，我不应该有这些情绪，我应该是乐观、积极的。而我们对负面情绪的回避、不接纳，不利于情绪问题的缓解，甚至会加重伤害。我们正面的情绪就像蔚蓝的天空，而负面情绪就像乌云，有时候晴空万里，有时候也许会突然出现乌云密集，甚至会打雷、下雨，就像我们发怒、痛哭。这时候我们要学会不要过度害怕、担心，刮风下雨、乌云聚集只是有时候，从长久来看，晴空是主要，阴雨只是偶然，所以情绪来的时候，就安静地陪伴，和情绪在一起，思考它带给我们什么感受，觉察到是我们内心的什么边界、需求被触动了，什么被剥夺了，才产生了这些情绪，相信雨过天晴后会有彩虹。

第三篇
团体辅导主题三：生涯之学

进入大三的学生成为低年级学生眼中的学长学姐，经过了大一的新奇、大二的调适，他们对大学生活有了一定的熟悉，对生涯有了更加深刻的体会和思考。有的学生已经找到大学的奋斗目标，正坚定地朝着目标努力；有一些学生还在考研、出国或是直接就业之间难以抉择，毕业、就业的压力开始初现；也有一部分学生经过两年的大学学习生活，躺在自己的舒适圈里，慢慢失去了前进的动力。大三是学生在大学里进行学习生涯决策的最后阶段：学习成绩暂时名列前茅的，仍需好好努力，以免被后来者居上；处于保研边缘的需要再努把力，争取进入保研行列；成绩不在最前列的，是否考研、考哪所学校，是否跨专业考研，是否出国都需要在三年级作出最终决策，否则就会来不及做相关准备；即使是决定直接就业的，大三到底到哪里进行社会实践和就业实习对求职都具有较大影响。所以，大三是学生在大学期间体会生涯之学的关键时期。大学生做职业决策除了自我因素和自驱力之外，家庭影响也是重要的因素之一，所以在大三阶段我们需要培养学生科学作出职业决策的意识和能力，激发学生内在学习动力，通过觉察自己与父母的关系来提升自己的感恩意识、与社会主动连接的意识，为今后融入社会打好基础。

第一章　浇灌我的生命之树

第一节　辅导前学生案例

小安同学:小安是英语专业毕业生,性情温和、有些内向。毕业时在父母及家人的劝说下,她选择了在服务行业工作。一年来,她感觉身心疲惫,内心非常痛苦。所以准备转行,打算从事英语教育培训工作。但是她又担心自己一年的服务行业工作经历对教育培训似乎没有什么帮助,而且要进一家不错的培训机构可能难度也比较大。她非常矛盾,进退两难。小安中学时,所有科目中英语成绩最棒。大学时在班级中担任组织与宣传委员,并在学校报纸上发表了几篇质量不错的文章。大学一年级的小安一度非常活跃,爱学习、爱交友、爱娱乐,在同学和老师的眼里是不错的学生。到大二时,没能顺利加入中国共产党使小安备受挫折,她开始慢慢懒散,不爱学习,也不愿意和同学交往,经常一个人待在宿舍里。毕业那年,小安东奔西走也没有落实工作单位。小安有个姐姐,从小到大,她的生活一直是父母和姐姐安排好了的。于是后来在姐姐的帮助下,小安有了两个选择:一个是到教育培训机构工作,另一个是到快速消费品行业工作。这下,小安不知如何是好了。

小雅同学:大一一年,我都是在苦闷中度过的。文笔不好,也不善于与人交往,与专业所需要的特质格格不入。我曾试图改变自己,但与生俱来的性格和从小养成的习惯让我一次次地失败。我也曾想过退学,回去复读重考,但对高中知识的遗忘还有家长的反对,让我放弃了这个念头。整整一年,我都在彷徨和苦闷中挣扎着。父母劝我既来之则安之,认为学好现在学的就是自己现在该做的。大一被我荒废了,感觉什么都没学进去,什么都没做,受了一年的良心谴责,沮丧了一整年。放假回去,我想了很多,决定不能再这样虚度年华,要振作起来,为自己的以后打算。可是目标是什么,我却不知道。希望老师能在百忙之中抽出一点时间给我指点迷津,让我能够尽快走出迷茫,做出正确的选择。

林林同学：从研究生入学起，我就明确了我的毕业去向，我不会选择读博，我要就业。但是具体从事什么行业自己并没有想好，这也是我求职旅途比较曲折的主要原因。我的求职过程总体上可以分为两个时期：迷茫期和坚定期。所以在求职之前，一定要进行明确的自身定位与详细的职业生涯规划，避免走弯路、错过求职机会。因此，目标要明确，结合实际制订详细的求职计划，不能对自己要求太低，但也不要好高骛远。遇到困难的时候要坚定，不要受周围环境和其他同学求职进程的干扰，要做最好的自己。经过前期的摸索，我也意识到了自己求职过程中心态上存在的问题，并进行了深刻的自我反思，思考了以下几个问题：我求职是为了什么？我未来的生活状态应该是什么样的？我需要很多钱吗？我是不是要将家人的想法、状态融入求职中去。经过几天的思考，我决定放弃秋招，专心准备公务员考试。后来我参加了山东省选调生优选计划，在烟台市财经类男生岗位（招 3 人）中以笔试排名第一、面试排名第二、总成绩第一，成功上岸。

案例分析：在现实的生涯咨询与辅导中，我们常常会遇到这些典型的问题，因为转专业到通信工程专业，而缺少了对该专业更详细的了解。该生目前准备考研进一步学习，而对现在的通信工程的考研方向的选择有一些困惑：如何合理充分地利用时间；如何在兴趣与收入之间找到平衡；如何在满足物质追求的同时实现崇高理想；不明确自己究竟适合怎样的工作，家人朋友给了很多建议，自己不知道如何抉择，不清楚自己的性格和能力适合什么样的岗位；如何选择自己喜欢的并且适合的工作；不明白自己未来到底想做什么类型的工作，从哪个方面去努力，没有看到自己的闪光点和潜力，如何去利用自己的现有资源去为自己未来的职业道路奠基；对自己未来认识不够清晰，没有明确的长远目标，对就业入职概念尚不明确；方向感不明确，动力不足；自身定位不准确，对当前社会的就业形势不够了解。在考研和就业方面难以抉择；缺乏社会实践经验，对就业前景不了解。

今天的一个决定将影响一个人未来职业生涯的发展，因此当学生在面临选择尤其是重要选择时需要更加谨慎。选择是痛苦的，但更需要承担选择的责任。古人云："凡为天下国家有九经，所以行之者一也。凡事预则立，不预则废。言前定则不跲，事前定则不困，行前定则不疚，道前定则不穷。"因此，生涯规划对一个人的一生而言，都非常重要，正如哲学家萨特曾说："我们的决定，决定了我们。"所以，今天站在哪里并不重要，重要的是下一步将走向何方。在日常生涯咨询中，我们看到了无数漂泊的灵魂，因为不知道自己身处何地从而漂泊四方无法安身立命。因此，无论从咨询信件、咨询案例还是求职达人的求职就业经历来看，生涯选择与生涯目标的确认问题始终都是学生咨询与辅导中最为典型的问题之一。

第二节　生涯选择团体辅导设计方案

活动对象：可以单独面向生涯选择困难学生等特定群体开展，30人以内为宜。

教辅人员：助教人数根据参加学生组成团队数确定，摄影师1名。

活动时长：活动分3次，每次均为90分钟（见表3-1-1）。

表3-1-1 团体辅导框架

团辅顺序	活动名称	活动目标	活动内容	设施与材料
第一次	我的缘分天空	明确团队规则 进行团队建设，促进团队成员相互熟悉 通过回顾以往所做的生涯决定，确定现在的位置	报数来分组 宾果对对碰 我有魔法袋 生涯魔法笔	彩笔、白纸（根据小组人数），将信封绘制成魔法袋
第二次	我的生涯故事	引导成员将抽象的生涯概念以具体的图线表示出来，让成员回顾以往所做的生涯决定来确定现在的位置，在时间的维度上，成员觉察将来可能会有的生涯变动或生涯转折	雨点变奏曲 画出我的生命线 找出我的生涯经验 命名我的生涯故事	彩笔、白纸
第三次	我的生命之树	帮助成员探索自己的家庭图，从中觉察各代家族的决策模式和家庭脉络对自己生涯决定的影响。通过小组分享名片内容，引导小组成员思考工作中吸引人的地方，并通过采取有效的行动保证计划的顺利实施 画出生命之树，放飞梦想，促进美梦成真	画出生涯家谱 绘制未来名片 邂逅生命之树	彩笔、白纸、彩色卡、音频：歌曲《好大一棵树》
团体辅导效果整体评估				

第三节 相关理论链接

一、社会学习理论

班杜拉的社会学习理论认为，行为习得有两种不同的过程，即直接经验的学习和间接经验的学习。他强调观察学习和模仿学习；强调行为与环境的交互作用，强调认知过程的重要性；强调自我学习和自我效能。团体辅导就是要在团队中通过激励、榜样、示范，给团体成员提供模仿的对象，激发成员的自我效能。团体辅导为成员们创设了一种充满理解、关爱和信任的特殊环境，这种环境促使成员观察、思考，进而引发行为的一些改变。

在团体中，要相信成员有资源和能力来解决当下的问题，比如当不好进行下去的时候可以邀请小伙伴一起来解决问题。当我们觉得已经无力掌控局面的时候，要相信团队，相信团队成员所赋予个体的无限动力；相信团体本身所具有的主动性和自发性，比如可以努力地邀请、总结引导与积极回应等。

二、人际沟通理论

马丁·路德(Martin Luther)认为："人与人不能相处，是因为他们心存害怕；他们心存害怕，是因为他们彼此不了解；他们彼此不了解，是因为他们彼此没有好好的沟通。"人际沟通研究领域广泛、内容丰富、成果卓著。该理论为团体辅导过程中人与人之间该如何交往，怎样增强沟通效果建立良好的人际关系、避免或减少交往障碍等提供了大量有价值的参考，也为团体辅导教师选择怎样的团体沟通方式，如何观察、指导团体成员的沟通，增进自我了解和他人了解，在协调的人际关系中获得成长提供了具体的方法和技巧。这种方式是通过团体内人际交互作用，促使个体在团体互动中观察学习、体验交流、调整和改善人际关系，学习新的态度和行为方式，以发展良好生活适应的助人自助过程。在团体中，每一个团体成员会意识到，自己不是孤独的，团体成员在倾听和理解他人的同时，可以凭借团体的力量和资源找到应对问题的方法。

三、个人中心治疗

罗杰斯(Carl Ransom Rogers)认为，只要提供促进成长的适当条件，当事人就会发展出能力，朝向建设性的成长。该理论指导团体辅导的方案设计者相信在信任、友善又积极的氛围中，团体成员可以激发内在潜力，以积极、建设性的态度发展。辅导老师要将团队中心放在参与活动的成员身上，努力创造尊重、真诚、信任的团队氛围，以期团体成员在这样的环境里，认识自我、明确发展目标，调整自己，更好地提升自己的竞争力。在互联网环境中成长起来的“00后”大学生，不喜欢说教而更喜欢平等与参与，民主与开放的教育方式。采用团体辅导的方式来探讨学生普遍遇到的经典问题，将在有限的时间内为更多的学生提供支持，满足学生生涯发展的需求。鉴于此，我们设计了如下的团体辅导实施方案，本方案的设计以及实施主要分为以下三个部分：第一部分是目前学生中存在的问题以及目标感明确且就业竞争力强的学生的个案；第二部分主要是基于目前现存的问题而设计的实施方案以及实施过程；第三部分则是针对团体辅导后的效果所给引发的关于团体辅导实践的反思。

第四节　生涯选择团体辅导具体实施过程

一、第一次团体辅导：我的缘分天空

(一)建立关系(5分钟)

1.介绍本次团体辅导主要内容、形式、大致时长。

团体辅导作为模拟一个团体的体验形式，是通过团体内人际的交互作用，促使个体在交往中通过观察、学习、体验、自我认识、自我探讨、自我接纳，调整和改善与他人的关系，学习新的态度与行为模式，以发展良好的生活适应的助人过程。在这个过程中，我们主要是通过活动、纸笔练习、讨论交流等形式就大家共同关心的问题进行共同探讨，彼此启发、支持鼓励，以达到助人自助的目的。所以，在活动的过程中大家要学会主动、积极、勇敢地放开自我。

2.团体宣誓

在宣誓前,简明扼要地说明团体辅导所遵守的五点原则并说明其目的,五点原则包括:

(1)遵守时间和约定,保持手机关机或静音,不带入场地;

(2)注意力集中在当下,认真倾听、积极投入;

(3)有坦诚、开放的心态;

(4)尊重每个成员;

(5)保守团体成员的秘密。

(二)热身阶段:报数来分组(10 分钟)

热身活动打破了尴尬沉默的气氛,使气氛融洽活跃,使同学们更快地融入大团体,了解小组成员,融入小组的角色中。

指导语:请大家围成一个大圈,从我的左右边开始依次从 1～6 报数,所有同学都报完数之后,请报"1"的排在一组,报"2"的同学排在一组,其他组以此类推。分好组以后,各小组围成圈坐好。成员都坐好的小组请举手示意并说出自己的组号,我们看看哪个小组第一个坐好。

好的,感谢大家的配合,现在每个小组都已经围成圈坐好了,请每个人依次介绍自己的姓名和爱好,例如爱思考的李华,喜欢手工的丁一等。然后给我们的小组起个好听的名字,彰显一下自己小组的气势。

讨论结束,请各小组选派代表上台进行团队成员和组名介绍。

(三)工作阶段(60 分钟)

1.宾果对对碰(20 分钟)

指导语:有的时候缘分真是妙不可言,素不相识的我们经过短暂的热身活动,已经有了初步的认识,接下来我们再通过一个活动来加深对彼此的了解,说不定你会发现"原来你也在这里"。我给大家每人发了一张九宫格(见表 3-1-2),请在所有成员中寻找与下列九宫格中条件相符的人。如果找到,请他们在相关位置签名。需要注意的是不能直接把表格给其他成员,我们要根据自己的判断去询问并确认条件相符的人,相符再去邀请其填写。还需要注意的是,可能有人符合卡中所列的几项条件,但每个人只能在一张卡上签一次名。为了更好地帮助大家完成这个活动,我先来做个示范:你好,我感觉你可能喜欢大海/我觉得你比较会照顾人,是这样吗?若是,请你帮我在这个格里签一下名。谢谢。

表 3-1-2　九宫格寻人表

爱打羽毛球 ______	一头长发 ______	穿搭潮人 ______	美食热爱者 ______
喜欢旅行 ______	给人亲切友善 ______	很会学习 ______	喜欢唱歌 ______
拥有驾照 ______	开朗活泼 ______	很有领导范儿 ______	喜欢大海 ______
爱笑 ______	很会照顾人 ______	给人很靠谱安心感 ______	喜欢结交朋友 ______

好的，现在我们每位同学都完成了自己的九宫格，那我们就根据自己的九宫格来对对碰，邀请 3 位同学来分享一下自己九宫格签名成员的一些特点，大家的分享也能够让其他同学看到他人眼中的自己有哪些特点。这是一件利己利他的事情，希望大家踊跃参与。

感谢 3 位同学的分享，接下来我邀请刚才被点到名字的同学来谈一下听完之后的感受和体验，谈一下你眼中的自己和他人眼中的自己是否一致，或者有什么不同。

总结：每个人都具有独特的色彩，我们需要大胆勇敢表达和展现自己，才能让他人更加了解自己，才能挖掘绽放不同光芒的自己。

2.生涯魔法屋（40 分钟）

（1）我有魔法袋

指导语：同学们，现在让我们来想象一下，假如有一位仙女跟你说，可以为你达成一个人生愿望，那么你想许一个什么样的愿望？如果不愁吃穿，你最想成为怎样的人？你最希望自己拥有怎样的天赋？请把你的人生愿望描述一下，写在魔法纸条上，装进你的魔法袋里。

（2）生涯魔法笔

指导语：生涯愿景，犹如人生罗盘，最好的愿景是适合自己的愿景。“Vision”字面意义上是一幅看见的景象，生涯愿景，不是事情或者任务。愿景，是一种内心的愿望，可能是一幅图画，或者是一段文字，是一种想要达到某一个境界或者状态的实践与行动的驱动力。请大家想一下，怎样的人生会让你觉得幸福满意呢？你的理想人生有哪些特征，你未来与众不同之处会是什么呢？下面请大家在网络上搜索一些图片，拼贴出你自己的生涯画像，并用两三行字描绘一下你的生涯愿景。

请在各自的小组中进行分享，每一位成员分享结束后，其他成员要在他的生涯画像上留言鼓励，所以在他人分享的过程中我们需要认真聆听，并且要真诚地为同学们赋能，我们用实际行动表达对同学们的支持！等所有同学都完成分享与赋能之后，请以小组为单位将生涯画像贴到我们活动室的墙上，让更多同学看到，感受每个人生涯画像的不同之处以及神奇的魔法赋能。

(四)结束活动(15 分钟)

1.生命力之旅(伴轻音乐)

引导语：请大家围坐一圈，深呼吸放松，想象自己生命之树的样子：树叶郁郁葱葱，树干笔直健康，已经挂上了很多的果实，通过你的努力，你最想要的三颗果实已经成熟，你在树上挂上了这三颗果实，你的生命之树更加茂盛、茁壮，你感受到了什么，那是一种生命的力量！让我们在这美好的感受中多停留一会儿。

好，现在请大家在我数 3 个数之后回到现实中。

2.下一站出发

指导语：请大家现在手拉手站好，每人用一句话总结这次团体辅导的感受，为了人生中更好的下一站而努力。

二、第二次团体辅导：生命故事叙说

(一)热身阶段：绘制我的生命线(5 分钟)

指导语：热烈欢迎同学们如约来到第二次团辅活动现场，我们先通过一个简单的绘画活动来热热身，以便更好地进入团辅活动。请在发给大家的图纸上找到这张纸的中间位置，然后在中间位置从左向右画上一条横线，左边代表你的“出生”，延伸到最右边，就是你的“现在”。我们看看哪位同学的横线画得比较直。

(二)工作阶段(80 分钟)

1.找出我的生命经验(25 分钟)

指导语：画好我们的生命线之后，请大家根据自己的回忆找出印象最深刻的一些生命经验，并按照时间顺序从左往右逐一用圆点标出来。需要注意的是，需要将正向情绪经验标记在横线的上方，将圆点连接起来形成高峰，将负向情绪经验标记在横线的下方，将圆点连接起来形成低谷。还需要注意，这个生命经验的情感强度用离横线远近来表示，离横线愈远表示情感愈深刻。我讲清楚了吗？那么，接下来请大家用这个工具来复盘一下自己的人生吧！

2.叙说我的生命故事（30 分钟）

指导语：看着自己绘制的生命线，大家是否打开了回忆的大门？下面，请大家两两一组，针对每一个圆点，也就是我们的生命故事进行交流，主要描述故事中有意义的细节，比如你当时的感觉、想法与行动，以及在这个事件中的学习、感动与领悟等。特别需要注意的是，在叙说生命中的低谷走向高峰时，请大家留意其中的转折是发生了什么事，是什么促使你有了改变。

下面我们请每个两人组的其中一个同学来进行分享，可以分享你自己的生命故事、你生命故事中的转折事件，也可以分享你的搭档的生命故事中让你印象深刻的部分。

3.命名我的生命故事（25 分钟）

指导语：听了这么多生动的生命故事，大家是否对生涯有了更深刻的理解？是否也对自己的生涯决策有了更加深入的思考？接下来，请大家依据自己画的生命线和生命经验，为自己的生命故事起一个名字，这个名字就是能够影响你自己生涯决策的生命主题，我们的生命故事在你命名的生命主题的串连下，成为我们生命长河里的颗颗珍珠。

好，我看大家都已经写好了自己的生命主题，有的同学已经迫不及待地与他人分享，接下来我就给大家分享的机会，请 3 位同学分享一下自己在这次团辅活动中的感受和收获。

（三）总结阶段（5 分钟）

今天，我们一起将抽象的生涯概念以具体的图线表示出来，生命线上的起起伏伏蕴含着生命力量与智慧。我们的选择成就了现在的我们，通过绘制生命线、找到生命经历和命名自己的生涯故事，既回顾了我们的过去，又更好地看清了现在、锚定了未来，即使将来也可能会有生涯变动或生涯转折，但是我们已经不再慌张或者茫然，因为我们已经知道我们自身拥有无限潜能和资源，我们的过往经历中蕴含的智慧将指引我们前行的方向。希望今后大家在遇到需要做生涯决策的时候能够想起今天的团辅活动。好，本次团辅活动到此结束，咱们下次见。

三、第三次团体辅导：我的生命之树(90 分钟)

(一)热身阶段：雨点变奏曲(5 分钟)

指导语：首先，我们来做一个“雨点变奏曲”活动热身一下。这个活动的技巧在于仔细听我的指令，当我说“下小雨”的时候，大家就漫无节奏地拍手；当我说“下中雨”的时候，大家就用力地用手拍自己的大腿；当我说“下大雨”的时候，大家就用力地用脚跺地；当我说“暴风骤雨”的时候，大家就发出你所能发出的最大的声音，注意不能损坏公物，也不能伤害他人。我说清楚了吗？好的，下面就请大家跟着我一起动起来吧。

(二)工作阶段(75 分钟)

1.画出生涯家谱(30 分钟)

指导语：我们一生中所做的许许多多选择，很多时候并不完全由我们个人的“意志”确定。我们每个人都有意无意带着家庭的烙印，传承着家庭赋予我们的观念，我们的生涯发展或多或少都遵循着家庭权威人物或者榜样人物的期望。因而，我们需要了解在生涯抉择时究竟有哪些“无形之物”影响着我们，探讨一下家庭对自己生涯选择的影响。今天我们要做的就是绘制生涯家谱图。现在我给每位同学发一张 A4 白纸。绘制我的生涯家谱主要从以下几个步骤入手。

第一步，我们在白纸的中央位置用符号画出自己的父母。圆圈代表妈妈，正方形代表爸爸。在图形的下方标明爸爸妈妈的姓名与职业。第二步，画好父母的情况之后，顺着父母位置向下画出自己这一代，包括兄弟姐妹，依然是以圆形代表女性，方形代表男性，图形下方写上姓名和职业。第三步，用同样的方法向上画出祖父母那一代，也就是我们的爷爷奶奶、姥姥姥爷的职业情况等。第四步，将家族中对你影响比较大的重要人物也画出来，如父母的兄弟姐妹中的某人或者某些人对你有很大影响，那么就在父母的旁边画出来。依然是以圆形代表女性，方形代表男性，但是要用其他颜色标出来。所有这些都画好之后，我们通过线段将家庭成员符号连接起来，这样就形成了我们自己的生涯家谱图。

生涯家谱图制作完成之后，我们来根据自己所绘制的生涯家谱图回答以下几个问题，请写在自己的生涯家谱图旁边，便于今后我们及时查阅。

第一个问题：看着自己的生涯家谱图，你想到了什么？

第二个问题：家族成员对所从事的职业是否胜任？职业幸福感如何？这对你的职业选择有没有影响？

第三个问题：在生涯家谱图中，哪些职业是重复出现的？你对其中哪些职业比较了解？你对哪些职业有兴趣？家人期待你从事的职业是什么？你认为这样的期待源于什么？

好，我们回答完以上问题之后，就两两结对，互相分享一下自己的生涯家谱，并对以下问题进行交流。

第一个问题：选择职业时，你重视哪些条件？哪些职业是你绝不考虑的？哪些职业是你考虑的？

第二个问题：是否存在未完成的事件或者心愿影响到家族对你的期望？

第三个问题：家族中谁对职业的想法对你的影响深刻？作为家族中你的“重要他人”，每当一想起对方，你就会有什么样感受？你欣赏对方什么品质和能力？

两两分享时间到，我们现在回到大团体，一起来交流一下通过这个活动你有哪些新发现，以及这份察觉有可能会为你的生涯决策带来哪些新改变。

感谢同学们的积极分享，通过同学们的分享，我们发现家人对我们的职业期待和职业选择有一定的影响。

2.制作未来名片（15 分钟）

指导语：经过与家族能量的连接，相信大家对自己的未来职业的选择已经有了新的思考，那么就让我们把思考及时地写出来吧！请大家利用之前发的彩色卡纸做一下自己的未来名片。这个名片中的你是自己最想成为的样子，可以是 5 年之后的你，也可以是 10 年之后的你。名片内容包括未来你的工作头衔、公司名称、地点、公司性质、未来想过的生活等。大家可以给自己写的文字配上一些图画，让我们的未来图文并茂起来。

制作好自己的未来名片之后，下面请大家自由走动起来，向其他成员介绍自己未来名片的内容，每个同学要至少向 3 名同学进行介绍。介绍的内容包括名片上的职业名称、名片中的什么工作内容最吸引你、你有哪些特质可以帮助你完成这个梦想、如果你真的成了这样的人有哪些人会为你感到高兴等。

被介绍的同学要认真聆听，积极赋能对方，同时也把自己的未来名片向对方进行展示。

现在，我们回到大团体中，请大家根据我们的未来名片来制订一下行动计划吧！比如要想成为未来名片中的人需要具备哪些素质，我现在已经具备了哪些，还需要培养或者提升哪些，为了获得这些素质，我现在可以做些什么，如何持之以恒等。

3.邂逅生命之树（30 分钟）

播放背景音乐——歌曲《好大一棵树》。

指导语:刚才我们通过“生涯家谱”环节,看到了生涯选择需要考虑的家庭因素,又通过“未来名片”环节穿越成了最理想的自己,依据最想成为的样子,我们有了初步的行动计划。接下来,让我们用一棵硕果累累的大树来阐释今天所学的内容吧!请大家发挥自己的创造力和想象力,在一张白纸上用彩笔画上一棵大树,大树不要太靠下,要留出空间来画树下的大地。另外,大树的树干要画得高大一些,树冠要挂满大小不一的果实。

接下来,请大家再把关心爱护和支持我们的人写在树下的大地上,感谢他们助力我们不断成长。接下来我们在树冠的果实上写出自己的理想或者愿望。

我们再将树干分为上下两部分,在靠近大地的部分写上你现在已经具备的素质和能力,在靠近树冠和果实的上半部写出还需要具备的能力和素质。

现在请各小组进行组内分享,每个同学都向组内的其他同学介绍自己的生命之树,越形象生动越好。小组分享结束后请每个小组推选出一位成员来分享一下他的生命之树。

通过创作我的“生命树”,我们看到每个人的生命都有“大地”的滋养,我们被身边的人关爱着、呵护着,助力我们的“生命树”的成长;生命之树的树干意味着我现在所做的每一分努力,都决定了“生命树”的长势;树冠上结满了果实,每一颗果实都代表一个愿望、梦想,这些愿望、梦想指引着我们前进的方向,更是我们不断努力后的结果。

(三)总结阶段(10分钟)

指导语:在总结之前,请大家填写一下我们团体辅导活动的问卷,便于我们改进活动方案。

经过三年的大学学习,我们在身心发展、知识和能力积累方面都达到了一定的厚度。但是,我们可能还是会对自己的职业发展目标不清晰,方向不明确。通过三次团体辅导,我们一起提高了自我觉察和反思的能力,通过对过去生命经验的回顾,我们不断思考“我是谁”“我是如何形成现在的我”等问题,体验与感悟自己的职业生涯选择方向,找到生命的意义,进而产生新的顿悟与行动力。

刚才我们又绘制了生涯家谱图、未来名片和生命之树,与同学的分享过程就是集聚生命能量、建立生命希望的过程,聆听他人的生命故事更是让我们感受到了大千世界生命的多姿多彩。祝福大家的生命树无论春夏秋冬都傲然挺立,经历风雨,更加强壮,硕果累累!

第五节　辅导后学生反馈

一、问题1:你在团体辅导中解决了哪些问题?

学生1:本次咨询通过几个活动,深入地剖析了自己,我明确了自己的短暂目标,而不是像无头苍蝇一样无所事事,而且认识到了自己周围拥有丰厚的资源,不应该像个孩子一样被动的嗷嗷待哺,而应该主动地去获取信息资源。

学生2:通过团辅,我学会了如何快速寻找到所需资源,如何更加科学地制定规划,如何建立良好的合作关系。

学生3:更加深入地认识自我,寻找自己内心深处真正向往的生活,解决了不知应该去向哪里和如何准备的问题。同时,我发现自己比较适合稳定又具有新意和多样性的工作。

学生4:更加清晰地明确了自己想要的工作及生活。通过与其他同学的交流,开阔了思维。

学生5:明确规划了未来的发展方向。

学生6:明白了自己周围的资源有很多,以及应该如何利用它们达到自己的目标,明确了努力的方向,有了前进的动力。

学生7:对未来有了清晰的认识,对现阶段如何实现自我价值有了清晰的认识,通过咨询明确和坚定了自己的目标。

学生8:经过讨论和认真思考,意识到了自己的不足和应该继续努力的方向。

学生9:团辅中几项有趣的活动,加快了团队成员之间的相互了解,更深层次地了解到身边团队成员的性格特征,甚至是未来的发展方向。在活动过程中,通过"我有魔法袋"等有趣的环节,我们对自己未来的职业生涯规划有了一定的想法,认识得到了一定的提升。

学生10:对自身有了更深入的了解,找准了自己的定位,并且了解了日后就业的大体方向,了解到了更多适合自己的职位。

学生11:自己性格与能力的深刻认知,并与自己的求职目标相结合,发现了自己的不足之处。

学生12:我在活动中解决了职业定位问题,通过老师的辅导,我逐渐明确了自身的特点和个人兴趣爱好,了解了自己的性格特征和内心需求,为我的职业定位提供了有效参考。

二、问题2:你在团体辅导后的收获

学生1:我最大的收获就是感受到了自己周围的丰富的资源支持,明确了自己的目标和发展方向;增强了信心,使自己更加自信地向着自己的目标前进;进一步充实丰富了自己所拥有和掌握的资源。

学生2:我对自身现状有了更系统的了解;对追求方向更加明确;增强了自信力。

学生3:我明确了自己想要的生活和工作,也通过游戏发现了一些自己擅长的事情和已经拥有的能力,帮助我更好地定位自己,找到自己感兴趣并且适合的工作生活方式。

学生4:通过此次团辅,我结识了其他的小伙伴,也在其他同学的身上学到了很多,也在老师的引导下加深了对生涯规划的认识,更加明确了自己人生的发展方向。

学生5:我对自己的生涯发展有了具体规划并充满动力。

学生6:本次的活动让我在最迷茫的一段时间内明确了自己的方向,并更加坚定,努力去实现自己的目标。同时,我还更加清楚地了解自己,懂得了如何去挖掘自己的潜力,利用自身的资源向目标不断靠近。

学生7:通过此次活动,我加深了对身边共事同学的了解,同学之间的关系更加融洽,多种多样的游戏方式和环节,使我对当下的工作和学习有了清晰的规划,也对未来的发展道路有了更清晰的认识,更加坚定了我的目标,并会为之不断努力奋斗。

学生8:我认识了新的同学,从他人身上学到了很多,也收获了一些感动,增加了自己的自信,认识到了自己的不足,同时明确了自己努力的方向,有了前进的动力。

学生9:信息其实都在自己身边,有时候我们缺少的只是发现信息的眼睛。在生活中要善于捕捉细节,才会更加了解真实的自己;对以后要未雨绸缪,提前做好计划;自律有计划的人,更容易获得成功。

学生10:参与活动能在忙碌的学习生活中,放轻松静下心来通过对自己全面地了解以及对未来的规划,更加明确自己的努力方向,以及舒缓忙碌生活的压力。

学生11:通过这次活动,我更加了解自己,不再感到迷茫,我不仅明确了自身的职业定位，避免了将来在职业选择上走弯路，还在老师的指引下根据自身特点做了相应的职业规划，我感觉找到了努力的方向，知道了在接下来的学习生活中应该如何提升自身素质，做好职业准备。

第六节　辅导后教师反思

金树人先生在《生涯咨询与辅导》中说："每一个人、每一只动物、每一株植物，都有一个天生的使命——完成如其所是的自己。"通过团体中的自我觉察，学生不断构建如其所是的自己，积极获取外界反馈，从而通过社会建构不断地认识自我。而辅导教师的首要任务就是建立起良好的关系，帮助学生理清思路，鼓励他们有勇气承担起自我决策的责任。案例中的小安在她的微博中这样写道："我的理想是做老师或职业讲师，我喜欢站在讲台上滔滔不绝、侃侃而谈的感觉；我喜欢自己主导讲课的内容而不是被动地完成领导分配的任务；我更喜欢别人因为我的帮助而对我投来充满感激的目光。讲台对我来说有一种与生俱来的吸引力，我渴望走上去，站在讲台上，我从未有过丝毫的紧张感。我知道，假如目前的工作继续做下去，这一切，永远只会是一个梦。"其实最终的选择结果已经不再重要，重要的是思考与选择的过程并为选择负责的精神。小安在总结时谈道，自己经过这一个多月的规划，对英语教育培训机构和她自身期望的工作有了一定的了解。更重要的是，在这个过程中她承担起了选择的责任。谈及自身的职业目标时，很显然她很是兴奋和激动的。她乐于花三年的时间让自己成为教师成长中的熟手，用5～8年的时间让自己成长为专家型的英语培训教师，并愿意在这个过程中接受各种新变化。通过团辅活动，我们引导学生不断地关注自身的生涯之旅，学会通过自我探索、外部世界探索、理性决策、目标设定、促进积极行动，管理其生涯过程，实现了生涯发展目标——"适应变化，做自己"。

第二章　你只是看起来很努力

第一节　辅导前学生案例

有位大三同学主动向老师倾诉了他当下面临的困惑并寻求解决方法：我的高考志愿是父母和我一起决定的，当时觉得自己很喜欢这个专业，一定能学好，并对自己的大学生活充满期待。大一时我积极参加各种活动，似乎每天都过得很忙碌，不过没有取得什么大的成绩。一年之后我发现大学生活没有想象中那么轰轰烈烈，大学里也有自己不喜欢却必须要学习的课程，学习成绩也不是很理想，我开始接纳自己是个“平凡人”，学习上应付了事，活动能不参加就不参加，甚至开玩笑说自己患了“懒癌”，我对学校制定的各种奖励措施没有兴趣，对各种惩罚措施也没有压力和紧迫感，反正拿个毕业证是没问题的。最近学校给我们讲了就业形势，我不知道以我现在的状态未来能干什么。我知道大学还是得好好学习才能有更好的发展，但是我还是提不起学习劲头，好像陷入了“间歇性踌躇满志、持续性混吃等死”的状态，您看我该怎么办呢？

案例分析：大学生处在职业生涯的探索阶段，大学每个阶段所遇到的问题不同，需要解决的生涯发展任务也不尽相同。经过大一，有的学生适应得很快，已经能够崭露头角；有的学生适应较慢，出现了各种问题，在学业上的突出问题就是缺乏学习动力，而这也是导致学业困难的重要原因之一。从这名学生的陈述中我们可以看出，尽管专业是他自主选择的，也有一定的学习愿望，但是由于没有取得理想成绩其产生了退缩和否定自我的心态，学习动力明显不足，如其自我陈述中谈到的好像陷入了“间歇性踌躇满志、持续性混吃等死”的状态。

美国心理学家维克托·弗鲁姆（Victor H. Vroom）认为，人总是通过选择一定的目标并作出努力去实现它来直接或间接满足自身需要，设置目标是一种强有力的激励。考大学是中学阶段非常明确的学习目标，上大学后，学生们在学习目标上没有中学阶段那么明确，再遇上一些诱惑或者挫折，就容易失去学习动力。如果大学生学习动力不足,学习积极性不高,不仅影响学业成绩,而且对其就业及未来发展也会产生不利影响,从而影响到学校的人才培养质量。因此,在新时代高等教育改革背景下,用生涯发展的眼光来帮助、指导学生。

学生的学习动力系统分为外部系统(社会需要、家庭期望、激励机制、竞争机制、学习环境等)和内部系统(学习需要、学习兴趣、学习动机、理想信念和意志等)。随着高校就业形势教育的深入开展,大学生学习动力外部系统相对来说较强,大学生能够意识到学习仍是在校期间的主要任务,尤其是在当前社会竞争加剧、就业压力增大的情况下更需要大学生刻苦学习,为毕业后立足社会奠定基础。大学生出现学习动力不足的主要原因还是内部学习动力不足,也就是大学生对学习的内在需要不强烈。心理学家认为需要是产生动机的基础,但是需要不会自然产生动机。个体一旦有了某种需要及满足某种需要的愿望,还必须确立满足需要的具体目标,否则就产生不了动机。只有学生的学习目标与生涯发展需求结合得越发紧密,学生才会明确自身的努力方向,从而进一步增强学习的动力。

面对失去学习动力的学生,我们除了采用职业生涯规划课程开展相关系统生涯教育之外,还可以采用团辅方式来进行辅助性生涯教育,帮助学生了解生涯规划,理性认识自我,明确规划大学学习生活。我们还利用积极正向的思维模式,探索和发掘学习的理由和动力,引导学生觉察个人的成就在很大程度上是自决的,他们是自己生活的积极推动者;通过绘制大学愿景图等,激发大学生的学习兴趣,提升大学生自我效能感,迎难而上,增强学生的内在学习动力,促进其个体的生涯成熟。

第二节　内在学习动力激发团体辅导设计方案

活动目的:通过团体辅导活动,进一步厘清自己想要成为什么样的人和自己的大学愿景,提升学习自主意识和学习自觉性;体验觉察思维模式,识别自己在面对困难时产生的固定型思维,体验成长型思维的积极乐观心态;练习使用成长型思维应对挑战,尝试用成长型思维解决实际中的问题,获得效能感和自信心,从而进一步增强学生的内在学习动力。

活动对象:有提升学习动力需求或者希望自己有所改变的学生,30 人以内为宜。

教辅人员:助教人数根据参加学生组成团队数确定,摄影师 1 名。

活动时长:活动分 5 次,每次均为 90 分钟(见表 3-2-1)。

表 3-2-1　团体辅导框架

模块	活动名称	活动目标	活动内容	设施与材料
1	有缘相逢	团体热身	桃花朵朵开	多媒体活动教室、活动桌椅
		团体初相识	一闪一闪亮晶晶	星星卡
		团队分组	你我兴趣相投	白板纸、水彩笔
		团队公约	我们的约定	白板纸、水彩笔
2	生涯思考	团辅热身	手指操	多媒体教室、活动桌椅
		在生涯发展视角下审视自己的现状	驴和马的故事	
		引导学生思考“我想成为什么样的人”	寻找我的人生 DNA	A4 纸、水彩笔
		引导学生想象理想生活美好画面，坚定学生生涯目标	生涯幻游	
3	自我觉察	树立积极正向的思维模式	小测验	
		正确评估自我能力	一分钟鼓掌	
		在团队中学习成长	集体来冲关	扑克牌两副、哨子一个、助教两人、桌椅各两套、两副 1～20 的号码牌或者即时贴
4	梦想助力	回忆童年	自由书写我的梦想	
		畅想毕业	冥想大学毕业时	
		绘制大学愿景图	我的大学愿景九宫格	A4 纸、水彩笔
5	温暖回顾	回顾前情	分享前一次活动优秀感悟	
		感恩仪式	放飞感恩纸飞机，诵读感恩话语	感谢团辅中遇到的人和事，强化行动力
			集体学做手语歌曲《感恩的心》	
团体辅导效果评估				

第三节　相关理论链接

一、行为主义动机观

20世纪初行为主义兴起，行为主义理论的代表人物有桑代克（E. L. Thorndike）、小斯金纳（B. F. Skinner）。他们认为动机是受到某种强化的结果，人的某种行为倾向完全取决于先前的这种学习行为与刺激因为强化而建立的牢固联系。而强化可以增加这种学习行为再次发生的可能性。强化可以分正强化和负强化两种，正强化是在反应之后呈现令人满意的刺激导致了该反应的增强；负强化则是通过去除反应后的厌恶刺激而增强反应。如果学生因学习而得到强化（如得到好成绩、教师和家长的赞扬等），他们就会具有较强的学习动机；如果学生的学习没有得到强化（如没得到好分数或赞扬），就会缺乏学习的动机；如果学生的学习受到了惩罚（如遭到同学或教师的嘲笑），则会产生逃避学习的动机。

但是，近来很多研究发现由于外部奖励的作用，很多原本对任务本身非常感兴趣的学生却降低了兴趣。由此，可以得出一般的结论：外部奖励可能会降低学生对任务的内在动机。强化无疑对行为具有重大影响作用，但肯定不是唯一的影响因素。因此，教师在教学中要慎用表扬、奖励等强化手段。

二、人本主义动机观

人本主义理论强调人们在做出选择，对生活进行控制时的能力和潜能。它不使用对环境刺激的强化反应来解释行为。著名的人本主义理论家有亚伯拉罕·马斯洛（Abraham Maslow）和卡尔·罗杰斯（Carl Rogers）。马斯洛提出了著名的层次需要理论，认为人可以将需要分为七个层次，包括生理需要、安全需要、归属与爱的需要、尊重的需要、认知需要、审美需要、自我实现需要等。前四者被归为缺失需要，即满足自己生存需求的需要；后三者归为成长需要，即人们认识、理解、欣赏美和实现个人发展的需要。一般来说，只有在较低层次的需求得到满足之后，才会激励个体产生较高层次的需要。某种需要一旦得到满足，就不再具有激励作用。他在解释动机时强调“需要”的作用,他认为所有的行为都是有意义的,都有其特殊的目标,这种目标源于我们的需要。不同的人有不同的需要,而且这些需要会随着时间等因素而变化,这就是为什么两个不同的人在相同的情境下会产生不同的行为,同一个人在不同的时间里会产生不同行为的原因。需要影响着人们的行为方式和方向。马斯洛的需求理论强调人的整体性,应从整体上来探讨人的动机,动机问题研究不仅要关注生理需要,还要重视人的更高层次的需要。

三、认知主义动机观

与行为主义相反,认知论关注的不是外显的可观察行为,而是内在的不可观察的认知因素。认知论的动机作用理论模型为“S-O-R”,其中 O 为中介变量,包括思维过程、观念冲突、期望和意图以及对周围环境的理解和认识等。认知心理学家对中介变量的不同理解,形成了不同的动机理论,主要包括成就动机论、归因论、成就目标理论等。

(1)成就动机论

最早集中研究成就动机的心理学家有默里(H. A. Murray)、麦克里兰(D. C. McClelland)、阿特金森(J. W. Atkinson)等人。默里提出,成就动机是一种“克服障碍,施展才能,力求尽好尽快地解决某一难题”而学习的内在推动力量,即对成就的追求。麦克里兰和阿特金森继承了默里的理论,并将其发展为“成就动机论”。麦克莱兰认为,成就动机是一个人人格中非常稳定的特质,个体记忆中存在着与成就相联系的愉快经验,当情境能引起这些愉快的体验时,就能激发个体的成就动机,他指出,成就动机强的人对学习和工作都非常积极,能够控制自己不受环境影响,并且能善于利用时间。成就动机得分高的人比得分低的人,会取得优良的成绩。

(2)自我效能理论

社会认知心理学家班杜拉提出“自我效能感”概念。它是指“相信自己具有组织和执行行动以达到特定成就的能力的信念”。因此,自我效能感并不是个体真正的能力水平,而是对自己能力的信念。个体的自我效能感影响人们对任务付出的努力、面临挫折时能坚持多久以及从失败中恢复的能力。

第四节 内在学习动力激发团体辅导具体实施过程

一、第一次团体辅导:有缘相逢

(一)团体热身:桃花朵朵开(5 分钟)

指导语:下面我们一起先来通过一个游戏热热身,游戏规则如下,请大家围成一个圈,顺时针走动起来。当我说"桃花朵朵开",请大家问"开几朵?"我会随机报出一个数字,比如"5",那么 5 个人必须快速地在一起,不能多也不能少。多了或者少了,就请他们出来看大家继续玩。咱们一共玩 5 次,最后留在场上的同学为最终胜出者。我把游戏规则说清楚了吗?好,现在开始。

(二)建立关系(5 分钟)

PPT 播放学生的案例,引入本次团辅目标。

指导语:感谢同学们的积极参与,好的开始是成功的一半,有了大家的积极互动,我们的团辅活动一定会让大家有所收获。简短的热身之后,我们一起看一下这个案例(介绍案例),我想大家身边也应该有类似的同学或者类似的现象,通过案例我们可以看出,大学生需要重视自己的学习动力,学习动力提升不仅能够提高学业成绩,而且对大家的就业及职业生涯发展也会产生积极影响。接下来我们将通过 5 次团体辅导,带领大家一起体验内在学习动力提升的美妙之旅。

(三)工作阶段(75 分钟)

1.团体初相识(10 分钟)

指导语:为了加深对彼此的了解,形成良好的团体氛围,我们再来做一个小活动。小时候我们都唱过"一闪一闪亮晶晶,满天都是小星星"这首歌,其实我们每个人都是一颗独特的星星,都有很多闪闪发亮的特质值得我们去发现,接下来我请助教给大家每人发 11 张星星卡,请你在最短的时间采访 11 位同学,了解对方的姓名、出生月份、专业、家乡、爱好和最欣赏的人等信息,请把被采访者的姓名写在星星的中央位置,其他 5 项信息分别填在五角位置。最先完成 11 张星星卡的 5 名同学有小奖励哦!(可以做适当的物质奖励,比如一颗棒棒糖)

接下来我们请前 5 名的同学依次发表一下获奖感言,并分享自己是如何做到又快又好完成本次活动的。

听了 5 名同学的发言,我发现你们有一些共同点:你们都找到了清晰的目标，并采取了积极有效的行动。祝贺你们能迅速理解活动任务并积极行动，为自己获得了甜蜜体验的机会，其他同学也不要着急，我们还会有活动等着大家来参与。

2.你我兴趣相投(40 分钟)

指导语："兴趣是最好的老师"，我们对学习感兴趣，就会变被动学习为主动学习，以学习为乐事，在快乐中学习，既能提高学习效率，还能够加深对知识的理解，这样学到的知识才能够灵活地运用。经过近几年的高考改革，同学们在中学阶段已经接触了职业生涯规划的一些内容，大家还记得霍兰德职业兴趣类型构成的图形是什么样子的吗？上了大学之后大家是否又做过职业测评？若是做过，你还记得自己的兴趣类型是什么吗？我们一起来复习一下，我把具体内容也放在 PPT 里了，请大家再看一遍相关内容，然后根据自己霍兰德职业兴趣代码的首字母在参加本次活动的同学中找一下与我们兴趣相投的朋友吧！找到自己兴趣相投的朋友之后，请每个小组先选出一位组长，由组长带领组员为自己小组起个最能代表自己小组形象气质的组名，然后在白板纸上写下自己小组最喜欢做的工作。25 分钟之后请各小组上台展示自己的团队建设成果。

注意：学生们的六边形分组一般不会非常均匀分布，需要及时观察各组人数，过于集中的小组可以进行内部二次分组，若是某个小组人员过少，需要给予更多专注和鼓励，让其觉得不是孤军奋战，增强其自信心。图画绘制过程中老师要走近学生，及时观察各组绘制进度，若是有两组以上没能在有限时间内完成绘制，可以适当延长 3～5 分钟，老师需要进行时间和目标提醒，不在于画得多么完美，而在于研讨过程和精准表达。

3.我们的约定(25 分钟)

指导语：看了各小组的团队展示，我们再次重温了自己的职业兴趣，也感受到世界因我们的相同而温暖，也因我们的不同而更加精彩。同学们可以在今后的学习生活中，结合所学专业和校园活动进一步探索。接下来的 5 分钟，我给每位同学发一张纸，大家在纸上写出自己参加本次团体辅导的动机和期待，请仔细思考，认真填写。

好的，时间到，下面请在小组内进行分享，我们团辅活动的规则是真诚、积极参与、保密、不评判。希望大家畅所欲言，把你的真实想法表达出来。需要说明的是每位成员发言完毕需要做一个"盖章"动作：以手掌击膝盖，状似盖章动作，代替自己愿意遵守此约定。最后由组长将成员的约定归整，形成团体公约，写在我们前面制作的海报上，请大家依次签字，在今后的活动中我们一起遵守这些约定。这一环节的时间一共 20 分钟，请各小组合理利用时间。

注意:若是学生不知道如何表达自己对团辅活动的期待,老师可以提出自己对团辅期待的一句话。例如,活动中我会真诚面对每一位同学,认真倾听每一位同学的心声,保密、不评判。若遇到个别成员还是无法说出自己的期待,老师要鼓励其他成员以尊重、关怀和包容的态度,接纳并引导其参与后续活动。组规完成后,巧叠罗汉握手,就像运动队集体比赛互相打气。具体做法是组长右手手心朝上,放在最下面,大家右手手心朝下,一个一个手叠起来,组长手心朝上承载着所有的成员,带领组员复述组规,集体承诺遵守约定。

(四)总结阶段(5分钟)

我们今天首先通过"桃花朵朵开"破除了初次见面的拘谨,接着通过采访活动,至少认识了11位一闪一闪亮晶晶的同学,又通过霍兰德职业兴趣类型结识了兴趣相投的组员。我看到大家在做自己喜欢的事情时神情特别投入,动力十足,今后大家也可以继续觉察做哪些事情能让自己动力比较足,进一步探索自我,找到自己的动力源。除此之外,我们还在小组内还一起商讨了组规,为今后团辅活动的顺利开展奠定了良好的基础。我已经开始期待咱们的第二次团辅活动了! 提前剧透一下:第二期团辅活动我将带领大家一起"寻找人生DNA",畅游美好生涯,请同学们敬请期待哦,我们下期团辅活动再见!

二、第二次团体辅导:生涯思考

(一)团体热身:手指操(10分钟)

指导语:欢迎大家如约来到"内在学习动力激发团体辅导"的第二次活动现场,在活动开始之前,我们首先来学习一段手指操,为后面的活动预热一下。手指的活动是大脑的体操,著名哲学家康德曾说过,"手是身体的大脑",手的动作与人脑的发育有着极为密切和重要的关系,对语言、视觉、听觉、触觉等的发展也有极大的助益。我们活动的是手,得到锻炼的是我们的大脑,手指操能具有缓解疲劳、缓解思想负担、克服紧张心态的作用。接下来咱们一起跟着PPT展示的内容做一下这段手指操吧!

(两手并拢)一门开(两个小指头先开)进不来,二门开(两个无名指再开)进不来,三门开(两个中指开)进不来,四门开(两个食指开)进不来,五门开开(手指都开)我进来了(手腕靠一起做花状、头对着手心点点头),见到我的好朋友(十个手指弯弯动动),拉拉钩(拉小指)敬个礼(除大拇指外手指动动)碰碰头(大拇指碰碰),相亲相爱一家人(双手交叉握拳)。

第一遍做虽然大家还不是很熟练,但是我发现大家仍旧兴趣盎然,如果大家再做一遍的话，是不是有信心能做得更好？好，接下来，我们再试一次，看看能否比第一次做得更好。

通过刚才的练习，我们一起体验了手指操的独特魅力，也体会到了熟能生巧的含义，很多事情刚开始做比较困难，但是我们坚持练习，最终会越来越好，为大家的坚持练习点赞！

(二)工作阶段(70分钟)

1.“驴和马”故事带来的生涯思考(20分钟)

小组第一次讨论指导语：上次活动结束前我提前剧透了一下，“第二期团辅活动我们将一起‘寻找人生DNA’，畅游美好生涯”，现在就让我们一起先来听一个故事，通过故事我们觉察一下在生涯发展视角下自己处于哪种状态。

故事是这样的：很早以前，一个农夫家里有一头黑驴和一匹白马，它们是好朋友，它们每天帮着农夫拉磨，过着岁月静好的生活。有一天唐僧来了，他要选一匹坐骑和他一起去西天取经。白马觉得“世界那么大，我想去看看”，于是约黑驴一起去应聘，但是黑驴不想去，它觉得跟着农夫在农场拉磨，风吹不着雨淋不着，这种日子就很好。两个好朋友由于追求不同而不得不分开了。过了许多年，白马衣锦还乡，跟黑驴讲西天取经路上的种种经历，黑驴很羡慕。白马感叹道：“其实这么多年，我们走的路都是十万八千里，不同的是我朝一个目标不停向前走，你一直在这里围着磨盘转圈。”

讲到这里，大家是不是觉得这个故事有些熟悉，我估计这个故事你们在中学已经听老师讲过了，而且当时老师可能会问大家：“同学们，我们应该像白马一样还是像黑驴一样？”当时的你受故事渲染会回答：“我要像白马一样，为了目标向前冲！”

不过我讲的故事还没结束。我再把故事的背景全面介绍一下：白马回来时依然孤身一人，居无定所；而黑驴在原地，却子女成群，过着安稳的生活。现在，我想问一下大家：你想要像白马一样的生活还是黑驴一样的生活？你觉得他们俩谁更幸福？请各小组讨论2分钟，然后派成员代表本小组发言。

小组第二次讨论的指导语：经过大家的讨论我们发现，白马得到了他想要的经历，黑驴过上了他想要的安稳生活。只要满足了现状，他们都很幸福，说不上谁更幸福。下面我们一起设想一下“黑驴和白马”一共可以有几种结局？从资源合理配置和个人满意度来看，可以有五种类型，除了走了十万八千里的白马和家庭和谐的黑驴这一种结局之外，还有四种结局。比如，有没有凭着一股驴劲去走那十万八千里的黑驴和安于现状闲适的白马？有没有家庭和睦但不是很富有的黑驴和累坏在取经路上的白马？除了这些之外，结合生涯相关知识，我们还可能找出另外哪两种结局？请各小组用 2 分钟的时间开动脑筋，想一下会是哪两种结局。

小组发言后公布从资源合理配置和个人满意度来排名的正确答案：

①走了十万八千里的单身白马和家庭和睦的黑驴。

②西天取经累坏在半路的白马和家庭和睦但经济困难的黑驴。

③把自己当马，凭驴劲踏上取经路的黑驴和虽然是马，却愿过闲适生活的白马。

④不知道自己是驴是马，可能成为马也可能成为驴，糊里糊涂地过一辈子，既不外出取经，也没有过上安稳的生活。

⑤知道自己是驴还是马，但是不知道自己究竟想要当黑驴还是当白马，举棋不定，蹉跎岁月。

小结：面对选择，人的心理往往是矛盾的。无论哪种结局都是各自选择的结果。我们过去的选择成就了现在的我们，现在的选择也会成就未来的我们。同学们，你正过着以上哪一种生活？想要哪种生活？怎么避免陷入④和⑤的结局呢？凡事不停留于“想象”，最好的解决方式是通过实践不断增加认识，主动探索“我想成为什么样的人，想要怎样的生活”。

2.寻找我的人生 DNA（20 分钟）

（1）征集三好词

指导语：好，经过了两轮深度思考，我们来活动一下，请大家拿出笔和本，在到场的同学中选择你很熟悉的、稍微熟悉的和不熟悉的各三位同学。请他们在你的本子上用 3 个形容词来真实表达自己眼中的你，受邀的同学请注意，要用积极正向的形容词来表达你对这位同学的印象，这样我们就会收集到 9 位同学对你的 27 个形容词，有重复的形容词也没关系，我们看一下这一轮又会有哪 5 名同学比较快，依然有甜蜜的奖励哦，我讲清楚了吗？（得到肯定回答后）那就让我们随着音乐行动起来吧！

（2）选出我最爱

指导语：下面请大家从同学们给你的形容词中找出你觉得自己最想要的 3 个，需要注意不是选择重复最多的形容词，而是选择最想要的，也就是看到这 3 个形容词，你就感觉它和你特别契合，能让你热血沸腾，觉得“没错，这就是我！”请把你选中的形容词用彩笔单独标出来。

（3）人生 DNA 宣言

指导语：下面请大家开动脑筋，把自己选出来的 3 个形容词串联起来，形成一句朗朗上口的口号。比如，我是一个阳光、开朗、智慧的人！还可以加一些文采进行演绎,比如,不喧哗,自有声;在有限的生命里创造无限的可能;等等。我们本自具足,相信只要大家找出来的是自己最想成为的样子,无论世界怎么变幻,依然想要成为这样的人,那么肯定能够有足够的智慧发出我们自己独特的人生 DNA 宣言。

(4)集体来宣告

指导语:发出我们独属的人生 DNA 宣言,大家是不是很激动,有没有一种想要向世界大声宣告的冲动?下面我就给大家一个机会,向大家宣告你想成为什么样的人,你找到的人生 DNA 是什么。请大家围成一个圈,依次做宣告。

3.生涯幻游(30 分钟)

指导语:祝贺同学们找到自己人生的 DNA。人生 DNA 的出现,能帮助我们在纷繁世界中笃定地生活,它是我们人生路上的灯塔,指引我们人生的航向,它是我们生命的压舱石,无论时空怎么变幻,我自岿然不动。现在就让我们怀着喜悦的心情一起来畅想一下,假如我们真的成为自己想要成为的样子,那会是一幅怎样美好的画面。

请找一个舒服的坐姿,闭上双眼,随着舒缓的音乐调整呼吸,让呼吸变得平静而悠长,深呼吸三次。身体开始放松,从脚部开始放松(脚趾、脚掌、脚跟)小腿、膝盖、大腿、臀部、腰部、大臂、小臂、手指、肩部、颈部,一直到头部。

现在,我们想象自己坐在一辆驶向未来的列车上,这列列车把你带到了 40 岁的时候,那一刻,你对自己感到非常满意,因为你实现了自己想要实现的目标,成了自己想要成为的样子。你看到了那个时候的你——你在哪里?天气怎么样?穿着什么衣服?在做什么?和谁在一起?人们看到你会跟你说些什么?你还听到了什么?看到了什么?感受到了什么?让我们在这美好的时刻多停留一会儿,沉浸在这美好的时刻。

请你调整呼吸,停止想象,坐着这趟列车回到现实中。

让我们再稍微调整一下身体:转转头部、拍拍肩膀和大腿。好,我们活动继续。刚才大家的生涯幻游感觉怎么样?为了这份美好保存更长时间,请大家拿出画笔,在 A4 纸上尽情描绘刚才我们生涯幻游大脑中浮现的美好画面吧!20 分钟之后,请大家在小组中分享自己的生涯愿景图,并请其他同学为自己和生涯愿景图合影留念。

(三)总结阶段(10 分钟)

今天我们首先通过白马和黑驴的故事一起深入全面地思考了生涯,在同伴的帮助下探索出了自己的人生 DNA,为今后的生涯指明了方向,而生涯幻游则将我们提前带入了我们想要的生活情境中,感受到了梦想成真的美好。所有的事物都是先被想象出来，然后才在现实中实现。只有视觉化地看到我们想要的东西，我们才能够建造出来。我相信同学们亲手绘制的这幅生涯愿景图将会给你的行动注入能量和推动力。

好，本次团辅活动到此结束，请大家写一下参加本次活动的感受，借机提升一下我们的书面表达能力和未来的求职竞争力。作业上交时间截至下次活动前一天的中午十二点。下一期我们将在活动中体验团队作战的力量，敬请期待吧。

三、第三次团体辅导：自我觉察

(一)热身：前期活动回顾(10 分钟)

选读学生们写的上期活动感悟。通过大家写的活动感悟，我们看到同学们带着觉察在团辅活动中不断收获和成长，大家的点滴收获都是通过自己思考以及和同学们互动中得来的，期待大家在接下来的活动中精彩表现！

(二)工作阶段(75 分钟)

1.小测验(5 分钟)

在 PPT 上呈现一幅图片，大家第一眼看到了什么？

大部分同学回答看到了湖面、大树、人、小岛、石头和文字等，但是也有人说看到了婴儿，很多人很诧异竟然有婴儿，那么接下来我们邀请能看到婴儿的同学到台上演示婴儿形状。

老师总结：通过上面的小测验，我们可以看出，这幅图片展现在我们面前的时候是一致的，是客观存在的。但是同样一幅图片，我们每一个人获取的信息和得到的感受却有着很大的不同，这正好印证了一句话：事物本身并不会产生影响，影响你的是对事物的看法和态度。我给大家举个生活中的例子来说明，一天早上起床发现外面在下大雪，你会怎么想？有人可能会想：太好了，可以打雪仗了，雪下大了说不定可以不用去上课了！有人可能会想：真糟糕，路上这么滑，天气那么冷，我不想去上课了！有人可能会想：下雪算个什么事，撑个伞、穿厚点，早走一会儿上课呗！可见同样是下大雪，不同的态度对我们能否按时去上课产生了重要影响。

2.一分钟鼓掌(15 分钟)

第一次鼓掌指导语：

刚才我们用鼓掌为积极参与和认真思考的同学们赋能，为本次团辅活动的顺利开展加油鼓劲。在社交中，鼓掌能给人鼓励和尊重，是一种不吝啬于为别人喝彩的表现。从医学的视角来看，手是循环系统尾端，容易产生循环系统阻碍，正所谓“动则生阳”,鼓掌有益于促进循环,能减轻手指发麻、骨节肿胀胀痛等症状,还有益于血液回流心脏,鼓掌还会使我们的心情更加愉悦。可以说鼓掌是一项老少皆宜的运动方式,能够促进人的身心健康。下面我们也用鼓掌的方式来运动一下吧!在开始之前,我先问大家一个问题:你认为自己一分钟能鼓掌多少次?请同学们预估一个自己心目中的数字。

我采访几位同学看看大家的预估数字都是多少(学生报出数字,老师不评判,只是为了了解大家的预估值)。

好,现在我们开始测试。

一分钟鼓掌结束之后,询问学生们鼓掌的感受。

下面我们来统计一下大家一分钟鼓掌的次数,超出自己预估次数的同学请举手,好,请放下。低于预估的同学请举手,请放下。我们可以看出实际鼓掌数量超出自己预估的同学人数远远高于低于自己预估的同学人数。这正好和一组研究数据相对应,有研究表明 98%的人都会低估自己的能力,还有 1%的人高估了自己,1%的人估计得准确。在没进行“一分钟鼓掌”活动之前,我以为自己也就能鼓掌 60 下左右,结果最后鼓掌了 200 多下。

我们再来统计一下鼓掌的具体个数:鼓掌数在 100 以下的请举手,100～150之间的请举手,150～200 的请举手,大家猜一下我们当中鼓掌次数最多的是谁?他的鼓掌次数是多少?我们继续统计,200～300 的同学请举手,有没有鼓掌次数超过 300 的同学?

第二次鼓掌指导语:

对自己能力的准确预估是人生重要的研究课题,21 世纪最大的灾难不是地震不是海啸,而是人们带着天赋来到这个世界,又原封不动地还了回去。请允许我把自己观察到的刚才大家鼓掌的状态做一下描述:在鼓掌过程中我发现有人全神贯注,好像把身体所有力量都调动了起来;有人感觉没有使出全身的力气;有人一边鼓掌,一边观察同学。由于同学们投入的程度不同,所以我们鼓掌的结果也有很大的不同。各位同学,你属于哪种状态?相比于其他同学来说,你对自己的表现还满意吗?下面我邀请几位鼓掌次数在 200 以上的学生起来演示一下自己是如何鼓掌的(榜样示范)。

我查了一下资料,吉尼斯世界纪录鼓掌次数保持者——鼓掌帝,一分钟可以鼓掌 717 次!如果再给你一次机会,你一分钟能鼓掌多少下?接下来就让我们带着满满的能量,全力以赴,投入第二轮的“一分钟鼓掌”,看一看我们的潜能到底有多大。

第二轮鼓掌注意事项:在 30 秒、40 秒和 50 秒处进行时间提醒,并鼓励大家继续加油，51～60 秒激励大家全力以赴冲刺，尽量多鼓几下。

询问学生第二次鼓掌的次数、感受并提问：时间相同、环境相同，为什么结果不同？行为的不同、结果的差异，是由什么决定的？

老师总结：通过刚才同学们的分享，我们可以看出，由于我们预设的目标更加积极和清晰，身边又有榜样的力量，还有我在大家鼓掌过程中不断督促和鼓励大家，所以第二次鼓掌大家的次数都有了显著的提升。也许有同学会说，我之前鼓的少那是因为我不想鼓。是的，我想请大家反思自己在日常生活中很多时候是不是也抱着无所谓、不想做的心态在做事？其实看似简单的鼓掌，却反映了一个人的生活态度。电视剧《士兵突击》里有一句话说得非常好："在想要和得到之间还有做到。"如何做到？那就需要我们全力以赴去做那么做到什么样才算是全力以赴去做了？我想就像我们刚才练习鼓掌一样，需要我们使尽力气、想尽办法、用尽资源。期待同学们在今后的学习生活中加以尝试。

3.群策群力来通关（55 分钟）

（1）小河汇大江（10 分钟）

请 6 个小组派人到老师这里抽牌，抽到红色牌的 3 个小组成为一个大队，抽到黑色牌的 3 个小组也成为一个大队，这样我们就由 6 个小组变成了 2 个大队，就像是 6 条小河汇入两个大江之中一样。我们两个大队先分别聚在一起再次相互认识一下，并选出本大队的队长 1 名、副队长 2 名，在队长们的带领下为自己的大队想一个响亮的名字和竞技口号。然后每位成员分别选择一个数字的即时贴，贴在自己上衣显著的位置，这个数字将是大家一会儿比赛出场的顺序。给大家 5 分钟时间讨论，之后两队进行自己团队名称和竞技口号的展示。

（2）超音速翻扑克牌（35 分钟）

活动规则说明：今天将有 2 名助教协助我们完成本场活动。他们会把扑克牌同花色的 13 张牌分别扣在 2 张桌子上，摆成任意图形，不重叠覆盖。每个团队参加的人要按照即时贴数字由 1～20 为序站成纵队，请队长们检查对方队员身上佩戴的相应号码，任务开始后严格按照顺序去进行比赛，不得乱了顺序。每个团队在队长、副队长的安排下，依次按顺序到桌子上翻一张牌，若是翻到了我和助教我们 3 个人事先约好的牌，助教会把这张牌翻过来，若是翻得不对，助教就会再扣回原来的位置。我们共有三轮此类活动，三局两胜，每轮时间为 10 分钟。

我再说一遍：老师哨声响起就是一轮比赛的开始，10 分钟之内各队成员需依次跑到自己指定的桌子前，以接力方式去翻牌，一个人只能翻一张牌，翻完牌之后返回再换另外一个人去，且翻牌过程中不得改变牌的位置。

再次强调：每轮每队每次只能派一个人翻牌，而且只能翻一张牌，如果所翻的牌的顺序不符，需把扑克牌继续扣过来，之后返回自己的团队，由下一个人继续翻，不允许用纸和笔记录牌的方位和信息。10分钟之内哪队最先按顺序翻牌成功或者翻牌数量最多，哪队即获胜。现在就让我们动起来，看看第一轮到底是哪支队伍能获胜。

操作指南

第一轮：2组扑克牌A 2 3 4 5 6 7 8 9 10 J Q K，分别呈正方形+1排列，要求组员以最快的速度按从A到K的顺序将牌翻开。

第二轮：2组扑克牌A 2 3 4 5 6 7 8 9 10 J Q K，分别呈圆形（钟点方向法）排列，按基数先翻牌，偶数后翻牌的顺序将牌翻开。

第三轮：2组扑克牌A 2 3 4 5 6 7 8 9 10 J Q K，分别呈金字塔状（2-4-7）排列，要求组员以最快速度按从A到K的顺序将牌翻开。

（3）总结（10分钟）

好，先来公布三轮比赛的战绩，祝贺获胜团队，也把掌声送给积极参与的团队。下面请各队总结一下团队在比赛过程中遇到的困难有哪些？是如何克服的？团队作战可圈可点的三个表现是什么？5分钟之后各队派代表分享讨论结果。

通过刚才几位同学的分享，我们可以从中可以看出：刚开始两个团队都没找到头绪，面对挫折，大家都会有些焦躁情绪，不过有的团队能够较快地稳定下来，从负向情绪中脱离出来，思考如何破题，他们的注意力从关注困难转向了关注目标，慢慢地就找到了突破口，而且团队的智慧也发挥得很好，群策群力，共克难关。由此可见，我们的心态决定了我们会采取什么行动，也就决定了最终的结果。

在这里我给大家介绍一个理论：AMBR理论，即你的关注点（Attention）加上你的心态（Mindset）影响你的行为（Behaviors），进而会产生你要的结果（Result）。AMBR理论提出我们想要管理结果，首先要管理注意力。我们的注意力决定我们的思维，进而影响我们的行为，最终结果就水到渠成。注意力在哪里，能量就流向哪里，结果就产生在哪里。也就是说，我们可以换个角度去看问题，去获得更好的一个行为结果。大家还记得我们活动刚开始放的那张图片吗？同样的图片我们有着不同的解读和不同的感受，事物本身不影响你，影响你的是你对事物的看法和态度。决定人生的不是天赋，而是思维模式。一时的成功和失败不重要，重要的是始终保持积极学习的态度，坚信努力的价值和意义，做到终身成长。

(三)总结阶段(5分钟)

今天我们通过对同一幅图画不同的解读体会到了思维模式的重要性,也通过一分钟鼓掌和集体打通关觉察到了自己的思维模式,并且学习了AMBR理论。现在我给大家留一个作业:请大家写一下参加本次活动的感悟,分享自己观察到的自己和他人在思维模式上的异同,希望今后我们带着这些觉察继续参加后续活动,让我们能更好地学习和生活。谢谢大家的积极参与,我们下次活动再见!

四、第四次团体辅导:落地行动

(一)热身:前期活动回顾(10分钟)

选读学生们写的上期活动感悟,为学生们的积极投入和深度思考点赞。

(二)工作阶段(75分钟)

1.梦想畅想曲(45分钟)

(1)自由书写我的100个梦想

第一次书写梦想指导语:同学们,人生其实是由每个阶段的一个个梦想组合而成,请大家回忆从你儿时有记忆开始直到今天,你有过多少梦想?大家可以天马行空,只要是心中所想,无谓大小,无谓高低,无谓是否可以实现,尽可能多写出你的梦想。我给大家10分钟的时间。

好,10分钟到,我做一个小调研,写下的梦想超过10个的同学请举手,超过20个的同学请举手,有梦想超过50个的同学吗?下面我们请写得最多的两位同学分享一下他们的梦想。

好的,感谢2位同学的分享,在大家书写的过程中,我发现很多同学写10个以内很快,10个之后就放慢了速度,有的同学甚至写不出来更多的梦想了。其实梦想是人类最天真、最无邪、最美丽、最可爱的愿望,我们每一个小小的梦想都值得被尊重。我们小时候会有很多的梦想,但是随着年龄的增长,梦想却越来越少,有的人甚至羞于说出自己有梦想,或者对有梦想的人极尽嘲讽,为什么会这样,我觉得可能有以下四个方面的原因。

第一个原因是害怕梦想自我设限,不敢梦想。很多人还没干事,就对自己说:“这怎么可能,这些事只有少数人才可以做到,我怎么能做到呢?”自我设限,不敢梦想。害怕梦想的人,不仅扼杀了自己的梦想,还会扼杀他人的梦想。他的亲人、朋友,刚有个想法,或者说将来想成为一个什么样的人,他立刻予以否定:“怎么可能呢?现实点吧,别胡思乱想了!”就这样,很多人的梦想就胎死腹中了。

第二个原因是害怕失败不敢去做。已经有了梦想、有了规划，在行动阶段经常有这样的念头：假如我做不成怎么办？假如别人拒绝我怎么办？假如最后没有成功，我会不会很没面子？犹犹豫豫、迟滞不前，害怕失败、未能行动，最终的结果只能是失败。

第三个原因是太在意别人的评价，害怕不被别人接纳。走出害怕梦想的误区，我们才坚定了自己的梦想、规划了自己的人生；走出害怕失败的误区，我们才开始了行动，有了一个可喜的开始；然而，当成果初现，第三个误区便开始闪现：会不会枪打出头鸟啊？我如果做得太好，别人会不会不喜欢？我会不会被孤立啊？这些误区会在你的周围群魔乱舞，阻滞我们前进的脚步，让很多人在小有成就之后就不敢再追求上进，逐渐走向平庸。

第四个原因是害怕冲突。当你在某个领域出类拔萃的时候，必然会面对一些改变、挑战和突破，必然会面临一些冲突。正如我们当下的改革进入深水区一样，我们需要更大的勇气来攻坚克难。然而，很多人因为担心冲突，不敢再进一步，选择了放弃或逃避甚至退回到原点，无法更上一层楼。

综上所述，多数人并非没有梦想，而是缺少面对梦想的勇气！要想梦想成真，我们需要不断修炼，而这首先就要转变心态——敢做梦。

第二次书写梦想指导语：接下来，请大家觉察一下：看看自己写下的梦想，个人维度有多少，家庭、社会维度上又有多少？作为中国人，我们有着同一个伟大梦想——实现中华民族的伟大复兴。习近平总书记在给北京大学学生的回信中指出，中国梦是国家的梦、民族的梦，也是包括广大青年在内的每个中国人的梦。只有把人生理想融入国家和民族的事业中，最终才能成就一番事业。袁隆平院士去世的时候，举国悲痛，我们沉痛悼念，不是因为他职位高、级别高，而是因为他的“禾下乘凉梦”和我们的中国梦紧密相连，让老百姓受益。所以，同学们，我们当代大学生要将个人梦融入中国梦之中，用“青年梦”托起“中国梦”。那么接下来，请大家再用 10 分钟的时间补充完善自己的 100 个梦想，要把你在个人、家庭、社会各个方面的梦想都写出来。

(2)小组分享和大团体分享

指导语：好，时间到，我看这一次大家书写梦想的速度和深度都有了很大的提高，下面请大家利用 10 分钟的时间在小组内分享最想实现的 3 个梦想，小组分享结束后我们回归大团体，各小组选派一名同学分享最受启发的梦想。

老师点评：通过同学们的分享，我们真的看到了五彩斑斓的梦想，我们的环境仿佛也开始变得更加有温度，我们一起体验了梦想带给我们的美好。有句话说得好，21 世纪最大的灾难不是地震，不是海啸，而是我们带着巨大的潜能来到这个世界，又原封不动地还给这个世界，没有创造出任何价值。大家说是不是很可惜？杨长征曾在《一生只做八件事》一书中说道："每一个人都有一把自己生命的刻刀，或用心，或焦躁，或优雅，或彷徨。无论怎样，我们都在用时光刻着自己生命的作品。"当有一天，回头看，你会喜欢你雕刻的自己吗？

2.冥想大学毕业时(10 分钟)

指导语：愿景是关于未来的目标组合，是个人发展的蓝图。创建一个关于未来的鼓舞人心的愿景是达成目标的关键。因为只有将你想要的东西可视化，你才有动力将其实现。所有的事物都是先在脑海中发生，然后才能在现实中实现。这幅愿景画面会给行动注入能量和推动力。

下面让我们找一个舒服的坐姿，轻轻地闭上双眼，随着舒缓的音乐调整我们的呼吸，让我们的呼吸变得平静而悠长，下面大家一起深呼吸三次。我们的身体开始放松，从脚部开始放松(脚趾、脚掌、脚跟)小腿、膝盖、大腿、臀部、腰部、大臂、小臂、手指、肩部、颈部，一直到头部。

现在，我们想象自己坐在一辆驶向未来的列车上，这列列车把你带到了四年后的毕业时刻，那一刻，你对自己感到非常满意，成了自己大学想要成为的样子。你看到了那个时候的你——你在哪里？天气怎么样？穿着什么衣服？在做什么？和谁在一起？人们看到你会跟你说些什么？你还听到了什么？看到了什么？感受到了什么？让我们沉浸其中，让这美好的时刻多停留一会儿。

请你调整呼吸，停止想象，坐着这趟列车回到现实中。

3.绘制大学愿景九宫格(20 分钟)

假如可以用图画或者文字来呈现你的这些大学愿景，你的脑海中会浮现出什么？

愿景是关于未来的目标组合，是个人发展的蓝图。创建一个关于未来的鼓舞人心的愿景是达成目标的关键。请在九宫格里描绘出属于你的、独一无二的大学愿景图。九宫格的中心图是四年后你最想成为的样子，在中心图的四面八方，是变成你最想成为的样子需要实现的 8 个支撑条件或者目标。这八个方面要在个人成长、学业进步、家庭幸福和回报社会四个维度上进行规划，每个维度上至少要有 1 个目标，这样做的目的是保证我们平衡地进行学习生活。

(三)总结阶段(5 分钟)

今天我们自由畅想了自己的梦想，并且坐上了时空列车来到四年后毕业时，看到自己最想成为的样子。依据那个美好的画面，我们将心中的大学愿景通过九宫格的形式画了出来，为今后的学习注入了很多动力。同学们，知识是学出来的，能力是练出来的，格局是修出来的，人生是关于做到的，不是关于知道的，此所谓“知易行难”。希望今后大家能够将自己亲手绘制的大学愿景九宫格深深地印刻在我们的头脑中，落实在我们的行动中。今天的活动到此结束，请大家按照老规矩，书写本次活动的感悟。

五、第五次团体辅导：温暖回顾

（一）热身阶段（10 分钟）

分享前一次活动优秀感悟，为同学们的积极投入赋能。

（二）工作阶段（75 分钟）

1.分享我的大学愿景图（20 分钟）

指导语：上节活动我们每个人都绘制了自己的大学愿景图，大家是否想知道同学们都有什么样的大学梦想和规划？那好，我给大家 10 分钟的时间，请大家在小组内分享自己的大学愿景九宫格，10 分钟之后小组派代表到大团体内分享。

2.分享变化（20 分钟）

好，听了大家的分享，我感觉大家由于有了比较清晰的目标，在行动力上已经能量满满，很期待看到大家继续分享今后生活中的成长与进步。时间过得真快啊，这是我们动力激发主题团辅的最后一次活动，让我们一起来畅聊一下，大家轮流发言，表达一下自己对团辅活动的看法、感受，自己在团辅中获得的进步与改变吧！

3.感恩仪式（20 分钟）

我想大家小时候都叠过纸飞机吧，纸飞机制作并不难，哪位同学会？请上来带领同学们一起制作一下吧！我这里有五颜六色的卡纸，大家可以先选择自己喜欢的颜色，然后再请这位同学带领大家一起叠纸飞机。

好，现在大家都制作好了自己的纸飞机，请大家用笔在纸飞机的两侧机翼上写上你在团辅活动中想感谢的人以及对同学们的祝福。

同学们都写好了吗？现在请大家将自己的纸飞机高高举起，用力地将它投掷到高远处。待所有的纸飞机都平安落地后，请随机捡起一个纸飞机，注意，我们拿在手里的纸飞机不能是自己的，若是不小心拿到了自己的，请另选一个纸飞机。

好，现在每位同学手里都有一个纸飞机，请从我的左侧开始，按照顺时针的方向依次宣读自己手中纸飞机机翼上的感恩与祝福吧。

4.集体学做手语歌曲《感恩的心》(15 分钟)

通过宣读大家的祝福语,我仿佛能看到在我们有困难的时候,会有人伸出温暖的双手帮助;在我们迷茫的时候,会有人指点迷津,明确方向……这些都给了我们温暖与鼓励,怀着一颗感恩的心,去看待社会、看待父母、看待亲朋,你将会发现自己是多么快乐。为了表达我对大家积极配合的感谢之情,也为了更好地让大家抒发自己的感恩之情,请大家和我一起学习手语歌曲《感恩的心》。

(三)总结阶段(5 分钟)

很感谢大家 5 周的积极参与,在过去的 5 周时间里,我们一起去探索职业兴趣、了解生涯发展,尝试去寻找自己的人生 DNA,并通过集体冲关和绘制大学愿景九宫格,为自己的梦想加油鼓劲。大家学到了很多,也成长了很多。美好的时光总是短暂,在最后的最后,我想问大家一个问题:世界上最遥远的距离是什么?

世界上最遥远的距离不是喜马拉雅山的高度,也不是马里亚纳海沟的深度,而是我们自己从头到脚的距离,也就是知与行的距离。祝福大家能够将自己在本期团辅活动中的收获化为今后学习生活的动力,进一步提升知行合一的信念与能力,朝着自己的梦想不断奔跑,并最终成为自己最想成为的样子,让梦想成真!

第五节　辅导后学生反馈

凯伦:适合自己的才是最好的,每个人的兴趣和价值观各有不同,对内心的最终栖息地的选择也多种多样,无论是哪一个岛屿,都有值得存在的意义。其实最后一张纸条上所写的便是我奋斗的动力吧!既然已经明明白白、清清楚楚了,现在便应该投入当下,投入人生…

国成:课上的精彩颇多,就挑一句话吧:“在人之下,把自己当人看。”这里的“在人之下”,并非森严的等级关系,而是由于他人的强大、优秀,让自己感到无法抗拒的屈服、带有自卑的情绪。

遇到过太多这样的例子,他们都非常优秀,让我觉得自己一无是处,渐渐失去向他们靠拢的动力。不过过早下定论是没有意义的,只有多尝试才能检验自己的能力。所以在人之下时,把自己当人看,不必妄自菲薄,什么事还是要先去做再下结论。

小新:今天上午,我们进行了一次意义非凡的团辅拓展活动。活动过程中气氛热烈,同学们积极踊跃,各组或胜或负,都受益匪浅。

首先,同学们进一步意识到团结协作的重要性。获胜的小组除组长的指挥外，更得力于每一个组员的相互配合。从活动现场可以明显看出，获胜组在游戏过程中队列井井有条，成员们谨遵队长安排，按照计划在最短时间内完成了游戏任务。而战败组在这方面就有明显不足：活动中经常队伍混乱，时常有队员自我行事，完全不考虑组织纪律与计划，即使战术不落后于其他组，小组进度也依旧停滞不前。活动总结中，战败组的成员们也深刻地认识到了这一点，部分同学针对自己以自我为中心过分展耀的行为做了自我反省。

其次，是强烈的责任心和端正的态度。游戏前，各小组经过战术讨论，大都采取前几名同学在心里默默记下扑克牌摆放图形，回到队伍时及时画好简图，后面的同学依次填入数据的战略。获胜组前几名细心的女生记录准确无误，并反复认真核对。而战败组简图虽然也比较完备，但是由于一名粗心的男生犯了一个不必要的小错误，报错了数据，耽误了很长时间，导致全组最终失败。经过组内反省，那名男同学终于意识到了错误的严重性。这也提醒每个同学，对于自己的组织，要有强烈的责任心与使命感，自己的每一小步都可能影响团队的输赢，需要怀抱极其端正的态度参与其中，为团队获取成功尽一份自己的力量。

另外，稳定的心理素质必不可少。总结现场监督同学的反应，游戏进行到中期时，落后的小组很多同学慌了阵脚，部分同学更加不服从指挥，严重耽误进程，另一部分则急躁不堪，使计划一片混乱。而最终获得第一名的小组，起先并非处于领先状态，但全队队员无一懈怠，抓住每分每秒不断奋斗，最终大超敌手。由此可见，不论在何种情况之下，保持清醒的头脑、敏捷的思维能力和镇定的心态，方能取得最后的胜利。

经上述种种总结，可得出结论：一个团队的成功离不开上级的优良指导、成员的互帮互助、态度的认真负责与心态的镇定自若。在平时的学习生活中，也是同样的道理。我们要铭记的是：任何成功都不是凭空得来的。学习首先要有正确的方法，厘清孰轻孰重，有条理、有计划；其次要树立端正认真的态度，一丝不苟地面对每门学科；最后还要保持良好的心态，胜不骄、败不馁，一步一个脚印，收获属于自己的成功。

总之，经过这次活动，同学们对团结、责任和心态等方面都有了更深入的认识和理解，相信在今后的学习生活中，大家都可以更好地处理学习任务与工作。更希望以后能再次组织、参与这样有意义的活动，促使自己继续进步，不断成长！

第六节　辅导后教师反思

回顾整个团体辅导的过程，分享优秀作业总结经验，是很好的巩固和强化学生学习动机的好方法，使学生的自我效能感得到很大程度的满足，对大学愿景九宫格的制作和感恩仪式起到了积极促进作用，对增强学生学习动机有着正面积极效果，让学生明晰了当下自己上课、做作业，勤奋学习的意义在哪里。

学习动机不是单一的，而是由各种动力因素组成的复合体，其中包括学习兴趣、学习需要、学习的情绪以及学生个体意志因素等。改变是不易的，有些想法、观念、认知已在我们大脑中运行了多年，想要瞬间改变很难；改变也是痛苦的，我们得和自己的局限、脆弱、恐惧以及未知作斗争。

基于多年学生工作经验，我逐渐形成了自己的学生工作的信念——学生面临的所有问题都是他们学习成长的机会：我相信每个学生都有一颗积极上进的心，作为教师有义务唤醒学生心中那个沉睡的梦，让他看到心底那颗向好向上的种子；我相信每个学生都拥有解决自己问题的资源和力量，作为教师需要启发学生思考解决问题的角度，提升解决问题的意义与价值；我相信改变不可避免，作为教师应该成为学生成长成才路上的陪伴者、支持者，激发学生心中潜能，每天进步一点点，小变化就会引发大改变。

第三章　我拿什么奉献给你

第一节　辅导前学生案例

学生案例：学生 A，刚进入大学时成绩中等，各方面表现正常。到大二后成绩开始下滑，甚至出现了挂科现象，同时心理也出现了问题。辅导员跟家长取得联系，得知该生和家长亲子关系紧张，尤其是上大学以后，从来不跟家长联系，甚至学费也都是自己出去实习打工赚得。该生家庭为单亲家庭，家庭较为困难，母亲将其一手带大。该生不能理解母亲，认为是母亲的一些行为导致了家庭破裂，并为此责怪母亲。亲子关系的恶化，也导致了该生成绩的下滑，甚至最后出现了心理上的问题。

案例分析：古语说："滴水之恩，涌泉相报。"感恩是指个体对他人、对社会、对自然给予的恩惠在内心的认可，是个体接受被认为珍贵的、有价值的和利他的帮助后生发的一种情感。通俗地讲，感恩就是你感受到了对方的善意，在心灵上给予回应的一种正向体验。感恩社会是人类文明进步的生动体现。个人需要社会大舞台来展示才华与价值，社会也需要积极向上、出类拔萃、有所作为的人们来支撑。作为生活在社会主义社会的时代新人，当代大学生需要拥有一颗感恩的心去融入生活、融入社会。那么，怎样才能更好地感恩社会呢？我们常说的热爱祖国、热爱集体、爱岗敬业等，都是对社会的感恩，也是我国社会主义核心价值观的基本内容。家国情怀是一种高尚的情怀，而爱国就要爱家。家是每个人幸福的港湾，感恩社会首先就要感恩父母。中国人通常习惯于内敛和含蓄，不太善于表达，缺乏感恩的情感表达。随着孩子逐渐长大成人，家长在孩子心中的形象逐渐变化，变得不再像小时候感受得那么高大，亲子之间矛盾频频。亲子之间是两代人，看问题不可避免地会有不同的意见。大学生活中，亲子关系不睦是学生生涯出现问题的重要原因，有些学生不能很好地理解父母，时常抱怨父母不理解自己，抱怨父母的唠叨和管教，同时也无法理解父母。父母是我们最早、最亲密的朋友，全世界的父母都希望把最好的东西留给自己的孩子。我们很难想象如果一个连对父母都不知道感恩、孝敬的人，他能够热爱社会、爱岗敬业、无私奉献、勇于担当，成为对社会有用的人才。因此，通过变说教为体验的团辅活动，可以让学生更多地体会和感悟父母，从感恩父母扩大到感恩社会，提升大学生感恩意识，为培养具有坚定的社会主义核心价值观的社会主义接班人和建设者提供坚实基础。

第二节　感恩团体辅导设计方案

活动目的：通过团体辅导活动，进一步加深对父母的理解，启发学员学会感恩、尊重父母，感受父母在自己生命成长中付出的心血，了解父母之爱，感受父母之情，体会父母的辛劳与不易，从而懂得感激和报答父母。

活动对象：对父母有偏见、希望改善亲子关系或者希望自己有所改变的学生，20 人左右。

教辅人员：2 名学生助教、1 名摄影师。

活动时长：共 100 分钟，其中热身活动 10 分钟，其余 3 个活动分别为 30 分钟（见表 3-3-1）。

表 3-3-1　团体辅导框架

活动名称	活动目标	活动内容	设施与材料
感恩父母——爱的表达	团体热身	雨点变奏曲	无
	加深与父母的联结，理解感恩父母	我与父母九宫格	纸、笔
	了解父母职业，理解感恩父母	我的家庭职业树	纸、笔
	增进亲子关系，表达对父母的爱	亲情卡片	卡片、笔

第三节　相关理论链接

积极心理学的科学研究取得了许多成果，其中一个主要的成果就是“感恩”的研究。经过一段时间的研究，“感恩”已经被积极心理学家定位为实现幸福的主要心理能力和品质。也就是说，越是有感恩能力的人，越幸福。积极心理学之父，美国宾州大学心理学家马丁·塞利格曼（Martin E. P. Seligman）做过一项有关感恩的积极心理学的研究。结果发现，写过“感恩的心”的人，他们的幸福指数显著增加,而且这些幸福指数可以持续一个月左右。感恩与幸福感的关系可以用感恩的拓宽建构理论来解释,即感恩可以拓宽认知的范围、构建持久性的个人资源,包括生理资源、知识资源、社会资源以及心理资源等。它能帮助个体建立、加强与他人的社会性关系,使人在应对压力和困境时变得更自如,并能抵消负性情绪带来的不良影响,从而提高个体的幸福感水平。

第四节　感恩团体辅导具体实施过程

一、暖场:雨点变奏曲(10 分钟)

指导语:同学们,今天的天气有点热,我们做个游戏,一起用掌声来描绘美妙的雨点变奏曲,让我们感受雨水带来的凉爽。请大家听口令,伸出你的双手。口令是小雨——手背敲手背;中雨——用一个手的食指中指敲另一手掌;大雨——用力鼓掌;风暴雨——跺脚、鼓掌、尖叫。大家可以尽量发出你所能发出的最大的声音。念到对应文字的时候做对应的动作。

下面听我念:乌云密布,一道闪电划过,雷声开始轰隆了,又一道闪电,又一阵雷声,小雨噼里啪啦地下来了,行人慌忙躲避。很快,小雨变成了中雨,中雨变成了大雨,大雨变成了暴雨……又是一阵雷声,暴风雨来啦!又是一阵雷声,大雨倾盆。后来,雨渐渐地变小了,大雨变成中雨,中雨变成小雨……一阵又一阵雷声,小雨突然变成了大雨,大雨变成了暴雨,暴雨又转为了中雨,中雨变成了小雨。雷声又响起了,大雨又降临了,但仅仅一会儿就雨过天晴了。

随着不断变化的手势,学员发出的声音也随之不断变化,场面非常热烈。通过热身活动,可以营造轻松舒适的环境和安全信任的氛围,从而使小组成员融入团体辅导中。

二、工作阶段

(一)我与父母九宫格(30 分钟)

指导语:下面我们做一个"我与父母九宫格"的活动。请大家拿出来一张 A4 纸,每位成员将 A4 纸折叠成九宫格,第一行对应的三个格子画出记忆中和父母相处的场景,第二行的三个格子画出上大学期间和父母相处的场景,第三行三个格子画出未来希望和父母相处的场景。给大家 15 分钟时间,来画出九个格子中的图画，15 分钟后我们进行交流和分享。

15 分钟后，进入小组交流分享阶段。

指导语：我看到大家都已经完成了九宫格，大家的内容也各不相同，下面我们进行交流和分享，请大家在小组内分享下面三个问题。

(1)每个成员轮流向大家介绍自己九幅图画的内容。

(2)你觉得自己和父母的相处那些地方比较好？哪些地方不好？

(3)从其他同学与父母相处的场景中，你有哪些收获和体会？

交流分享环节：学员分享这一环节的体会，自己九幅图画的内容以及表达的含义，与父母相处的情景以及自己的收获和体会。

结语：感谢大家的分享，让我们感受到了你对父母的爱和感恩，期待活动结束后大家能有更多的感悟和收获。

(二)我的家庭职业树(30 分钟)

指导语：下面我们做一个"我的家庭职业树"的活动。

你知道家族中的成员尤其是父母都从事些什么工作吗？你对他们的工作有什么看法吗？父母所从事的职业是学生就业选择的重要参考或者影响因素之一。父母愿意给孩子们撑起一片无雨的天空，但孩子们不一定真的了解父母的艰辛。本次活动我们借由家庭职业树的探索，来帮助你了解家人的职业，感受父母工作的不容易，从而自然而然生发感恩之情。

下面请大家拿出 A4 纸和笔，开始准备画一棵树，然后将父母以及其他家人的职业画在这棵树上。

15 分钟后，进入小组交流分享阶段。

指导语：我看到大家都已经画好了自己的家庭职业树，每个学员画的树也都各有特色，都非常好。下面，请大家在小组内分享以下几个问题。

(1)我家族中从事最多的职业是什么？我想要从事这项职业吗？为什么？

(2)我父母的职业主要是什么？他们对职业的自我评价是什么？我是否认同。

(3)家人对我未来职业的影响是什么？我未来可能从事的职业是什么？

交流分享环节：学员分享这一环节的体会、自己的家庭职业树以及对此的看法和思考。

结语：感谢大家的交流和分享，通过这个活动，我们可以看到每个家庭职业树各不相同，父母们都有着不同的职业，每一项职业都值得尊重，每一种职业都有自己的酸甜苦辣，我们的父母都非常不容易，我们也应该对此持有感恩之情。同时，大家也可以借机考虑自己对未来的职业规划，希望大家对此都有自己的思考。

(三)亲情卡片(30 分钟)

指导语:父母对我们的爱既深沉又细腻。在我们的成长道路上,父母为我们付出了无数的心血。那么作为孩子,我们又能为父母做些什么呢?下面我将给每个同学发一张亲情卡片,请同学们写出最想对爸爸妈妈说的话,或者当下最想为爸爸妈妈做的几件事情。

学员写好卡片后,开始小组交流分享环节。

指导语:下面有请同学们在小组内分享一下亲情卡片上的内容,同时分享一下读到自己的卡片和听到小组其他成员的分享时自己内心的感受。

结语:感谢同学们的分享,大家的感受也让我非常感动。希望同学们不仅仅限于今天在这里发表感恩的话,回去后还要付诸实践,用心、用行动去关爱我们的父母,谢谢!

三、总结阶段

感恩父母团辅活动让学生重温父母的感恩付出,点燃现在的感恩情绪,进而规划未来的感恩行动。通过感恩父母的团辅,让学生融入特定的场景中,从而使学生深入体会对父母的情感,表达对父母的理解、感恩之情,让双方的关系更加亲密。

第五节　辅导后学生反馈

高某某:完成了本次团体辅导后,我感觉与父母相处得更加温馨、更加自如。印象最深的是通过画九宫格活动、体会到与自己联系最紧密的是自己的父母,不同家庭有不同的幸福与苦恼,但这些也正是我们生活的强大动力。团辅带领者是温柔且博学的老师,并不一味地讲述大道理,而是将道理与实践相结合,让我们能更好地改变与家人相处的方式。

孙某某:本次团体辅导,我感觉大家相处很温馨,团辅的老师也很温柔,整体下来很开心,也学到了很多。最大的收获应该是学会了以前没有注意过的沟通方式,能够更好地与父母交流了。印象最深刻的是分享与父母相处中最感动的时候,因为当时真的没想到老师会和我有同样的体会。当时回想起来又不禁落泪,老师还十分体谅,照顾到了我的情绪。

王某某:通过本次团体辅导,我觉得突然想通了很多事情,之前总是瞎纠结,现在觉得其实跟爸妈好好相处也没有那么难。最大的收获就是跟爸妈的关系在持续改善。印象最深的就是九宫格，给了我一个回忆童年的机会，想起了很多自己之前忽略的温暖瞬间。我觉得老师很专业、特别棒，因为我本身是学社会工作专业的，真的感受到了老师眼里的温度和关注，团体辅导的体验很不错。

刘某某：经过本次团体辅导，我感觉收获良多，和父母之间的沟通顺畅了很多，更能理解他们的想法和需求。给我印象比较深的活动是九宫格，让我感受到成长中父母对我们的关心和辛苦照料。老师们非常辛苦教导、悉心准备，尽可能用多种多样的方法调动我们的积极性，带领我们参与进去，温柔体贴。

张某某：本次团体辅导活动收获很大，让我触动最大的是我的家庭职业树活动。之前只是觉得父母一直很忙碌，没有真正思考过他们的职业以及对我职业选择的影响。通过这样一个活动，我了解到父母职业对我的影响，明确了自己未来的职业方向，也能够更加理解父母的不容易，感谢我的父母。

第六节　辅导后教师反思

感恩有利于促进人与人之间和谐共处，有利于我们提高职场幸福指数。从古至今，中国并不缺乏“感恩文化”，也并不缺少“感恩教育”，只不过，中国人不善于表达情感。本期团体辅导的目的是引导学生及时体察父母，了解父母从事的职业，理解父母承受的压力，勇于向父母表达自己感受，从而学会感恩他人、感恩社会。

生活在继续，我们与父母的关系每天都在持续。父母呵护我们健康成长，为我们遮风挡雨，尽一切努力为我们创造舒适的生活。父母既要面临生活的各种压力，还要养育子女，他们的压力可想而知。作为儿女，我们应该认真关注他们的感受，表达我们的感恩之情。受到传统思想的影响，很多家庭的亲子之间缺乏沟通，言语表达较为吝啬，从而容易忽略亲情的存在。很多亲子之间的矛盾并非两代人之间的矛盾那么简单，沟通是双方面的，只有学生与家长都能站在对方的角度去思考问题，亲子关系才能更加和谐。在团辅过程中，要注意引导学生对比自己和父母互相关心的程度，从而使学生意识到父母的爱是无条件的。爱和感恩能给学生力量，如何让学生换位思考理解父母，向父母表达感恩之情，并以此学习感恩社会是教师需要去引导的。

第四篇
团体辅导主题四：应变之学

在进入大学的第四个年头，不管学生们愿不愿意，他们统一拥有了另一个名字——毕业生。毕业生面临的首要问题就是就业，随着我国产业结构的不断优化升级，以人工智能、虚拟现实等为代表的高科技的发展对高校毕业生提出了更高、更精细的要求。人数逐年剧增的高校毕业生在当前社会转型期将面对更大的挑战：面对社会发生的新变化、提出的新要求，毕业生需要与时俱进地适应，同时还面临与熟悉的老师同学告别，独自去开启新的人生旅程，如何应对来自社会的压力、对未知的焦虑以及对过去大学生活的不舍，这些都在考验着毕业生的应变能力。

第一章　以道御术，求职必胜

第一节　辅导前学生案例

案例一：简历——让经历变得有意义

A 同学大学期间表现非常优秀，任职、实习、所获奖项很多，不仅学习成绩好个人综合能力还非常突出。有一天，她拿着自己撰写的长达 3 页简历来到我的办公室，希望获得指导，我有一点惊讶。我问她，为什么写了这么多页，什么样的出发点，以何种逻辑来撰写的，针对何种求职目标。她顿时一愣，回答："老师，我没有想太多，这是我大学期间的所有任职、实习和获奖。总觉得都有用，所以就按照时间顺序罗列了一下。没有什么逻辑，我也没有想好自己的求职目标是什么，就想着先把简历写出来，需要的时候就直接打印出来。"

这其实是很多大学生在撰写简历时存在的通病，简历只是学生一方自言自语，单纯的罗列经历，并没有根据目标职位对过往的经历进行组合和描述，简历中的个人经历并没有体现出意义。具体而言，有以下四点。第一，以"多"取胜。简历的字数越多越好，页数越多，奖项越多，越显得自己非常优秀。第二，以"美"取胜。形式上做一个封面，或者在简历正文用各种彩色打印的方式体现出重点或逻辑。第三，以"时间"为逻辑。参加的经历或者所获得的奖项，都是以时间为序进行展示，没有经过分类处理。第四，没有职业目标，一张简历走天下。针对不同的行业、不同的职业，应该制作不同的简历。应聘秘书应该更多的展示自己的行政工作能力，比如办公软件、文字能力等。应聘销售则主要展示自己在相关单位实习方面的经历。不同的职业目标决定了简历的不同重点。

案例二：简历——呈现一个数字化、产品化的你

B 同学在简历中的"实践经历"中提道：多次参加寒暑期社会实践，在团队中担任副队长，把握团队工作进度和工作方向，处理团队成员关系，并在后期进行数据处理分析，确定报告撰写内容。在校期间，多次课外兼职，增长社会经验，锻

炼自己的交际能力，丰富了课外生活。C同学在其简历中的“个人评价”中提到：本人诚实、稳重、勤奋、积极上进；责任心强，对待工作认真负责待人真诚，乐于与人沟通，具备良好的团队协作意识；适应力强，能快速适应融入新环境乐于接受挑战，不怕吃苦。

这也是简历中经常出现的问题，学生们喜欢用主观性词汇，如诚实、稳重、勤奋等描绘自己。但产品思维需要我们呈现一个数字化、产品化的自己，至于是否适合这家企业，则是由企业HR来判断的。所以，我们应更多地用描述性而非评价性的词来数字化、客观化地呈现自己。

案例三：面试——智取赢得高分的王牌

学校举行模拟面试大赛。初赛和复赛都有一个5分钟自我介绍环节。初赛时选手的差距主要在于仪表是否大方、语言是否流畅等基本环节。到了复赛，标准提高，内容成了重要的衡量标准。在本次模拟面试大赛以及现实中的真实面试中，都会存在选手只考虑如何呈现自身的优势，而忽视了如何同其他选手相比呈现自己的比较优势。一个较为极端的案例是，在复赛环节，有三位选手，分别是商学院学生会主席、法学院学生会主席、校学生会主席。他们的自我介绍基本都是“我来自……我曾担任……曾参加……曾获奖……如被录用，我会……”等，而三位选手的形象、气质、语言表达都在伯仲之间，不相上下，但同质化程度太高，没有体现出自身的比较优势。

所以，要想在结构化面试中取胜，必须要在三个层次上有所提升。首先是低层次的基本关。仪表、仪态、形象、气质、穿着、打扮上要争取给别人留下一个较好的第一印象，同时语言流畅，能顺畅地表达自己的观点。其次是中层次的逻辑关。说得多不一定说得好，有逻辑才能在短时间内抓住HR的注意力，并能够有重点地展示自己。最后是高层次的格局关。要展现比较优势，做到“人无我有，人我有优，人优我特”。在回答的过程中，一定时刻谨记，这个问题可能有20个、30个学生都回答过，所以自己说的别人基本都能想到，那有没有别人没有想到而我能想到，并能很好地表达出来呢？

第二节　求职技巧团体辅导设计方案

活动目的：通过团体辅导活动，结合生涯理论知识学习，提升学生对简历、面试等具体求职技能的认识，并通过活动探索相关注意事项，了解企业选人、用人的基本规律，职业和行业特点等。

活动对象：可以面向大二及其以上群体开展，30人以内为宜。

教辅人员:助教人数根据参加学生组成团队数确定,摄影师1名。

活动时长:活动分5次,每次均为90分钟(见表4-1-1)。

表4-1-1　团体辅导框架

顺序	活动名称	活动目标	活动内容	设施与材料
1	职等你来——团队初相遇	了解团体辅导的性质、活动目的、活动方式、活动意义 明确团队规则 团队成员相互熟悉	无声排队 心脏病 平衡轮	
2	知己知彼——未来在何处	深刻了解自身的优势和不足 了解职业、行业趋势 使用教练方法初步促进行动	撕纸之生涯量量看 我是最美STAR 镜中人 职业小名片	作业: (1)行业趋势搜集 (2)常见职业了解 (3)查看近三年麦肯锡报告 (4)每人搜集三个已消失的职业和正兴起的职业 (5)制作个人简历待下次课使用
3	简历门诊——小A4的大乾坤	用有限的字数展示自身优势 针对不同目标职业制定不同简历	大风吹 简历门诊之找病因 简历门诊之开药方	重新制作简历,与第一次的简历进行对比
4	结构化面试——我是人力,我做主	了解结构化面试考察要点 寻找面试取胜的法门 强化学生加强面试练习的意识	鸣莎测验 困难大检索 模拟招聘会 模拟招聘会之互换角色	

续表

顺序	活动名称	活动目标	活动内容	设施与材料
5	无领导小组讨论——寻找最佳点	帮助学生了解无领导小组的考察要点和具体规则 强化学生加强综合能力的意识	模拟无领导 模拟无领导之互换角色	
团体辅导效果整体评估				

第三节　相关理论链接

一、霍兰德的类型论

霍兰德(John Henry Holland)将职业归纳为六种类型,相应的,也有六类不同类型的人:实际型、研究型、艺术型、社会性、企业型和传统型。一方面,从自我探索的角度来说,求职者需要了解这个理论,这样才能更好地评估什么岗位、职业和行业更适合自己;另一方面,企业 HR 在招聘过程中,也会根据求职者面试中的表现将其大致进行归类,并针对行业和岗位需要找到最为适配的人选,这同时也是求职者所需要了解的。

二、认知信息加工理论

该理论认为,一个人如果能够认识到生涯的内涵,就能够增强相关选择的能力。由此可知,比信息不对称更让人担忧的是认知不对称。在接下来的团辅中,我们尝试让学生通过团辅活动的自我发现、角色换位等活动,了解企业招聘过程中简历、面试的目标、意义和重要参考指标都有哪些,真正做到在认知层面升级,靶向性地开展工作。在知识层面优化认知之后,进而延伸到后续决定和执行层面。

第四节　求职技巧团体辅导具体实施过程

一、第一次团体辅导：职等你来——团队初相遇

目标：了解本次团体辅导的性质、活动目的、活动方式、活动意义；明确团队规则；团队成员相互熟悉。

活动：无声排队、心脏病、平衡轮。

时间：90 分钟。

过程：

（一）无声排队（10 分钟）

1.开始阶段

指导语：各位同学大家好，有缘千里来相会。原本不认识、不熟悉的我们相聚在当下，现在请全体同学起立，离开座位，围成一个圈，大家面向圆心站立。我们要进行一个“无声排队”的游戏。规则是大家按照出生年月为准，以年龄大小的方式重新排队，围成一个圆。但所有同学不可以通过语言交流，且需要在 5 分钟之内完成新的排队。现在开始行动吧！

2.检验阶段

指导语：好，大家都在规定的时间内完成了重新排队，现在我们进行检验阶段。也就是每个人说出自己的出生年月，检查是否有人排队站位出现了错误。如果有，那么请回到应去的位置上，并向大家说明一下当时是基于什么考虑出现了站位错误。

3.重新分组

指导语：现在我们要进行重新分组，小组成员依次报数 1～6（可以结合团辅人数多少，进行适当调整），报数为“1”的为第 1 组，报数为“2”的为第 2 组，以此类推，而后同组的同学坐在一起，组成我们新的团辅小组。

4.小结阶段

指导语：在刚才的阶段，我们完成了全体成员的年龄排队，找到了团队中年纪最大和年纪最小的成员，并对全体成员进行了重新分组。在这个过程中，我们发现语言不是交流的唯一方式，我们的身体动作、表情也是我们交流的重要组成部分。其实在面试过程中也是这样，面试官会在你入场和开口说话的一瞬间对你有一个基本的判断。而这些在几十秒内所形成的基本判断很可能会影响我们

的面试成绩。同时,在本次无声排队中,总有同学第一个站出来组织本次排队,这其实也是一个领导力的体现,就如同无领导小组讨论中的 leader 一样。所以,在未来的团辅中,我们需要时刻注意自己的身体语言、表情语言以及口头语言所传达的信息,全方位地在面试中获得较好的成绩。

(二)心脏病(35 分钟)

1.开始阶段

指导语:刚才我们通过无声排队后重新划分了小组,现在推选组长,让年龄最大的同学担任本组组长。组长组织小组成员每个人进行两分钟左右的自我介绍,比如专业、姓名、籍贯、求职目标等。帮助大家在最短的时间内互相认识。这个阶段的要求是每人自我介绍时间不得超过两分钟。

2.“心脏病”阶段

指导语:经过刚才的自我介绍,大家相互应该熟悉一些了。现在我们要开始第二个环节,也就是“心脏病”活动。由组长给每个同学发放扑克牌,扑克牌平放在成员桌子上。拿到同样扑克牌的人需要互相叫出名字(以最上面的牌为本轮心脏病的底牌),先叫出对方名字的人获胜,并将自己全部的扑克牌给失败方。循环游戏,直到组长手中的扑克发完。最终,扑克数少的人获胜。现在游戏开始。进行完的小组,由组长组织小组成员进行互相分享,每一个组选出一个代表向全班同学分享小组在本阶段的感受。

3.小结阶段

指导语:感谢刚才各个小组的分享。一开始,老师只是让大家互相介绍,比如专业、姓名、籍贯、求职目标等,只是举例,没有具体要求大家要介绍什么。但是到了第二个阶段,我就明确要求,要互相 PK,看谁先叫出对方的名字。所以,这可以带给我们很多启发。比如第一,寻找最特别的自己。因为起初团队成员互相不认识,在短暂的自我介绍之后,绝大部分同学互相之间还是很难做到在第一时间叫出别人的姓名。投射到自己身上,我们需要寻找最特别的自己。不论是语言、表情还是动作,全方位打造最特别的自己,让自己能够在最短的时间内被别人记住。第二,每个人都有不一样的特点。通过互动我们发现,有些同学反应快,有些同学反应慢。有些同学气势足,以至于不管他能不能说得对,对方都会被他强大的气势震慑到,以至于在一瞬间想不起对方的名字。工作中也是这样,我们要根据自己的特点去找工作,而不是从众。别人说某个工作好,我就去。要结合自己的特点,是否适合自己是一个很重要的考量因素。第三,可以结合现在的分享进行适当延展。

（三）平衡轮（35分钟）

1.手绘平衡轮

指导语：我们可能面对过一些纠结、失衡的现象，也可能当下的我们过分关注我们学习和工作的某一个点，而忽略了另一个点。所以现在我们进行第三个活动：平衡轮。平衡轮可以运用到很多场景。今天我们用它去寻找自己的短板，评估我们的职业。请每个同学在A4纸上画出一个大圆，并将这个圆平均分成八份，创建代表你和职业相关的平衡轮圈。

2.寻找八要素

指导语：好，我们已经画好一个大圆，并分成了8份。现在我们就要为每份赋予意义，也就是写下你认为找到好工作最关键的8个要素，比如学习成绩、学生干部经历、校外实习经历、职业了解、行业探索、一份好的简历、较好的面试技巧等。

3.自我多解剖

指导语：职业平衡轮是涉及我们每个同学获得良好职业岗位的一张全貌图，让我们自己根据当下各个方面进行全局、通盘的考虑。我们每位同学已经认识到了自己认为找到好工作所需要的8个方面，现在我们对这8个要素进行逐一考量和赋分。接下来我们进行现在和未来两个时间量度的思考。首先，对于“现在”的考量，也就是在8个模块中，当下、此刻的我们在相应的领域有多少分。也就是根据目前的实际状况进行打分，1分代表最不满意，10分代表最满意。针对轮圈中的每一格，问自己，“我现在对求职的这个方面的熟悉程度、满意程度是多少？”然后进行打分。再用不同的颜色标识出来。请注意“现在”，这个轮圈好比是一张实时快照，经过团体辅导之后分值可能会出现变化，所以，它只记录下你当前所感受的。接下来，我们用5分钟去思考、度量自己现在相应技能的分值，并完成这个平衡轮。（5～10分钟后）好，我们已经完成现在这个阶段的考量，下面进行到第二个阶段，即自己期待未来的自己在相应领域的得分。每个同学请在这个圆的外围再画一个大圆，针对目前的8个领域，自己期待在每个领域达到多少分。前面为当下的分值。此刻我们要问自己，我们期待经过学习、探索，未来在这个领域自己能得多少分。大家用5分钟时间去思考、度量自己未来相应的技能分值。然后得到现在和未来两个领域的对比，比如我认为自己不太擅长面试，当下得分是5分，期待得分是8分，这相差的3分就是我下一阶段努力的方向。每个人自己首先思考一下，然后小组内进行分享，每个小组最后推选一位同学与全班其他同学分享。

4.团队齐互助

指导语:感谢刚才各位小组成员的分享。通过这个平衡轮,我们其实能看到很多,比如我们哪部分是目前掌握最好的,哪部分是最需要提高的,哪部分是最被我们忽视的等。由上可知以下三点:第一,同学们过往可能只考虑到找工作的某一方面而忽略掉了其他方面。如同平衡轮要求8个方面,我们过往可能只看到了1~2个方面,被很多东西遮蔽了我们理性的思考,但是平衡轮能帮助我们从一个大的方面去思考、评估。第二,现在得分和预期得分的差距能够帮助学生们采取进一步行动。比如现在简历制作能力自己得5分,而期待得分是8分,这就需要我们应该做出哪些行动去促进自己提高3分,具体有哪些行动?这其中需要使用一部分教练技术,帮助学生们更多地在操作层面去实际执行。第三,可以结合现在学生的分享进行适当延展。

(四)总结阶段(10分钟)

指导语:通过无声排队,我们在最快的时间重新组合,这也让我们知道了除了语言,还有很多沟通方式,所以在未来的求职过程包括职业生涯过程,我们都需要全方位的去展现自己。通过"心脏病"环节,我们知道,一方面,需要展现最独特的自己以便让别人记住我们;另一方面,每个人都有自己的特点,在求职过程中,无须从众,跟随本心,找到自己最适合的是成功的关键。通过平衡轮环节,我们知道为了找到一个好工作,我们需要考虑的因素有很多,而下一步我们的行动方案和学习重点,每个人也进行了清晰的规划。

二、第二次团体辅导:知己知彼——未来在何处

目标:深刻了解自身的优势和不足;了解职业、行业趋势;使用教练方法初步进行活动:撕纸之生涯量量看;我是最美STAR;镜中人;职业小名片。

时间:90分钟。

过程:

(一)热身活动:撕纸之生涯量量看(20分钟)

1.开始阶段

指导语:我们每个人的生命是有限的,而职业生命长度更是有限。现在我们需要聚焦在有限的职业生涯中,需要关注什么。首先请大家准备一张A4纸,撕成约2厘米宽,折成10格,每格代表10岁,依次代指10~100岁。

2.生涯测量

指导语:假设这张纸就是我们每个人的生命长度,未来我们可能活到100

岁，我们的生命真的如我们想象得那么长吗？

第一，你期待活到多大？把之后的纸撕掉。比如我期待或者认为自己能活到 80 岁，那么请把代表 90 岁、100 岁的格子纸撕掉。

第二，你已经多大了？把之前的纸撕掉。比如我 38 岁，约等于 40 岁，那么我要把代表 10 岁、20 岁、30 岁的格子纸都撕掉。

第三，你何时退休？把之后的纸撕掉。比如按照目前的退休年龄，我可能 60 岁退休，我要把 60 岁及其以后的格子纸撕掉。

第四，大家思考一下，我们接下来要撕去多少时间？对，我们要撕掉三分之一的睡眠时间。我们每天需要睡八个小时，这占据了一天中三分之一的时间。所以，大家现在手上有多少长度，请你把余下的纸撕掉三分之一。

第五，以此类推，我们每天只工作八小时，除去睡眠的八小时，剩余的三分之一的时间可以自由支配。所以，虽然我们手上剩下的纸条不是很长，但是也请每个同学把三分之一的休闲娱乐时间撕去。

第六，现在，请看看手上还剩下多少？是不是并不长，相信同学们在这个环节肯定有一些感触。我们找几个同学分享一下。

3.小结阶段

指导语：感谢刚才几位同学的分享。是的，“生涯量量看”这个环节确实对我们有一定的直观的冲击。一方面，责任重大，我们要用这部分时间获得的收入供养我们的整个生命和家庭；另一方面，时不我待，我们职业生涯的真正长度其实非常有限，我们需要找到一个适合自己的工作，并在未来将其变为事业，不负余生。

（二）工作阶段（60 分钟）

1.我是最美 STAR（30 分钟）

这个环节我们没有游戏或者手工活动，就是团队内部的分享，名字叫“我是最美 STAR”。同学们在过去的 20 多年的时间里，肯定有很多个属于自己的高光时刻，我们这里把这种高光时刻称之为成就事件。它指能够引起和唤醒你成功体验的事件。这可以增强我们的自信心，对于寻找自身优势，了解自己有着重要的作用。下面请每个同学回忆自己 1～2 个成就事件，并在小组内进行分享，小组成员需要根据其提供的成就事件帮助该同学分析个人优势。大家用 20 分钟时间开展这一环节，结束后小组内进行讨论，看看这一环节让大家收获了怎样的感悟。

有时候我们着急赶路，忘了欣赏风景；我们着急前进，忘了分析自己的优势。相信刚才的成就事件分享，能够帮助大家拨开迷雾，明晰自己的优势和长处。

2.镜中人(15 分钟)

指导语:刚才的两个环节我们都是在小组内部完成的,现在我们需要活动活动筋骨,打破小组界限,在整个团队中进行,这个活动的名字叫“镜中人”,也就是镜子中的你。我们现在就是以人为镜,看看别人眼中的我们是什么样的。大家可以站起来自由活动,在整个团辅成员中,每个人需要找到三类人,一类是和自己非常熟悉的人,一类是不太熟悉仅是互相认识的人,还有一类是几乎不认识的人。每种类别找 2～3 个人,让这些人用 3～5 个词来形容你,你分别做好记录。最后整合大家对你的综合评价,看看是否有非常集中的几个词。结束后,大家请回到座位上,对着自己记录的小本本和关键词思考一下,一会找几个同学分享一下心得。

好,感谢大家的分享。通过这个镜中人,大家可能发现,这三类人提炼出来的关键词似乎还比较集中和聚焦,这其实能够帮助我们认识自己,即“镜中人”,能更好地帮助我们发现自己的优势。

3.职业小名片(15 分钟)

指导语:动静结合,刚才的几个环节我们都是了解自己,下面我们要坐下来了解一下工作时间。请每个人制作一个职业小名片,并在小组内进行头脑风暴,针对小组成员的专业特点和个人兴趣,头脑风暴可能有的职业,并针对不同行业写出职业特点。比如,同样是人力资源,快消行业、互联网行业可能会有不同的特点等。这样能帮助大家更好地了解行业、职业、专业、兴趣、能力之间的关系。

(三)结束阶段(10 分钟)

指导语:今天的活动就到这里,我们来进行一次大总结。“生涯量量看”环节让我们每个人有了危机意识,并认识到职业生涯、简历、面试的重要性。“我是最美 STAR”环节帮助我们进一步了解自己的优势。镜中人则是强化我们每个人的优势,尤其是别人眼中自身较为客观的优势。“职业小名片”环节则是帮助大家在头脑风暴过程汇总了解到行业、职业、专业、兴趣、能力之间的关系。

布置作业:请大家完成以下几个课后作业。行业趋势搜集;常见职业了解;查看近三年麦肯锡报告;每人搜集三个已消失的职业和正兴起的职业;制作个人简历待下次团辅课使用。

三、第三次团体辅导:简历门诊——小 A4 的大乾坤

目标:用有限的字数展示自身优势;针对不同目标职业制定不同简历。

活动:大风吹;简历门诊之找病因;简历门诊之开药方。

时间：90 分钟。

过程：

（一）热身阶段：大风吹（20 分钟）

指导语：大家好，今天是我们的第三次团辅活动，下面我们来进行一个暖场活动，名字叫“大风吹”。游戏需要全体起立，当我说大风吹的时候，大家要问我：吹什么？比如我说：吹英语专业的同学，则英语专业的同学保持站立，其他同学全部坐下。第二次重新全体起立，再次开始。我们会根据专业、职业、行业等进行大风吹活动，吹完后我们重新分组，将同一专业、同一职业目标的学生分在一组进行深入的讨论交流。

参考使用流程：两次或三次大风吹游戏，一次以专业分类，一次以职业分类，一次以行业分类。鉴于整个团队已经有过两次团体辅导体验，应该比较熟悉了，所以站立起来的人大家应该都不会陌生。根据这两次或者三次大风吹的结果，重新进行分组。将同一专业、同一职业目标的学生分成一组进行深入的讨论交流。

（二）工作阶段（60 分钟）

1.简历门诊之找病因（25 分钟）

指导语：通过大风吹，我们现在把同一专业、同一职业目标的同学们聚在一起，请大家拿出上次活动最后布置的作业，每个人拿出自己的简历，在小组内分享。一方面，向大家阐述自己为什么做这个简历；另一方面，其他同学扮演找茬者，去寻找简历中的问题并说明原因，或者评选出最佳简历，大家比对该简历找到自己简历中的不足。

请每个小组推选一名同学分享一下本环节的收获与感悟。

2.简历门诊之开药方（35 分钟）

指导语：我们刚才已经给大家的简历进行了“把脉”，现在要进行“开药方”了。根据刚才环节的情况，请每个人提出相关建议，其他人进行商量补充，通力完成一份简历的修改。时间关系，我们不能逐一修改每个人的简历，我们选择其中的一份简历，大家齐心协力，帮助其进行修改、补充。最后，将新旧两个简历进行对比。每组都这样进行，最后各个小组派代表向大家展示简历修改的原因、过程，并分享修改心得。

（三）总结阶段（10 分钟）

指导语：首先从我的左手边开始请每一位同学用一个词来形容参加本次团辅的感受。

今天的活动，在“大风吹”阶段让大家最快的速度找到和自己相似的人，重新构建小组，这也让同学们看到了方法的重要性。找病因和开药方让同学们学会了换位思考，知道了最佳简历的标准是什么样的，发现比较优势，并相应的修正自己过往错误的认识和简历的撰写方式。活动结束前再布置一下作业：全体同学重新制作简历，并将其与第一次的简历进行对比。我们下次团辅活动再见！

四、第四次团体辅导：结构化面试——我是人力，我做主

目标：了解结构化面试考察要点；寻找面试取胜的方法；强化学生加强面试练习的意识。

活动：呜莎测验；困难大检索；模拟招聘会；模拟招聘会之互换角色。

时间：90 分钟。

过程：

（一）热身阶段：呜莎测验（20 分钟）

指导语：大家好，我们今天要借鉴一个日本的“呜莎呜莎”活动（可以简单介绍“呜莎呜莎”活动，即是根据医学上的研究，由一个人两手十指交握和双手交错抱胸的动作，将人的性格分成“呜呜”“呜莎”“莎呜”“莎莎”4 类。右手大拇指在下的人属于“呜”，反之为“莎”；右手臂在下的人属于“呜”，反之为“莎”，此组合结果可将人分成 8 种性格）。现在请大家完成两个动作。第一个动作是双手打开，十指交叉，看看自己是左手大拇指在上，还是右手大拇指在上。好，请左手大拇指在上的举手。请放下，请右手大拇指在上的举手。请放下。好，现在交换，原来左手在上的请换成右手在上，原来右手在上的请换成左手在上，来，试试什么感觉（这时，课堂上应该有“啊……”等声音，学生会感到新奇、不习惯和有趣）。第二个动作是双手交错抱胸，双手手臂打开，交叉抱胸，看哪个手在上，哪个手在下。和刚才一样，左手在上的请举手，好，请放下。右手在上的请举手，好，请放下。来，大家和刚才一样，再次交换试试（效果同前）。

通过刚才大家在课堂上的表现，我认识到以下几点：第一，可能有很多事情是我们过去 10 多年一直在进行的，不管是习惯还是技能等，但是我们没有认识到，比如我从来没意识到原来我双手交叉一直是左手大拇指在上。第二，我们也从来没发现原来一件很平常的事情，别人或许会和我们有不一样的做法，比如我办公室另一个老师在双手交叉环节一直是右手大拇指在上。所以，我希望这个小测验能启发咱们同学打破思维定式，走出自己的舒适圈，勿做井底之蛙。

（二）工作阶段（60分钟）

1.困难大检索（10分钟）

指导语：刚才是动手环节，现在要开始动脑环节了，请小组同学们进入头脑风暴，找到面试中最大的困难，列举出来，并讨论解决的方法，最后分小组展示。

2.模拟招聘会（25分钟）

指导语：经过动手、动脑环节，我们现在要进行实操环节了。大家刚才都分析了面试中最大的困难，也依次讨论了解决方法，现在我们就进行结构化面试的模拟招聘，我们选择5名同学当面试官、5名同学当求职者，其余同学当观察员（可以分小组进行，可以其中几个人扮演面试官，几个人扮演求职者，其他人扮演观察员）。这里我准备了几个题目，同时面试官可以根据现在情况进行随机发问。每个求职者一共被问到3～4个题目就行。

3.模拟招聘会之互换角色（25分钟）

指导语：根据刚才第一轮模拟招聘会，相信各位求职者、面试官和观察员都有很多体会，但大家体会可能不一样，下面我们先根据每个角色找2～3个同学谈谈体会、收获和自己认为以后在面试中应该注意的事项。下面请同学们发言。

感谢同学们的发言，现在模拟招聘第一阶段结束，请扮演面试官、求职者、观察员的人互换角色，再一次进行模拟招聘。针对第一次模拟出来的问题，本次模拟是否得到有效避免，亮点是否突出，请继续作出总结。这样更有助于大家发现问题，了解面试高分的标准或者面试问题的核心，体会面试官心态。

（三）总结阶段（10分钟）

指导语：现在请同学们逐一分享自己印象最深刻的环节。

感谢同学们的分享，今天我们通过动手、动脑、实操以及角色互换，体会到了面试官的心态、评价标准以及过往自己未曾注意到的问题，下一次团辅我们将带领大家进入面试环节，看看在这一环节我们如何应对和提升。

五、第五次团体辅导：无领导小组讨论——寻找最佳点

目标：帮助学生了解无领导小组的考察要点和具体规则；强化学生加强综合能力的意识。

活动：画猪小测验；模拟无领导；模拟无领导之互换角色。

时间：90分钟。

过程：

(一)热身活动:画猪小测验(15 分钟)

指导语:同学们,我们从一个画猪的小游戏开始今天的活动,请大家拿出一张白纸,在 5 分钟内画一只猪。需要注意的是大家不能只画一个猪头,尽大家所能地把猪画完整,不用考虑技巧或者标准答案,大家凭借自己的直觉进行绘画即可。画完之后,大家与周围的同学互相分享,彼此交流一下所完成的画作。

好,我们可以看到,不同的同学展示出来的画作差别较大,从位置上看,有的在上方,有的在中间,有的在下方。从猪头的朝向上看,有的朝左,有的朝右,有的朝向自己。从猪的身体角度来看,有的很细致,有的只是简单的大框。还有猪的尾巴、耳朵、四只脚之类的,大家画的都不一样。

大家在未来的工作中也会在团队中遇到不同的人,本次无领导小组讨论的主题——“寻找最佳点”,我们要通过这个画猪测验看到这一点,然后在接下来的活动中去探索、思考;如何在无领导小组中避免混乱和无序,以有序、高效、合作的方式完成小组目标。

(二)工作阶段:(60 分钟)

1.模拟无领导小组讨论(30 分钟)

指导语:在之前的活动中,我们进行过简历的找茬和修改活动,也进行过结构化面试的角色扮演活动,今天我们要进行模拟无领导活动。规则一样,先随机选举其中一部分同学当评委,另一部分同学当选手,剩余同学当观察员。

好,我们人员分工已经明确,接下来进入模拟无领导小组讨论环节。讨论的题目我已经提前准备好,请参与的选手们根据这个讨论题目进行讨论,时间是 20 分钟,讨论结束后派代表汇报讨论结果,时间需要控制在 3 分钟之内。现在开始。

模拟演练已经结束,现在进入集体讨论环节,我们先请评委谈一下自己的看法,接下来我们再请观察者分享一下自己的观察与思考。

最后,我来总结一下大家的看法以及无领导小组讨论的注意事项。首先,明确无领导小组讨论考察的要点。无领导小组让所有受测者自行安排、自行组织,评价者只是通过安排应试者的讨论题目来观察每个应试者的表现,给应试者的各个要素评分,对应试者的能力、素质水平做出判断。因此,我们的逻辑思维能力、口头表达能力、团队协作能力等的展示非常重要。在讨论过程中,大家要理清思路,要有自己明确的观点,同时牢记团队目标,并推动达成最终共识,不要有负面或攻击评价和行为,要学会倾听、欣赏他人。我们要通过小组讨论最终达成一定的共识。在未来职场中,与客户达成共识,会有购买行为;与同事达成共识,会出现高效合作。

其次，掌握无领导小组讨论注意事项。从角色分类上，有领导者、记录员、计时员等。领导者的作用不是主导讨论，而是串联团队，科学分配机会。计时员则是开展时间管理，讨论中进行恰当打断，并做好机动时间处理。记录员要记录清晰，重点突出并帮助小组排除盲点，推进讨论，同时还可以恰当总结发言，争取做代表陈述。另外，倾听别人的想法并给予反馈，引导讨论，对他人的方案提出创造性的改进点等都可能成为加分项，与之相对，忽略别人的陈述、随意打断他人叙述、观点过于负向、搬出教条的模型以期压倒他人等则可能成为减分项。

2.模拟无领导小组讨论之互换角色(30 分钟)

指导语：经过刚才模拟无领导小组和之后大家的讨论，我们总结出了一些注意事项，现在进行互换角色，上一轮的选手当本轮的评委或者观察员，上一轮的评委或者观察员当本轮的选手。同时，讨论题目也换了一个。下面开始第二轮模拟无领导小组讨论。

模拟演练已经结束，现在进入集体讨论阶段，这一次我们讨论的重点要针对第一次讨论出来的问题是否在本轮得到有效避免、亮点是否突出作出总结。先请评委谈一下自己的看法，接下来我们再请观察者分享一下自己的观察与思考，最后请选手也分享一下。

(三)总结阶段(15 分钟)

指导语：通过两轮无领导小组讨论的对比，大家对无领导小组讨论的注意事项有了更深刻的了解，比如计时员、记录员、无领导中是否有领导，如何达成共识，如何面对不同观点等。接下来请每个小组派成员对整体团辅流程、涉及的职业、行业、简历、面试等各种知识点进行总结和归纳，每个小组限时 2 分钟。

不知不觉中，我们一起参加了 5 次求职能力提升团体辅导活动，衷心感谢同学们的积极参与，希望大家将自己在团体辅导中的感受和收获应用到今后的求职实战，勤加练习一定会给大家的求职产生积极的影响，衷心祝福大家在真实世界的求职面试中屡战屡胜！

第五节　辅导后学生反馈

韩小洁：这次活动让我受益良多。

在面试环节，自认为真的开阔了眼界，因为之前从没有了解或参加过正式的面试。无领导小组面试在我眼里很陌生，但通过老师的引导，我了解到抢占先机搞好人缘、讨论位置的重要性，了解到不同角色的各自价值和职能。

而在结构化面试活动中，我认为我锻炼最多的是及时反应能力和全面思考能力。“木桶效应”“如果客户是猪八戒”以及“有无男女朋友”等问题，这些在我之前看来完全和我专业知识没关系，听到这些问题的时候我懵了很久，不知道该怎么整合思路。通过老师的分析，我私以为面试的时候一定要想想面试官的深意，并且尽可能从全局辩证地思考问题，把握事物的两面性和完整性，木桶不仅要避短还要扬长。

在老师问“对海尔、房地产、物流的看法”时，我发现我只有一些从花边新闻、新闻推送中获得的信息，这些行业、企业的当下问题、未来趋势、相关的国家政策我都不太了解。所以为了以后面试成功，我需要从现在开始了解目标行业的发展趋势，争取以后面试能准确“对盘下菜”。

如果说之前的这些都是一种软实力的培养，那老师对简历的评述则有效增强了我的硬实力。我现在才知道原来简历最好不要用模板，照片可有可无，自我介绍也应该尽量杜绝大白话，尽可能用数据说话。

可以说，经过这次活动，我从一个什么都不知道的面试小白变成了一个有所准备的面试小白。

非常感谢老师的团辅活动和指导。

王小竹：自我介绍部分。自我介绍虽然简单，但也有技巧，我认为需要体现特色，找记忆点。所以，当我们自我介绍时可以使用关键词，给自己树立一个印象深刻的人设。

结构化面试部分。首先要提升思维：不要一个小点说一大堆，回答问题可以从多个层面展开。内化思维习惯，除了一下子能想到的点，还需要有各种不同的思维方式。可以通过看学术类书籍的目录，培养自己的思维能力。例如，回答木桶原理时，不仅要关注到取长补短，也要关注到扬长避短，也就是找到自己的特点，使自己在市场上无可替代。这就是从正反两面回答问题。再例如，行政助理在总公司调研时的工作，可以从事前、事中、事后来概括问题，回答问题。

HR 思维部分。从 HR 思维来思考问题，回答问题要寻找问题的内在原因，了解 HR 到底想问什么。

客户思维部分。人需要被满足，要从客户身上看到需求，看到能为公司创造的价值。

无领导小组讨论部分。老师为我们分享了自己的经验，我也受益于此，学习到一些无领导小组讨论的技巧，如从候场时开始了解竞争者，进场时最好选择中间位置，以及在讨论开始前可以简单制定秩序、规则，但为了避免强势，要注意自己的说话表情和口气。还可以学习一些模板和套路，根据最后要求总结的时间(1 分钟/5 分钟)考虑是否需要扩展回答。

了解职业、行业趋势部分。不仅要了解自己以及应聘岗位，更要了解行业的发展，不断地积累相关背景知识，然后才会水到渠成、应聘成功。了解行业的过去、现在、未来趋势，以及国家针对相关行业的政策，如物流业的智能化、房地产的体验感等。

炊小婷：行业趋势方面：今天我学习到了去应聘一个公司的时候，应该从宏观上去多方面的了解它，关注行业趋势，找到企业的核心竞争力。

简历方面：针对简历，学到了很多的东西，首先简历应该简洁大方、一目了然，不需要用花里胡哨的模板。其次，自己的名字应该在最上方，突出一点，基本信息里无关紧要的内容不需要写。再次是简历要落到实处，有针对性，不能空泛。最后是针对经历少、简历没话说的问题，周老师也给出了修改建议，我会认真总结自己，修改简历。

无领导小组面试：以前没有经历过无领导小组面试，但通过今天的交流，我了解到了无领导小组的大体流程，学到了其中会出现的问题以及应对办法，总而言之还是需要我们随机应变。

结构化面试：在这个部分学到的最重要的点就是要站在 HR 的角度思考问题，找到问题的核心，以及思维的多面性，考虑好回答问题的角度和层次。

吕小小：在简历和自我介绍方面，我认识到了应该找到自己的特色，而不是简单的成绩或者奖项经历罗列。要站在招聘企业和 HR 的角度思考自己应该怎么进行自我介绍，怎么回答面试中遇到的问题，这样才能获得公司和 HR 的青睐。

老师也通过团辅传授了许多无领导小组讨论中可以运用的小技巧，我之前没有接触过无领导小组讨论面试，这次就好像打开了新世界的大门。比如每一次讨论中必然存在一个记录员和领导者；成为领导者不一定是一件好事；在大家争论得不可开交的时候，要学会妥协，要有团队意识。我从没想过面试还能有这么多需要注意的地方，而听老师一次团辅分享和自己多次实战又是两种完全不同的情况，我也需要寻找更多机会训练、提升自己。

王小彤：这一个系列的团辅很实用，干货满满，我学到了很多实用小技巧。

首先，在自我介绍方面，如何突出自己让别人记住是我之前没有用心去琢磨的。在结构化面试方面，通过老师问的几个问题，我懂得了转变思维，提升自己的思维高度是面试中不可或缺的一部分。要切实地从客户的角度思考问题、从 HR 的角度看待问题，这样才能有针对性地朝他们想要得到的答案靠近。在接下来的学习生活中，都可以从不同的角度去思考问题，努力提升自己的创造性思维。

其次，在无领导小组面试方面，之前没有意识到进入候场区面试就已经开始，在这样的面试中每一步都是至关重要的，不论是座位，在小组中担任的角色，还是发言，都是需要考虑在内的。尤其是老师说的要不要强势这个问题（HR 不会太在意），也是解开了我这么久以来的一个疑惑。

最后，在简历制作方面，以前对自己制作的简历还挺有信心，通过老师的讲解，我才发现自己有这么多做得不稳妥的地方（尤其是模板方面，还有无效信息，自我评价空洞）。所以回来之后我就打算重新修改自己的简历。

很感谢老师的用心团辅。

第六节　辅导后教师反思

团辅的魅力在于引导学生主动思考。学生从小学开始一直到大学受到的都是填鸭式教育，自己主动去学习和思考相对较难。但在团辅的过程中，学生自己参与、自己思考、自己感悟，所得到的一定是能触动心灵的东西。

简历和面试的要义在于思维转换。在“心脏病”环节的团辅中，学生一下感知到了为什么自己能记住某些同学的名字，而记不住另一些同学的名字，这或许和相应同学的自我介绍有无吸引力、有无帮助他更好记忆有关。于是引导学生思考在众多求职者中如何让 HR 记住自己并留下好印象。在简历和面试环节中，学生角色互换，互相“找茬”，使其可以更好地了解 HR 思维和客户思维。这比老师在授课过程中直接去告知更有效果。

未来眼光和趋势就业等理念在团辅中自然得以显现。以往授课过程中给学生讲述未来眼光和行业、职业趋势等，学生们都仅仅停留在表面。但在团辅活动中，通过几个问题，比如房地产行业、家电行业、物流行业等，学生们群策群力地回答，最后就会发现大家都仅仅停留在表面。团辅后学生都纷纷感悟在未来一定要关注国家政策和形势，要关注职业和行业特点等。

第二章　以压借力，破茧成蝶

第一节　辅导前学生案例

即将升入大四的小钱，正在紧张地进行考研复习，最近他在教室学习，总觉得有人坐在身后干扰自己，但是回头去看却空无一人，这带给他强烈的不安，只能躲在教室的角落或者是最靠边的位置，否则就没办法安心学习。宿舍里有一个同学爱弹吉他，他非常反感，总担心晚上吉他声会打扰自己休息，这样紧绷着神经，就会失眠，即使睡着了睡眠质量也不高。但是顾及与舍友的关系，人家也不是总弹，因为这样的小事指责对方，不太值得。自己摆脱不了这种困境，非常痛苦，严重影响到了学习和生活。小钱的家庭条件不怎么好，学习成绩一般，英语基础不大好，面对毕业，他心里一片茫然。大学三年，小钱没注重自己技能的提升和素质的培养，学校春季和秋季招聘会他去看了，觉得以自己的条件也找不到理想的工作，干脆就不想了，转头又准备考研，但是自己准备得晚，学习效率又不高，这让自己非常自卑，陷入了深深的自责之中觉得自己一无是处。作为家里唯一的男孩子，父母省吃俭用供自己上学，应该在学成后承担起养家的责任，但是现在自己这副模样，于是很自责。

案例分析：该生的这种情况，实际上是毕业各种压力汇聚在一起造成的。首先是就业及发展的压力。该生对未来比较迷茫，参加了校招后，感觉自己的能力和理想目标之间存在着较大的差距，择业困难像一顶厚重的帽子扣在自己头上。而准备考研究生，自己学习成绩一般，尤其是英语基础不好，所以对考研也没有太大的把握。其次是家庭及经济的压力。作为家里唯一的男孩子，小钱自我感觉责任重大，认为自己未来要成为父母的依仗和支柱，就必须要有好的工作，只有工作好了才能有高收入，才能回报父母。迷茫、落差与自责带来的巨大压力，使该生身处于极度的不安全之中，自卑、多疑、焦虑、失眠，面对这些压力，他没有采取积极应对，而是选择了逃避，表面上看三点一线学习，波澜不惊，实际上内心惊涛骇浪，每天都生活在极大的压力中。

对于大学生尤其毕业生而言，就业、学习、发展、情感、经济和人际关系、家庭等方面的压力源比较常见，很多同学甚至在同一时间面对多重压力源，既需要对当下需求作出反应，也需要对未来挑战有所应对。同样，面对不良压力，成功的学生与不成功的学生的差别在于，成功的学生能够积极面对、主动解决、有效行动、坚持到底；而不成功的学生则自我责备、不断逃避、行动无力、轻言放弃。所以我们需要帮助学生正确认识、科学识别、及早介入，找到应对不良压力的方法来舒缓压力，促进身心健康发展。

第二节　压力管理团体辅导设计方案

活动目的：通过团体辅导活动，让同学们正确认识压力源事件，了解不良压力反应，在活动中认识自己，敢于面对、寻找资源，改变不合理信念、行为模式和生活方式，提高自我觉察、自我反思、自我调节的能力，在一定程度上唤醒和激发体内的能量，增强抗压能力，提升管理技巧，以压借力，以行动积极应对。

活动对象：可以面向大四及研究生学生中面临压力困惑的学生群体开展，30人以内为宜。

教辅人员：助教人数根据参加学生组成团队数确定，摄影师 1 名。

活动时长：活动分 4 次，每次均为 100 分钟（见表 4-2-1）。

表 4-2-1　团体辅导框架

<table>
<tr><th>模块</th><th>活动名称</th><th>活动目标</th><th>活动内容</th><th>设施与材料</th></tr>
<tr><td rowspan="6">1</td><td rowspan="5">缘来是你</td><td rowspan="5">团队成员相互破冰、加深认识
明确成员期望，澄清团队目标
建立团队规范</td><td>马兰花开</td><td>团体辅导教室，活动桌椅</td></tr>
<tr><td>缘分天空</td><td>用于制作名片的空白卡片（可以A4 纸制作）、一人一支碳素笔</td></tr>
<tr><td>同舟共济</td><td>每组一张报纸、“奔跑”音乐</td></tr>
<tr><td>你我相约</td><td>每组一张大白纸、一盒彩笔、一人一张小便利贴</td></tr>
<tr><td colspan="2">集体总结</td></tr>
<tr><td colspan="4">作业：课后写一下参加本次活动的感悟，分享自己在参与活动中的收获和发现</td></tr>
</table>

续表

模块	活动名称	活动目标	活动内容	设施与材料
2	压力零距离	加强自我认知 捕捉压力事件 引导成员全面理解压力	恐龙进化	团体辅导教室，活动桌椅
			盲人开车	蒙眼布
			压力万花筒	每人一张 A4 纸、碳素笔
			压力 SHOW	每组一盒彩笔、两张 A4 纸
			集体总结	
	作业：课后写一下参加本次活动的感悟，思考日常生活、学习、工作中还会有哪些压力			
3	压力溯源	提升对压力的觉察和认识 了解压力应对中的不合理信念 寻求提升压力面对的技巧和方法	传递信息	团体辅导教室、活动桌椅、每人一张 A4 纸、碳素笔
			我是谁	每人一张 A4 纸、碳素笔
			不合理信念	每人一张艾利斯 11 种不合理信念清单
			集体总结	
	作业：课后写一下参加本次活动的感悟，进行一次不合理信念转变练习			
4	压力管理	认识并识别社会支持系统 学会利用内外资源突破压力束缚、管理压力	突破重围	团体辅导教室、活动桌椅
			谁给我力量	每人一张《个人支持系统表》
			压力自画像	每人一张 A4 纸、一支碳素笔、舒缓的音乐
			穿越时空隧道	《我们是一家人》《友谊天长地久》《相逢是首歌》等歌曲
团体辅导效果整体评估				

第三节　相关理论链接

有关压力的研究在西方已经开展近一个世纪，是西方学术界发展较快的一个领域。过去的一百多年来，众多西方学者在这方面进行了广泛而深入的研究，形成了众多关于压力的理论和流派。在压力研究的领域，根据研究的侧重点及其发展来看，主要存在以下几种理论。

一、压力的刺激学说

压力的刺激学说认为压力是外界环境对个体的一种刺激，强调的是人的生理反应。该学说认为压力是一种消极的刺激，其产生源于外界环境的刺激，并导致个人的反应或紧张。这是早期压力理论的研究。

二、压力的反应学说

从新行为主义分析，压力的反应学说认为压力是个体对环境的一种反应，是个体在面对环境刺激时产生的一系列身心反应。本学说较著名的研究有美国学者沃尔特·坎农(W. B. Cannon)的开创性研究，他指出面对环境的刺激，个体的压力反应会使机体处于戒备状态，并表现为恐惧、焦虑等紧张方式，面对压力，个体反应的模式基本相同，但是程度不同。

三、压力的交互理论

认知心理学提出了环境、行为、人的三元交互论。压力的交互理论认为压力不是个人特点的产物，也不是环境的产物，压力的产生是某一种环境与某一种人所做的对环境可能产生威胁的评价相结合的结果。同时，压力是一个过程，这一过程会随着时间和任务的改变而变化。个体和环境的关系，以及个体与环境的匹配程度，无论是时间、工作任务还是活动，都是动态关联的。

坎农把压力的术语引入社会领域。他考察了人们在处于寒冷、缺氧、失血状态下表现出来的紧急备战，即搏斗、逃跑反应的机制。这个反应包含一个复杂的交互作用，是交感神经的唤醒与肾上腺分泌的激素之间的交互作用，以使有机体在面临压力时保持平衡。

1956 年谢尔耶(Hans Selye)通过对动物做实验，发现动物会有生理应激反应的先兆，甚至可能导致胃溃疡，并可能引发死亡。谢尔耶由此提出了 GAS，即适应综合征全身适应综合征(General Adaptation Syndrome，GAS)。它包含以下的三个阶段。

1.警戒反应阶段

应激源第一次出现时，人体就会产生警戒反应，在短时间内会产生一个低于正常水平的抗拒，从而使人肠胃失调、血压升高，进而会作出自我保护性调节。如果防御性反应有效，警戒就会消除，人体恢复正常状态。大多数短期应激反应都会在此阶段得到解决。这种短时应激也被称为“急性应激反应”。

2.抗拒反应阶段

如果有机体不能控制外界因素的作用，或是第一阶段的反应没能排除危机，应激仍然持续，人体就会进行全身性动员。最后以抗拒的减少而告终，并出现更为严重的身体症状，如溃疡、动脉粥样硬化，而这些身体症状也可减少症状。

3.衰竭阶段

若应激源非常严重，人体便会进一步耗尽已经储存的能量，同时抗拒也会一起减弱，人就可能面临死亡的威胁。

由此可见，压力对人身心健康的影响非常大。有研究表明，压力水平与健康症状呈正相关。处在社会重大变革中的企业群体，压力越大，其健康状况就越差。因此要提高组织绩效，使组织永续发展，就必须降低群体压力，通过提高员工的身心健康水平，调动员工工作积极性和创造性。谢尔耶最早系统研究了压力，他将压力确认为是个体应对“外在需求”的一种非特定的生理反应历程。当个体自身无能力、无条件、无资源满足这种“外在需求”时，就会成为一个压力源。压力源形成之后，个体会经历三种反应期，即警觉期、抗拒期和耗竭期。人们从最初体察到压力可能来临就开始收集压力的相关信息，准备应战；当压力来临时，就开始调动各种可应用资源解决压力；最后，因压力而受伤害，而体力、心理、财力等无法得到复原时，可能会导致疾病的发生甚至死亡。

美国心理学家艾利斯（Albert Ellis）ABC（Activating event，Belief，Consequence）理论认为，只有信念或看法而不是诱发性事件本身才会引起情绪或行为方面的后果。每个人或多或少都存在一些不合理的信念。不合理信念的具体特征包括绝对化的要求、过分概括化、糟糕至极的定式思维等。

行为学派认为人类的行为是个体通过与环境的交互作用以及不断学习而得来的，环境压力愈大，其学习新行为的动机愈强。人类的生理现象、心理动机、态度等都源自行为的经验，可以用松弛法、自我肯定训练等方式减压。

第四节　压力管理团体辅导具体实施过程

一、第一次团体辅导:缘来是你

(一)建立关系(3分钟)

介绍本次团体辅导主要内容、形式、大致时长。

指导语:(自我简介略)各位同学,在日常学习生活中,大家可能在某一阶段会因为某些件事出现着急、紧张、焦虑等情况,如大学生要测验,要考试,要比赛,担心成绩赶不上同学,达不到老师和家长的要求,会着急;再大一些,要面临考研、出国还是就业的人生选择,担心不能称心如意,每天为之心乱如麻。这些许许多多的着急,就是我们经常遇到的压力。只不过大多数人心态好,偶尔着急,马上可以调整情绪正确面对,很快就能够释放压力,变压力为动力;而有的人面对压力可能一无所措,长期被负面情绪左右。从今天开始,我们将通过四次活动(每次活动100分钟),去认识、识别、管理压力,提升压力应对的技巧和方法,帮助我们更加勇敢、积极、豁达地去面对生活、学习中的挫折和挑战。

(二)工作阶段(95分钟)

1.活动一:马兰花开(10分钟)

目的:暖身破冰,消除紧张和陌生感。

指导语:现在我们来做一个游戏,全体学生起立以我为圆心围成一个圆圈队列,相邻同学之间距离不小于30厘米,不可有肢体接触。大家统一向左转,当我喊开始时,同学们围着我走圆圈队列,一起边走边念"马兰花,马兰花,风吹雨打都不怕,请问要开几朵花?"我喊"几朵",大家就几个人迅速抱在一起。如说"2朵",那大家就赶快任意两个人抱在一起,出现没有办法抱一起的,就要准备1分钟的小节目最后表演。大家明白了吗?现在活动开始。

活动说明:游戏共进行三轮,第一轮可以2朵花,第二轮可以7朵花,第三轮根据学生数和分组情况进行报数。如共有30人,准备分成5个小组,可以喊"6朵"。指导者做好说明和变通,如出现学生不在组内的情况,可以灵活分到其他的小组。

指导语:通过刚才最后一轮的活动,我们每位同学都拥有了一个6人左右的温暖"小家庭"。提醒大家,这个"小家庭"就作为我们今后活动的小组,以后活动将以小组为单位进行,期待今后各小组能齐心协力,盛开更多美丽的花朵。请各小组到我指定的位置就座。

2.活动二：缘分天空（30 分钟）

目的：相互熟悉，促进成员的沟通和了解。

（1）互换名片（15 分钟）

指导语：各位同学，现在我们按照刚才活动成立的小组到指定场地就座。为了让大家尽快熟悉彼此，接下来我们要进行个人名片制作及交换。我将给每位同学发一张空白卡片，大家需要用 1 分钟来制作自己的名片。然后简短地列举出至少两个与自己的情况有关的、可以当话题的、容易被他人记住自己的单词或短语，比如来自哪个城市、专业、兴趣、性格、能力等等。制作完成后分别和小组所有成员依次两两微笑握手并说“你好”，交换名片，进行自我介绍和相互了解。当对方讲述的时候，另一方要认真倾听，适当提问，通过语言和非语言尽可能多地了解对方。双方交流时间控制在 2 分钟以内，整体活动控制在 10 分钟以内。

助教 10 分钟计时。

预警：个别学生与人沟通不顺畅。

指导语：我们把发现自己、认识他人想得很困难，尤其第一步，迈出的总是很犹豫。如果现在处于求职中，面对用人单位我们必须去推销自己、了解用人单位，你会如何做？是犹豫不前还是努力去尝试勇敢迈出第一步？

（2）交流分享环节（15 分钟）

指导语：每个小组选 1 名代表用 1 分钟分享一下自己印象最深刻的是哪位同学以及原因（5 分钟）。我们发现特点突出、表现与众不同的同学往往更容易被人记住。但是 1 分钟时间虽然短，大部分同学能够快速提炼出自己比较突出的优点或特质，表现非常好。接下来我们开放两个名额，请同学们分享一下参与活动的感受和体验（5 分钟）。

结语：感谢两位同学的分享。在与人握手交换名片时，大家从开始的害羞、胆怯到后来逐渐放松，自我介绍越来越流畅，紧张和陌生感渐渐消失。通过这个游戏，我们发现，事实上在求职开始时同学们经常会感到茫然无措、紧张焦虑，其中对自己不了解、对岗位不熟悉是问题的主要来源。所以，我们强调求职中的“知己知彼”，需要我们用时间来梳理自己的亮点，尤其是那些能够吸引他人、彰显自己特点的品质。同时，我们还要主动去了解对方，即用人单位、岗位的情况。而了解的过程中，礼貌、主动的问询、多次的尝试会让我们逐渐放下紧张情绪，越来越得心应手。所以，勇敢迈出第一步，多练习、多行动能让我们更轻松地面对任务和挑战。

3.活动三：同舟共济（25 分钟）

目的：小组行动，增强团队凝聚力。

(1)生命之舟(15 分钟)

指导语:各位同学彼此初识后,为了进一步增强团队凝聚力,我们通过登船游戏来感受一下集体的智慧和力量。每个小组分发一张报纸,同学们想象一下脚下的地面是一片汪洋大海,这张报纸就是生命之舟,当我喊开始时每组成员需要在 7 分钟以内同时站在船上,同生死、共命运。同学们可以想方设法使全体成员同时登上船。提醒大家注意,同学们身体的所有部位都要在这条船上,任何一部分都不可以留在船外的地面。当所有人都站在上面时请大声地喊出口号“齐心协力,同舟共济”,告诉大家小组已经登船成功。我们看看哪个小组能最先按照要求登上生命之舟(小组活动时播放音乐《奔跑》)。

助教 7 分钟计时。

(2)交流分享环节(10 分钟)

指导语:目前有的小组已经成功登船,而有的暂时还没有成功登船,还在继续努力。我们先请第一个完成的小组分享一下成功的经验。(分享省略)也请暂时还没有成功的同学谈一下是什么耽误了你们登船。接下来再给你们 3 分钟你们会如何做? 其他小组同学有什么心得和感受想要分享的吗?

结语:登上生命之舟虽然有点挑战,但是集体的力量是无穷的,大家要学会集思广益,用集体的智慧去解决问题,针对问题进行有效的沟通和交流。我们也发现随着任务的下达,同学们会忽略陌生、性别、年龄等因素,目标明确后,成员会齐心协力一同战胜困难。而当我们有同伴一路前行时,往往动力十足;当我们以愉快的心情面对挑战时,困难也迎刃而解;当我们付出努力取得成功时,过程中的矛盾、得失好像已经不再重要。所以,也请大家享受小组同行的快乐。

4.活动四:你我相约(30 分钟)

目的:澄清目标,建立团队规则。

(1)小组学习规则制定(25 分钟)

指导语:经过前面的热身和互相介绍,我们对本组成员有了初步的了解,通过刚才的活动,大家对小组的活动也有了初步的认识。为了实现每位同学的期待,大家认为我们该如何做才能更好地促进今后活动的开展和有效进行? 无以规矩不成方圆,我们大家一起来给自己的小组做一下建设,好不好? 助教给每个小组发一张 A4 纸、一盒彩笔、一人一张小便利贴,大家需要讨论并完成以下任务清单:

第一,选出一名队长。队长会有付出,但是付出也意味着更多的收获。

第二,推选一名时间郎,时间郎作用很大,每次做小组讨论或者团队活动的时候,需要负责控制好时间以保证活动顺利进行。

第三，给自己的团队起一个积极向上的名字，比如向日葵队、欣欣向阳队等，名称要有积极的意义，代表你们团队的整体形象，激励队员斗志昂扬地前进。

第四，制作期望卡片。每人一张便利贴（愿望卡），学生在小组内分享讨论自己参加团体活动的动机和期望，最终形成完整的、有层次的目标，并将其写到愿望卡上，并选择适合的方式呈现于自己团队的A4纸上。

第五，制定团队规则。各小组同学共同讨论和制定5条大家认可并愿意为之执行的团体规范，把讨论的规范写在A4纸上。团队规则可以有：

①遵守时间和约定，保持手机关机或静音不带入场地。

②注意力集中，认真倾听，积极投入。

③坦诚、开放的心态。

④尊重每个成员。

⑤保守团体成员的秘密。

我说明白了吗？活动时间控制在20分钟。助教进行20分钟计时，15分钟时提醒时间。

(2)交流分享环节（5分钟）

指导语：请每个小组组长说出自己的小组名称，并宣读自己小组的共同规则。

（三）结束阶段（2分钟）

今天是“以压借力，破茧成蝶”团体辅导的第一次活动，每位同学都积极认真地投入，为大家点赞。我们通过“马兰花开”暖身破冰，找到了自己的队友；“缘分天空”环节的名片制作和互换，发掘了自身和他人的特质，增进了彼此的了解；“同舟共济”环节尝试发挥小组的力量去解决问题；“你我相约”探讨制定了团队规则，并且进一步明确了自己的期望和目标。为了巩固今天的活动成果，及时掌握同学们的学情动态，请大家写一下参加本次活动的感悟，分享自己观察到的自己和他人面对不同任务时的表现和反应。希望在今后的活动中，大家能有更多的觉察。再次谢谢大家的积极参与，我们下次活动再见（感悟可以在规定时间内发送到指定邮箱）。

二、第二次团体辅导：压力零距离

（一）上期活动回顾（5分钟）

上次活动我留了作业给大家，同学们分享了自己参加活动时的心情和反应，有的很放松也有的有点紧张，有的很投入，也有的感觉自己不够积极，希望能让自己在今后的活动中有更好的表现。面临同样的任务，我们能够观察到自己和他人面对任务的不同理解和反应差异，会让我们在今后的成长中能更好地前行。期待大家能有更多的感悟。

（二）工作阶段（93分钟）

1.活动一：恐龙进化（15分钟）

目的：课前热身，通过体验竞争，感受竞争压力。

（1）恐龙进化（10分钟）

指导语：各位同学，每一次活动都是一个成长的过程，在我们一生中，成长是不同步的，有人快、有人慢，优胜劣汰的生存法则在我们的成长中会一直存在，但是我们都在一直前行。现在请所有的同学起立，我们活动一下筋骨，体验一下恐龙逐渐长大的过程。全体同学集中到活动室一侧，在同一水平线蹲下，双手抱头，代表都是恐龙蛋，当我说“恐龙进化开始”时，请同学们主动找周围同学剪刀石头布，胜者往前走一步，进化为小恐龙（半蹲），输了的同学在原地继续找同学猜拳，直至获胜才能够进化为小恐龙。小恐龙和小恐龙之间继续猜拳，胜者可以进化为大恐龙完全站立，输了的同学则需要退回恐龙蛋阵地继续进化。看看谁最后完成进化。我说明白了吗？如果没问题，我们准备开始“恐龙进化”。

（2）交流分享环节（5分钟）

指导语：我们请最先进化的同学分享一下整个进化过程心情如何？在后面还没进化成功的同学现在是一种什么样的感受，有什么样的想法？同时，我也想问问同学们在过往经历中有类似的体验吗？你是怎么处理的呢？请一位同学分享一下。

结语：游戏过程中注意观察最开始同学们的行动和反应及进化中不同阶段同学的情绪和表现。我们会发现，从起跑线开始，大家都是摩拳擦掌、兴致高昂。可是随着进化过程的推进，有的同学一路过关斩将，幸运优先进化；有的同学轻易不言输，化失败为动力，反复尝试，也在向目标不断努力；有的同学面对他人的成绩、自己的失败，产生消极情绪，放弃了参与。在大学生涯中，我们同步起跑。但是随着大学生生活徐徐展开，他人的成功经常带给我们压力。到毕业阶段，同学发展两极分化更为明显，有人保研出国，有人获得各家知名企业抛来的橄榄枝，而有人却还在为不能毕业暗自伤神。面对即将到来的社会的竞争，我们需要有一定的自我要求，但是实力的鸿沟，让很多同学感到压力山大。为了取得最后的成功，我们应该采取什么样的态度和措施面对压力呢？

2.活动二：盲人开车（25分钟）

目的：体验、探索来自未知世界的压力。

(1)盲人开车(23 分钟)

指导语：很多同学可能对驾驶有经验，可是你尝试过闭着眼睛开车吗？接下来我们清空所有的障碍，指定 2 个小组各选出 1 名成员，请观察好地形，蒙上双眼，作为驾驶员，按要求从起点依次驶向终点。要求其他成员不得发出任何提示。

分享交流：驾驶员活动中的感受如何？

指导语：同学们提到感到有点紧张，怕走偏方向，但是还在可控范围内。那么接下来我们增加一点难度，我将用桌椅制造一定的路障(实际操作中不设障碍)，另选 2 个小组各选出 1 名成员，蒙上双眼，作为驾驶员，在我下达指令后驶向终点。请同学们在行驶过程中注意安全，避免造成伤害。在他们行驶过程中，场上同学请根据我的指令卡依进行次表演提醒(指令卡为“小心”“啊”“不要”“嗷”)。

分享交流：驾驶员活动中的感受如何？

指导语：同学们说太紧张了，有点害怕，不敢往前走了。那么还有小组的同学没有参加，我们要不要也选出 1 名同学来尝试一下？接下来请助教帮我用桌椅制定 3 个障碍，请还没有参加活动的小组各选出一成员，蒙上双眼作为驾驶员。另选 1 名同学作为副驾驶员在旁边搀扶、陪伴驾驶员走向终点。

分享交流：驾驶员活动中的感受如何？

(2)结语(2 分钟)

刚刚的同学讲到因为有了他人的帮忙，感觉放心多了，很轻松，压力好像没了。事实上，当我们面对陌生的、未知的外部环境时，内心会产生恐惧，随着外界障碍及困难的增加，恐惧会逐渐被放大，压力随之而来。压力是人与环境相互作用的产物，如果一个人认为内外环境的刺激超过自身的应对能力及应对资源，就会产生压力。也就是说，当我们认为一切可控时，我们能自如应对；当认为不可控时，就会产生犹豫、害怕、紧张、焦虑等情绪，出现不良压力。生涯发展中，我们也一直强调生涯的探索就是对内探索自我、对外了解未知世界，进而识别、突破障碍，开发潜能实现自我。所以，面对未知的外部世界，我们不要过度紧张，可以通过咨询家人、朋友、老师、职场人等，加强对外部世界的认识和探索，将未知变为可知。

3.活动三：压力万花筒(18 分钟)

目的：了解自己以及他人不良压力源；认识不良压力源带来的压力症状。

(1)压力大搜捕(8 分钟)

指导语：生活中我们会遇到许多的困惑，我将给每位同学发 1 张 A4 纸，请大家对折成均匀的8个部分,大家在每个小方块里分别写上自己目前的困惑或困扰。写完后,请大家勾出哪些困惑或困扰让你感到有压力。每个小组讨论出3—5个大家都感受较深刻困惑或事件。时间控制在8分钟以内。

(2)分享交流环节(10分钟)

指导语:各个小组派1名代表起来分享一下讨论结果。

总结:通过刚才的交流,我们发现影响同学们较为深刻的可能是学习、毕业论文、考研、面试、家庭经济等等(根据学生现场反馈)。这些困惑可能是一个情景、刺激,也可能是某个活动或事件。当他们作为刺激被人感知到,或作为信息被人接收到,一定会引起主观的评价,同时产生一系列相应的心理和生理变化,如果刺激需要付出较大努力才能进行适应性反应或者说这种反应超过了人们所能够承受的适应能力,就会引起人们的心理、生理的平衡失调,即紧张状态反应会出现。这个使人感到紧张的内外刺激就是我们所说的压力源。

4.活动四:压力SHOW(35分钟)

目的:进一步了解压力带来的不良反应,通过压力表演分析、寻找、交流、分享缓解压力的有效方法。

(1)压力表演(20分钟)

指导语:根据上个活动同学们的分享,我们会发现多种压力源可以引起同一种压力反应,而一个压力源可能会引起不同的压力反应,如身体、心理、行动上的反应。我总结了出现频率较高的5个压力源,每个小组抽取一个压力源,结合日常的观测和感受,进行3分钟的压力表演。其间各个小组需要互相保密。每个小组表演结束,其他小组猜测主要体现的压力源,并且每组提出一个缓解、应对此压力的方法。

(2)分享交流环节(15分钟)

指导语:请每个小组选出1位代表来回答一下体现了什么压力源,面对这样的压力,分享你们有什么缓解、应对的方法。

总结:压力事件在同学们中非常常见,学习、情感、家庭发展、人际关系等都会引发同学们有不同的感受。人们感到不安,并不是因为事件本身,而是由于人们对事件的看法。每个人对事件的看法不同,感受不同、表现不同、应对方法也不同。压力与刺激强度以及个体的应对资源息息相关,同样一个生活事件(例如面试失败),应对能力或资源不同的人反应会有明显的差异。有人失败了,会认为无所谓,此处不留人,自有留人处,没有压力。有人就感觉压力大,怕同学笑话、不敢和人说,对自己产生怀疑,因此不敢再去应聘。相互的交流可以为自己应对压力打开一扇新的窗户,增强我们应对压力的信心,让我们进一步学会整合资源，提升应对压力的能力。

（三）总结阶段（2分钟）

今天是“以压借力，破茧成蝶”团体辅导的第二次活动。我们通过“恐龙进化”环节感受了优胜劣汰的压力；“盲人开车”环节则带领大家体验了来自外部未知世界的恐惧；“压力万花筒”环节让我们了解了不同的压力源；“压力SHOW”环节让大家进一步掌握了压力的不同反应。因为有了每位同学的积极参与和热情分享，我们在活动中学习并掌握了一些应对压力的方法。希望大家继续保持热情和投入，在相互的交流陪伴中做到自助助人。结合这节课同学们的分享，请大家课后进一步思考目前你的压力来源，如何做或做到何种程度你才能感觉压力变小呢？

三、第三次团体辅导：压力溯源

（一）上期活动回顾（3分钟）

上次活动我留了作业给大家，让大家进一步明确目前你的压力来源，并思考如何做或做到何种程度你才能感觉压力变小了。很多同学在彼此的分享中已经找到了答案，因为很多压力大家都有，只是表现程度不一。但是也有同学说还是不得其法，感觉压力山大。在今天接下来的团体活动中，我们将通过与自我对话探索压力源，寻求提升面对压力的技巧和方法。

（二）工作阶段（95分钟）

1.活动一：我说你画（25分钟）

目的：活动热身，体验压力产生的原因。

（1）我说你画（10分钟）

指导语：各位同学，我们先来玩一个画画游戏，我给每人准备一张A4纸和一支笔。大家需要根据我的指令一笔一笔地画，不许问，不许涂擦，不许相互观望。我说清楚了吗？如果没问题，请听我的指令：先画一个大圆，再画很多条直线，再画一个中圆和两个小的椭圆，接着画一个直勾和两个半圆（5分钟）。

指导语：请大家将自己的作品在小组内展示，大家通过举手表决的方式从中挑选出自认为最像的一幅画的作品和什么也不像的作品（5分钟）。

（2）分享交流环节（15分钟）

指导语：接下来请选出作品的两位同学分别讲述自己完成作品的过程和感受。

总结：同样的任务，大家完成时的心态是不一样的，有的同学心理压力很大，有的则几乎没有压力。原因在于有的同学在接受外部工作任务的同时，又不自觉地给自己再下了一道任务(如我必须……我应该……)。这样任务加任务就使其变得复杂化，执行起来难度就加大，心理压力同时也就增大了。心理学中的投射理论强调个人面对一种不明确的刺激情境时，常常可以使隐藏在潜意识中的欲望、需求、动机冲突等泄漏出来，简单点就是个体在选择、关注或喜好某事物时，常常不自觉地将隐藏在内心的冲突和欲望融入这些事物中，借助于事物将其宣泄出来，即把个人的内心世界投射于所参与的事物中。正所谓“寄情于物”“借物传情”“借景抒情”，说的就是这个道理。本次活动就是利用心理投射原理进行的心理测验游戏。所以，从这个角度讲，心理压力是我们自己造成的。

2.活动二：我是谁(25 分钟)

目的：认识自己，觉察自己，从自身寻找压力源。

(1)自我探索(10 分钟)

指导语：接下来我们来进一步了解一下自己，从自我觉察开始寻找压力源。我给每人另准备一张 A4 纸，大家在纸上写出 20 句话来描述“我是怎样的人”，要求尽量选择一些能反映个人风格的句子，句式采用“我是一个……的人”，避免出现类似“我是一个男生”这样的描述。大家可以从四个方面进行描述①身体状况类(体貌特征：如年龄、身高、长相特点等)；②情绪状况类；③才智状况类；④社会关系类(与他人的关系等)(时间 8 分钟)。

指导语：接下来我们对自己的评价进行评估，看表述是积极还是消极的。如果认为是积极的，标上“＋”号，就表示对自己肯定和满意的态度；如果认为是消极的，就在每句话标上“—”号，表示认为自己尚有提升和发展的空间。

大家是否已经完成评估？让我们计算一下你的减号和加号的数量各有多少。

(2)分享交流环节(15 分钟)

指导语：加号多于减号的同学请举手，说明以上同学的自我接纳状况良好。减号近一半或者超过一半的同学请举手，说明这些同学对自己还有更多的期待。我想请同学们思考一下你是否是一个自信的人。如果不自信会给生活中的自己带来什么样的压力？自己是否容易受到他人评价的影响，以及会有什么样的影响？接下来请大家就这些问题在小组内分享，并讨论有没有改善的方法和途径，10 分钟后我们请两位同学起来分享。

总结：我们探索压力，首先要从自身进行思考。其中，知己、悦己是自信应对外界压力的前提。如果对自己缺乏了解、毫无自信，面对外界的风险和困难就会如小马过河，犹豫不前、摇摆不定。所以建立自我的合理信念，对自己进行正向的、积极的探索和建构，是我们应对压力的有效方式。毕业生面对求职时，经常会问到我们"老师，我能行吗?"所谓"能不能"不是等待他人的评判，如果把选择权完全交给他人，你就只能紧张而焦灼地等待结果，压力可想而知。在求职时，还是要对自己的优势进行梳理和明晰，充分发掘自身优势，尤其是和应聘岗位相匹配的优势，做到"合则谋"，若不"合"，即不符合岗位的要求，则可以发挥优势，另谋高就。

3.活动三：不合理信念（45 分钟）

目的：正视不合理信念，感知其对自己的影响，识别压力源。

（1）ABC 理论事件（15 分钟）

指导语：在上个活动中，我们提到了需要建立"自我的合理信念"，但是很多时候我们的消极情绪恰恰来自不合理信念。美国心理学家埃利斯提出了情绪 ABC 理论（A 表示诱发性事件，B 表示个体针对此诱发性事件产生的一些信念，C 表示产生的情绪和行为的结果）他认为人的消极情绪和行为障碍结果，不是某一激发事件直接引发的，而是由于经受这一事件的个体对它不正确的认知和评价所产生的错误信念所直接引起的。所以同样一件事，对不同的人会引起不同的情绪体验。他进一步把这些主要的不合理信念归并为 3 大类 11 条，即人们对自己、对他人、对自己周围环境及事物的绝对化要求和信念。现在我把这些发给大家，请大家对照清单进行自我检视，看看这些不合理信念自己占了几条，是否会因为这些不合理的信念而让自己心情不好呢?

A.在自己的生活环境中，每个人都绝对需要得到其他重要人物的喜爱与赞扬。

B.一个人必须能力十足，在各方面，至少在某方面有才能、有成就，这样才是有价值的。

C.有些人是坏的、卑劣的、邪恶的，他们应该受到严厉的谴责与惩罚。

D.事不如意是糟糕可怕的灾难。

E.人的不快乐是外在因素引起的，人不能控制自己的痛苦与困惑。

F.对可能（或不一定）发生的危险与可怕的事情，应该牢牢记在心头，随时顾虑到它会发生。

G.对于困难与责任，逃避比面对要容易得多。

H.一个人应该依赖他人，而且依赖一个比自己更强的人。

I.一个人过去的经历是影响他目前行为的决定因素，而且这种影响是永远不可改变的。

J.一个人应该关心别人的困难与情绪困扰，并为此感到不安与难过。

K.碰到的每个问题都应该有一个正确而完美的解决办法，如果找不到，那是莫大的不幸，真是糟糕透顶。

(2)分享交流环节(30分钟)

指导语：每个人就自己的不合理信念选择一个生活中的事件举例，按照ABC模式与同学们分享。小组讨论，同样的事件是否有其他的理解？如某次考试不及格，可能你认为太丢人了，别人都笑话你，这是你的信念。结果会如何？有的人可能会丧失学习奋斗的动力。但是同样，有人可能认为这是对自己的警醒，于是吸取经验奋起直追。当然，也可能有人认为更糟糕，家长、老师对我彻底失望，保研无望了，所以想要退学。我说清楚了吗？如果大家明白了，现在开始分享吧！

助理15分钟计时。

指导语：我们每个小组请一位同学分享一下你的不合理信念事件。

指导语：感谢同学们的分享，其他小组同学针对同样的事件有不同的认识吗？你是如何做的？(依次询问)

总结：从同学们的分享中我们看到不合理信念带来很多负面情绪，心理学家韦斯特(Cameron West)总结了以上不合理信念的三个特征：绝对化要求、过分概括化和糟糕至极。如毕业生遇到一次求职失败，就彻底否认自己，认为自己一事无成；还有部分同学存在完美主义倾向，给自己制定太多缺乏弹性的目标，如"我必须找一份什么样的工作""我的工作必须让我的家人引以为傲"，所以在求职中压力很大，一旦失败，很难接受。所以，我们需要找出这些不合理信念，并改变不理性的思考逻辑，对于情绪调节、缓解压力具有重要意义。

(三)总结阶段(2分钟)

今天是"以压借力，破茧成蝶"团体辅导的第三次活动。我们通过"我说你画"的心理投射，清楚了压力来自我们自己；"我是谁"环节的探索，让我们学会知己、悦己，探索压力源的产生；我们一起探索了艾利斯的11种不合理信念，并就生活中的"ABC事件"进行了讨论和分享。通过探索，我们知道同样的事件，由于我们对自己的认识和树立的信念不同，感受到的压力也就不同，压力反应同样就产生区别。所以同学们回去可以观察一下最近发生的某一件事，当它发生时，静下心来，用ABC理论从正向积极的角度重新建构一下，看看事情会有什么不同。

四、第四次团体辅导：借力成长

（一）上期活动回顾（5 分钟）

同学们有没有谁想要分享一下，用 ABC 理论重新建构的生活中的某一事件。今天是我们团体辅导的最后一次课，让我们带着前几次课的收获和困惑进入今天的团体活动中，看看还有哪些技巧可以帮助我们突破压力的束缚。

（二）工作阶段（90 分钟）

1.活动一：突破重围（20 分钟）

目的：寻找突破压力束缚、管理压力的方法和技巧。

（1）突围游戏

指导语：每个小组选择一个场地，围成一个圈。选出一位成员，站在小组团体中央，其他小组成员手臂相连，形成包围圈。被包围在团体中央的成员可以采用多种方式，突围挣脱。而围成一圈的成员则要拼尽全力，联合起来不让包围者逃出。一段时间后，换其他成员尝试。

分享：请一位突围的同学分享一下，当你一个人面对团体时，是否感受到了压力？那是一种什么样的感受？

（2）闯关游戏

指导语：我们换一个方式，小组成员围成一个圆圈，手臂相连。选出一位成员站在圈外，设法打入成员内。其他成员尽力排斥，直到闯关者成功。一段时间之后，换其他成员尝试。

分享：请团队中的一位同学分享一下，当你和团队一起时有压力吗？那是一种什么样的感受呢？

（3）团战游戏

指导语：现在我们进行一次团战，所有人围成一个圈，手臂相连。我们选出一个小组站在圈内，力求突围挣脱。

分享：请突围的小组中的一位同学分享你的感受。

（4）分享交流环节

指导语：我们选两位同学分享这个活动带给你的收获。

总结：一个人的力量是有限的，当我们面对困难时，孤军奋战难以抗衡。而有人陪伴，有了革命的战友，会发现有了支撑，有了能量。所以我们经常提到“抱团作战”，如几个人相约去学习，往往学习效率更高、更能坚持，所以“考研宿舍”“考研教室”等越来越受欢迎。求职也是如此，我们习惯于选择熟悉的、有熟人在的企业去求职，那样会让我们感到有人支持，减少陌生和紧张感；也有同学选择抱团去求职，如一起到一所城市、一个企业等，减少"孤军奋战"的寂寥，从而收获更多的勇气和力量。

2.活动二：谁给我力量(20 分钟)

目的：学会寻找自己社会支持资源，提高应对压力的能力。

(1)个人支持系统表(10 分钟)

指导语：当我们面对压力时，周围的很多人可以给我们力量和支撑，他们可以是亲人、朋友、同学、老师等，当然他们也可能成为我们抗击压力的阻碍或困扰。下面我给每人发放一份《个人支持系统表》(见表 4-2-2)，大家在支持者与压力源上可以任意填写，支持程度和干扰程度分为"1～10"级，1 级为最低，10 级为最高。支持干扰的种类可以是事务处理、信息提供、情绪处理等，当我们遇到什么问题、任务或情境下我们会得到他们的支持。请大家自己思考并认真填写。

表 4-2-2　个人支持系统表

姓名：　　　　　　　　　　　　　　日期：

支持者与压力源	支持程度	干扰程度	支持干扰的种类(事务、信息、情绪等)	在什么目标或者什么情况下可以支持自己

(2)分享交流环节(10 分钟)

指导语：大家完成后，请在小组分享你在感受到压力的时候，是否有足够的支持系统？如果没有的话你会主动去寻找支持还是自己化解？假使有足够的支持系统，你还会感觉"压力山大"吗？今后再有压力的时候，你会选择怎么做？

总结：在我们对压力的应对、适应、处理的过程中，社会支持作为一种资源，起着支持性和保护性作用。理论上，一个人的社会关系网络越大、社会关系或人际关系越丰富，可以获得的社会支持越多，抵制压力的资源就越丰富。一生中给予我们影响的人很多，他们会在各个方面给予我们支撑。我们需要结合自己的问题去甄别谁是可以帮助应对当下压力的支撑者。如在求职中，我们会发现父母对工作世界不熟悉，给予不了你信息支撑，这个时候，如果去和他们交流可能会增加你的压力，不妨和同学、老师多沟通一下，很多现实问题可能会得到更好的解决。

3.活动三：压力自画像(35 分钟)

目的：突破压力困境，尝试走出压力。

(1)压力自画像(20 分钟)

指导语：下面我们轻松一下，在一段舒缓的音乐中来排解一下我们的情绪。我给每人准备一张 A4 纸，请大家跟随我的指令看好我的演示：将纸对折，再对折，折成四个部分，并展开。在四个区域左上角标识序号 1234。接下来，放空大脑，根据我的指令来感受画面并作画。作画过程中可以用图形、各种线、简笔画等，不用担心好坏，只是给自己看。各位同学准备好了吗？

活动开始，音乐打开。各位同学现在调整姿势，放松肩膀，舒服就座。闭上眼睛，调整呼吸，跟随老师开始鼻腔呼气，口腔呼出(静止 2 秒)。再来一次鼻腔呼气，口腔呼出(静止 2 秒)。鼻腔呼气，口腔呼出(静止 2 秒)。好的，现在跟着老师的声音想象一下，在傍晚，我们迎着璀璨的晚霞，暂时离开家，路过郁郁葱葱的海边小树林，来到美丽的海边，风平浪静，抬头看看蓝蓝的天、白白的云，脚踩在松软的沙滩上，海水轻轻拍打着你的脚面，你整个人融入大自然，非常放松(3 分钟)。

请大家慢慢睁开眼睛，在第一个方格内画出现在感知的状态和感受(3 分钟)。

请在第二个方格内将你认为的现在最有压力、目前最烦恼的具体化事件画出来(3 分钟)。

请大家在第三个方格内画出针对第二方格内的事项你有什么策略去处理。可以把各种方法都画出来(5 分钟)。

请大家在最后一个方格内，画出假如用方格三的办法处理了方格二的事项，生活会怎样？(3 分钟)

(2)分享交流环节(15 分钟)

指导语：请同学们在小组内分享自己的压力自画像，有什么感受和收获(10 分钟)。我们也请两位同学分享一下各自的收获和感受(3 分钟)。

总结：通常我们遇到压力，会让我们在短时间内陷入一些负面情绪中，如果一直纠结，不得其法，则会越陷越深，压力倍增。在自画像过程中，我们会发现有时听听音乐，通过冥想，可以暂时从困扰我们的事件跳脱出来，情绪会很舒缓。所以听点音乐、练练书法等，做点自己喜欢的事，让头脑先放松，忘记其他，是一个可以尝试的方法。安抚好情绪后，我们还要去解决问题。情绪源于问题的产生，有时困扰我们的问题很多，需要抽丝剥茧，聚焦到自身最受困扰、最想解决的问题。如毕业生面临家庭经济压力、求职失败、学业不及格等困惑，如果思考下来，我们会发现解决当下毕业问题也就是学业不及格问题是最迫切的，只要毕业找份工作、养家糊口应该问题不大。所以要聚焦到具体问题上，寻找解决之法。我们认为，在压力状态下每个人都能激发潜能，寻找资源，想到办法去处理自己的压力事件。

4.活动四:穿越时空隧道(15 分钟)

目的:成员分享参加团体的体会、感悟。结束团体辅导,团体成员相互祝福、惜别。评估团体辅导的效果。

指导语:各位同学,经过四次团体辅导,我们的“以压借力——压力管理”团体辅导就要结束了。伴着轻柔的音乐,大家可以选择最舒服的方式坐好,我们来穿越时光隧道,看看我们一起进行了哪些探索。在第一次团体辅导中,我们重在“知我”,开展了“马兰花开”暖身破冰,“缘分天空”环节名片制作和互换,“同舟共济”小组互动,“你我相约”探讨制定了团队规则。第二次团体辅导重在“伴我”,开展了“恐龙进化”活动,感受优胜劣汰的压力;“盲人开车”则让大家体验了来自外部世界未知的恐惧;“压力万花筒”让我们了解了不同的压力源;通过“压力SHOW”进一步掌握了压力的不同反应。第三次团体辅导重在“懂我”,开展了“我说你画”心理投射;“我是谁”探索了艾利斯的 11 种不合理信念。第四次团体辅导重在“助我”,开展了“突破重围”压力游戏、“谁给我力量”社会支持系统寻找活动、“我说你画”压力自画像练习。现在请同学睁开双眼,请五位同学分享一下在这四次团体活动中印象最深、最难忘的事情和经历。

(三)总结阶段(5 分钟)

各位同学,心理学家拉扎勒斯(Richard Stanley Lazarus)提出,压力是人与环境相互作用的产物,如果一个人认为内外环境的刺激超过自身的应对能力及应对资源,就会产生压力。在生活中,我们不断对自己提出要求,与外界环境交换能量、信息。生活就是对刺激、压力和变化不断做出反应、永不停息的过程。环境、变化、身体、家庭等都会带来不同的压力,压力普遍存在于我们生活的各个方面。如果自身需求与内外环境得不到有效平衡,则会产生负面情绪,得不到及时缓解释放,日积月累,压力就会转变为不良压力,引发生理、心理上的不良反应,造成心理疾患,抑郁、自闭、焦虑、思维混乱、偏执等,导致学生走上休学、退学以致轻生或走上违法犯罪的道路,影响正常的学习和生活。经过四次的团体辅导,我们对压力有了一定的认识,知道应对压力首先要从树立自己的合理信念开始。我们要充分寻找自身的有效资源,善于运用社会支持系统,适当时候采取一些压力放松技巧如腹式呼吸法、冥想法等方式放松自己,丰富自己的生活,愉悦自己的精神世界。

第五节　辅导后学生反馈

雯雯：今天我作为体验者参与了“盲人开车”游戏的第二轮。活动下来，我有两点体会。第一，对未知的恐惧是压力的主要来源。轮到我蒙上双眼时，我忽然发现感知不到外界信息的恐惧，听到同学们发出“小心”“啊”等各种声音时，我有点不敢前行了，内心扑通扑通跳，感觉到压力特别大。所以，我深刻体会到，我们的压力很多时候来自不可控的因素，想要减少压力，需要加强对自己尤其是外界信息的探索和掌握。第二，有人帮助和陪伴，压力会小很多。当我在黑暗中前行时，特别希望能有同学或老师扶着我，和我一起走出去。所以，在遇到压力时，我不会自己苦苦支撑，我会找朋友、找家人帮助我一起想办法。

轩：我的感受有两点。

一是压力无所不在。我们进行了“压力大搜捕”活动，我发现人无远虑，必有近忧。近期我们班级很多同学不是在准备考研、就是准备找工作或者国考，还有一部分在准备这学期的重修课。考研的压力让他们每天废寝忘食，都没时间和我们沟通。而找工作的同学每天说的就是想去哪，可是害怕初试都过不了。重修的同学有的选修了7门课，就怕毕不了业，压力非常大，即使有的天天在玩游戏，也只是在逃避压力，并非没有压力。我保研了，有的同学经常说，就我们舒服没有压力，可是我也有压力啊，要去一个全新的环境，接触更深的知识，怕自己适应不了，我也害怕自己和导师会发生矛盾，等等。

二是要积极寻找应对压力的方法。在小组交流中，每位同学都针对彼此的压力应对提出了很多建议，当我们看其他小组进行“压力SHOW”时，我对他们的很多问题也有自己的看法，甚至个别的压力在我看来，太容易应对了。一个人的力量、认识、资源都是有限的，与其让自己困于其中，不如把问题抛出来，听听他人是如何做的。一次失败不可怕，我们可以多次尝试，毕竟失败一次表示你离成功又近了一步。

敏儿：“我说你画”游戏里，我的作品(见图4-2-1)一出来，我觉得我画的好像一个人困在牢笼里。那一刻我忽然觉得，是不是这也是我内心情绪的一种表现？每天自己可能像一头困兽一样被束缚在自己编织的牢笼里？

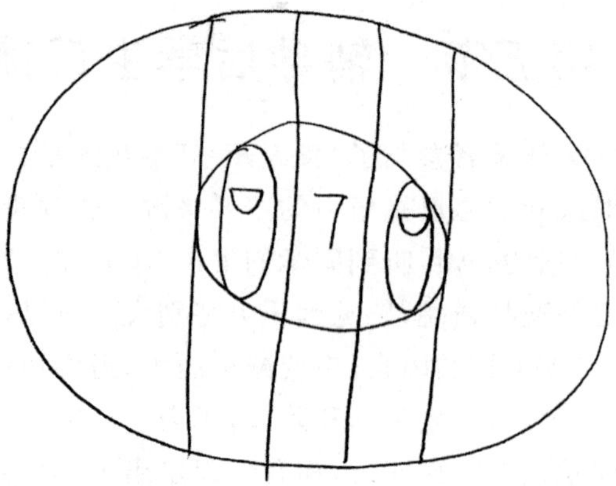

图 4-2-1　敏儿同学压力画像

回头审视我自己，我发现我确实存在这样的问题。

(1)对自己的要求太高。我总是觉得自己应该把事情做好，希望自己按照家人、老师的要求去行动。所以在画画时，我一直在揣摩老师希望我画什么，我怎么才能画出比较有创意的作品，我认真地听每一个指令，整个过程我都觉得自己很紧张，怕错过信息。其实生活中我也是。每到考试前我就开始紧张，感觉压力大，总是觉得自己要考出好成绩，一旦有点不确定，就会睡不着觉，我也和老师、妈妈沟通过，她们也都劝我不要对自己要求太高。

(2)我好像忽视了自己内心的需求。从小到大，妈妈对我的要求很高，一路走来，我一直是在妈妈、老师、同学的赞扬中成长的。进入大学后，我认为自己必须更加努力，通过好成绩赢得他人的尊重。好像我一直生活在他人的影子里，特别在乎他人的看法，所以一旦面临考试，我就紧张、压力大，其实我怕的是考不好别人会看低我。可是如果我考不好，他们一定会笑话我吗？我也想像我们班级其他同学一样，有时间可以睡到中午，偶尔看看剧、玩玩游戏。知己、悦己是自信应对外界压力的前提。我决定周末给自己放个假，安慰一下自己，关闭闹钟，先睡到自然醒，然后吃顿好吃的，晚上再去学习。

我的最大压力其实就是有一门课没及格，已经考了两次了，如果再不及格我就不能毕业，也谈不上考研还是找工作了。通过压力自画像，我清楚了自己的问题，也知道了该如何去解决问题，毕竟天上不会掉馅饼，我没那个幸运可以蒙及格，老师也不会轻易“送”我及格。

我能想到的获得及格的方法有很多，比如头悬梁、锥刺股，挑灯学习；多跑跑老师那里，问问问题，恶补一下知识，可能老师见我面熟还能给点印象分，据说上届有个女生宿舍五个人集体帮一个人补课成功让她过了三门课，我也可以找其他同学帮忙。课堂分享时有同学说如果我还不过，我还可以选择学校的类似于助学班，可以找同学的笔记背笔记，方法总比困难多。

但是我发现应对压力的方法有很多，关键都在于要行动，要坚持，光想不做还不如不想。所以，为了能和大家一样昂首挺胸走出校园，还是要有行动，各种方法都可以尝试，好像并不冲突。通过学习和交流，我发现有同学和我一样在纠结学习，但也是三天打鱼两天晒网，通过前面的活动我也感受到了，团队的力量比一个人孤军奋战要有效。所以，我们可以组合一个“难兄难弟”队，相互监督、相互提醒，期待快点考试及格。

涛：生活中的很多不合理现象总是让我们处于矛盾和纠结中，而“世上本无事，庸人自扰之”，谁都考试、谁都可能失恋，谁都要面临就业，有的人就可以谈笑自如，有的人却惴惴不安。其实很多困惑和压力都源于自己的不合理信念。所以，想要与压力和谐共处，就需要从自身找原因，改变自己的认知。通过学习我有三点收获。

首先，积极地看待问题比消极地想问题要让自己放松很多，多给予自己积极的暗示。别一有事就天要塌了，我们常说失败是成功之母，以正向、积极的角度去思考，就会把压力变为动力。

其次，我们不是天才，不要什么都追求完美。每个人都有自己的长处和短处，拿自己的短处去比他人的长处，无异于以卵击石，压力肯定大。没谁规定你必须事事争第一、时时拿最佳，所以把“必须”“应该”放到箱子里锁起来，尽力去做，无愧于心就可。

最后，找人经常提醒一下自己。正所谓“不识庐山真面目，只缘身在此山中”，有时候我们自己觉察不到自己的问题。发现自己有压力时，可以去找朋友、父母等聊聊，看看是不是陷入了不合理信念中，及时调整状态。

勤勤：一期团体辅导下来，我有种豁然开朗的感觉。具体感受有以下三点。

一是压力就像是每餐的调味品，不可或缺。咸了，超出压力承受范围，就不舒服；淡了，寡然无味，没有奋斗下去的动力。而适当的压力，会让我们容光焕发，更有干劲。

二是要正确认识压力。压力有很多种，如学习压力、情感压力、不及格的压力、就业的压力、考试的压力，还有同学说家长的压力、社会环境的压力等，其实大部分压力来自我们自己。

三是要积极应对压力。应对压力的方法有很多种，我们体验了团队的集体力量比一个人的力量要强大，我们也看到了要改变不合理信念，我也学到了可以通过与他人的交流来获取经验和办法。但是不论如何，都要有行动。所以，归根到底，路在脚下，想要改变，就要行动起来。

第六节　辅导后教师反思

大学生的压力无处不在，尤其进入毕业阶段，对未来的迷茫、情感纠葛、家庭负担、学业压力、择业选择等汇聚在一起，让很多学生焦头烂额，应接不暇。很多学生自感压力很大，伴随而来的是各种迷茫、自责、自卑、多疑、焦虑、失眠等心理、生理状况。面对压力，有的学生能够积极面对、主动解决、有效行动、坚持到底，也有学生自我责备、不断逃避、行动无力、轻言放弃。面对以上情况，为了毕业生的健康发展，我们需要及时介入、加强管理、积极应对，引导学生树立正确的认知。

压力的存在具有普遍性。每个人在人生的不同阶段都会面临不同的压力，没有压力的生活是不存在的。例如学习压力就是一个很普遍的现象，在学生的心理课上我们也曾做过调研，90%以上的受访学生都认为当下的学习问题是压力的主要来源。“人无远虑必有近忧”，可能当下的压力随着自己的成长、时间的流逝逐渐消失，但是与此同时其他压力也会逐渐显现。

压力的存在具有正向激励作用。一定程度的压力有益于激发动力，有助于促进更敏捷地思考、更勤奋地工作，更能增强我们的自尊和自信：考前有压力会促使我们集中精力投入紧张的复习中；就业有压力，才能让我们摆脱安逸，走出舒适圈，尝试去努力和改变。曾有研究指出，人衰老得最快的时间就是退休后的那几年，那段时间学习、工作的压力逐渐消失，很多人反而不知道该干什么，所以会孤独、失落、不知所措进而产生各种疾病。

压力需要适度管理。压力存在具有普遍性，同时适度的压力也能促进人的行动，但是如果压力长期存在，并超过自己的承受能力，转变为不良压力，就会使我们产生心理、生理和行为的不良反应。例如目标意义减少，并且毫无希望、难以实现，就会使我们感到自己是无用之人、毫无价值。如果反应持续太长，就会造成危害，使人在行动面前软弱无力。其这些反应看起来真的不太好，我们不喜欢他们，所以我们要正确认识压力，并对不良压力进行适当的管理。

应对压力，关键是要提升应对能力，这是压力管理中的题中应有之义。

要学会接受压力。压力不可避免，逃避不是解决问题的态度。我们要看到，不良压力虽然带来了各种负面情绪，但是不用害怕，就当他就是信号兵，提醒我们该注意自身健康了。如同发烧感冒，不出现症状，我们从不在意，出现症状后我们才知道要吃药看医生,也只有及时就医吃药,才能将病症控制在早期阶段,避免其更大程度地影响健康和生活。压力也是如此,不能讳疾忌医。压力的出现会伴随着一定的情绪和生理反应,如持续性的难过、沮丧、焦虑、心跳加速、没有斗志等。当我们感觉到压力的存在时,我们往往会有上述这些情绪反应,这时候就需要开始重视,也就是要正视这些问题。

给自己适当的“安抚”。当我们意识到自己面对压力的困扰时,很多时候是埋怨自己或怨天尤人,对自己或他人满是指责,如毕业生在考研复习的某个瓶颈阶段,感到时间紧张、难点较多,自己会较长时间处于紧张、焦虑、效率较低的压力状态。这个时候,有的学生会花更多的时间学习到半夜,可是第二天还是浑浑噩噩,长此以往,对自己的学习能力产生怀疑,对外界的刺激如宿舍同学的杂闹之音也会比较敏感,严重影响学习效果。事实上,这时候如果勉强自己继续投入目前的工作和学习生活中,可能会持续处于“耗能”的状态,需要释放一下压力。释放压力可以通过运动、娱乐、美食等自己喜欢的进行,重在给自己的不良情绪一定的时间和空间的安抚,摆脱一直缠绕自己的负面情绪。面试前学生紧张,我们说让学生什么也不想,做三次深呼吸,也是放空大脑,进行压力释放的方式。空间的转化和时间的流程有助于帮助我们走出困境。

进行压力事件处理。压力伴随着压力事件而来,我们常说压倒骆驼的最后一根稻草,导致学生崩溃的也有“最后一根稻草”,却不一定是学生最主要的压力来源。学生产生负面情绪时,往往会认为“所有的人和事都跟我作对”“没有一件事情是我能做好的”,以偏概全,全盘否定自己。事实上,压力事件很多,但总有轻重缓急,我们要对事件进行一个有效的分类管理,明确自己需求,看到自己最终想要什么、想做什么。如某位学生大四时想要找工作可是还有三门课程不及格,感到千头万绪、焦头烂额,找工作不能全心投入,学习又不能安心。事实上,他的最大压力还是毕业,如果不毕业,那么何来就业?所以缓解压力要从解决当下最紧迫的学习开始。

制订有效行动计划。有效的行动能够帮助学生尽早走出压力困境。其中重要的是要学会制定目标和寻求行动方案。目标的制定重点要把握两个原则:第一,明确目标,明确我要什么而不是我不要什么。相当一部分毕业生求职阶段没有目标,不知道自己想要什么。所以需要给自己求职定一个明确的目标:我要找一份什么样的工作,越具体越好,而不是我不想要什么样的工作。第二,目标要是自己可控的,要把不可控的目标变为可控的目标。要看看根据自己的能力和资源,哪些是可控,哪些是不可控的。如求职不是我必须要进某公司,是否能进,除了你的努力,还要看单位的需求。但是想找一份什么样的工作,这是自己可控的需求,可以根据自身资源进行系统化的探索。第三,制定有效的行动方案,要明确短期、中期、长期的行动目标和规划,从当下小目标开始,一步步完成。

寻求社会支持。在我们对压力进行应对、适应、处理过程中,社会支持作为一种资源,起着支持性和保护性作用。一个人的社会关系网络越大、社会关系或人际关系越丰富,可以获得的社会支持越多,抵制压力的资源就越丰富。在我们一生中给予我们正面影响的人很多,他们会在各个方面给予我们支撑。我们需要结合自己的问题去甄别谁是可以帮助你应对当下压力的支撑者。如在求职中,我们会发现父母对你不了解、对工作不熟悉,给予不了你信息的支撑。这个时候,如果去和他们交流可能会增加你的压力,所以不妨和同学、和老师多沟通一下,很多现实问题可能会得到更好的解决。总而言之,我们可以通过各种方式如咨询家人、朋友、老师、职场人等,加强对外部世界的认识和探索,将未知变为可知。

同样面对压力,成功的学生与不成功的学生的最大差别在于,成功的学生能够积极面对、主动解决、有效行动、坚持到底;而不成功的学生则自我责备、不断逃避、行动无力、轻言放弃。所以,即将进入社会的毕业生,需要拿出勇气、魄力和自信,勇敢面对成长中的压力,期待突破压力,成就自我。

第三章　放心去飞,勇敢去追

第一节　辅导前学生案例

在工作辅导中,很多同学会表示“职业选择太重要了,一生之中只能选择一次,太困难了”“我害怕进行职业选择,感觉它很重要但又抓不着,不知道该怎么选,很迷茫”“我感觉自己没有时间和精力去了解职业或职业培训种类”“有很多吸引力相同的职业,我都想选”“我的爱好是去企业做管理,但我父母却不认同,他们希望我去当教师,我该怎么办呢?”。

当代大学生,从学生的身份转换到社会职场的一员,面对不同的情境,在选择职业发展过程之中,总会发出各种各样的疑问。我们在思考如何在职业决策过程中选出令自己满意的结果,但经常被职业决策过程中遇到的困难阻挡,以致寸步难行,陷入愁思,产生对未来的不确定感,从而产生抑郁和焦虑的情绪。这种思绪给许多大学生造成认知负担,间接地影响课业,造成情绪低落。认知资源的有限性使大学生不能拥有更多的精力更好地提升自己,从而造成恶性循环,对职业决策产生更大的不利影响。因此,我们要根据大四毕业生的阶段性特征和心理困惑,组织具有较强针对性的团体辅导,引导他们学会觉察自己的心理状态、调整因毕业带来的负性情绪,帮助学生们探索自己的职业兴趣和提升就业自信力。

第二节　毕业班团体辅导设计方案

活动目的:通过团体辅导活动,疏导毕业生的就业压力和焦虑情绪,学习压力管理方法,加强对自我的认识,挖掘个体资源以提升就业自信力,帮助毕业生明确个人兴趣和职业价值观,为进入社会组织做准备。

活动对象：可以单独面向毕业生群体开展，30 人以内为宜。

教辅人员：助教人数根据参加学生组成团队数确定，摄影师 1 名。

活动时长：活动分 3 次，每次均为 90 分钟（见表 4-3-1）。

表 4-3-1　团体辅导框架

模块	活动名称	活动目标	活动内容	设施与材料
1	老友记	建立团体，促进成员相互认识 明确团体目标、明确成员动机、制定团体契约	请你跟我这样做	多媒体活动教室，活动桌椅
			扑克牌分组	同一数字的为一组，依次分为 6 个组
			“某某请喝茶”	
			组员心声	A4 纸（根据参加人数而定，一组至少 2 张）、彩笔（根据参加人数而定，每组至少一盒）
	作业：课后书写一下自己的参与本次活动的感受和收获			
2	大学足迹	处理当下的烦恼问题，整理大学生活，抒发离别与不舍，疏导情绪和压力，挖掘自身的资源	健康在我手：十巧运动 我的烦恼树 大学生活金三角 集体总结	团体辅导室、白纸、铅笔、彩笔
	作业：课后写一下参加本次活动的感悟，给过去大学四年的自己写一封信			
3	我的未来不是梦	引导学生寻找自己的个人兴趣点和最想做的事情 探索自己未来的发展，寻找启航的资源	我是大明星	多媒体活动教室，有活动桌椅
			“白日梦”工厂 我的五把金钥匙	A4 纸、水彩笔
	作业：课后写一下参加本次活动的感悟，给未来十年后的自己写一封信			
团体辅导效果评估				

第三节 相关理论链接

一、压力与就业压力：斯蒂芬·罗宾斯(Stephen P. Robbins)与理查德·拉扎勒斯(Richard S. Lazarus)的压力模型

对压力的定义与解释，目前并未形成统一概念。早期的压力理论研究认为压力是外界环境对个体的一种刺激，强调的是人的生理反应。压力是一种消极的刺激，其产生源于外界环境的刺激，导致个人的反应或紧张。该模型往往把压力看作自变量，并重点分析什么样的环境可使人产生紧张反应。例如，压力是身体对于任何需求产生的非特异性反应(Selye，1980)；产生行为变化的任何有害的、极端的、非常态的威胁性刺激就是压力(Miller，1953)；压力更可能是产生困扰的刺激(Basowitz，1955)。借鉴该理论的原理，我们通过一些考察快速反应力的游戏，营造紧张氛围从而向团队成员施压，帮助团队成员感受即时的压力，从而促进对压力认识的深化。

而就业压力则是个体对谋求满足需求的职业与自身当前所具备的能力、资源、需求不能达到匹配而产生的生理及心理上的反应(陈锦秀等，2015)。对于大四学生而言，自我探索的不充分、自我同一性未完成状态以及就业方向多种选择，都让其对未来职业生涯充满了不确定性，对于专业发展前景也不甚了解，当前自身具备的就业条件和状态往往无从匹配，导致了就业压力的产生。

二、压力管理理论：理情行为疗法、放松训练与正念疗法

(一)理情行为疗法

理情行为疗法(Rational Emotive Behavior Therapy, REBT)是由美国心理学艾利斯于 20 世纪 50 年代提出的。该方法重视不合理信念对情绪和行为的影响，其核心理论是 ABC 理论，即认为对诱发事件(activating events，A)所持有的不合理的信念(beliefs，B)是导致情绪和行为问题等结果(consequences，C)的主要原因，因此治疗的主要方法是通过认知技术、情绪技术和行为技术使当事人的不合理信念得到改变，从而解决其情绪和行为问题，并达到无条件地接纳自己

(unconditional self-acceptance,USA)这一治疗目标(伍新春,2005)。REBT认为,事件A本身并非情绪反应或行为后果C之原因,人们对事件的非理性信念B才是情绪反应或行为后果的真正原因所在,因此要改善个体的不良情绪及行为,首先就要劝导干预(disputing intervention,D)非理性信念的发生与存在,并代之以理性的信念。当劝导干预产生了效果(effect,E)时,当事人就会产生正向情绪及行为,心理的困扰就会因此减弱或消失,并会产生愉悦充实的新感觉(new feeling,F)。艾利斯主张用“生物—心理—社会模式”来解释人类的感知、思维和行为,认为人们的情绪问题应该综合考虑生物、心理和社会三方面的因素。在对REBT的运用上,目前主要集中于对组织或单位职工的工作压力与在校大学生的情绪调节上(朱菡,2013;许斌、唐柏林,2009),因此,通过REBT对研究生进行压力认知和管理,是有借鉴作用的。

(二)放松训练

放松训练是指身体和精神由紧张状态朝向松弛状态转变的过程,其中放松主要是指消除肌肉的紧张。在所有生理系统中,只有肌肉系统是我们可以直接控制的。当压力事件出现时,紧张会不断积累,压力体验逐渐增强。而此刻,持续几分钟的完全放松比一小时睡眠效果更好,因为放松可以通过呼吸放松、想象放松、静坐放松、自律放松等方法(乐国安,2002)。放松训练的理论基础基于詹姆斯—兰格的情绪理论,该理论认为情绪是对身体变化的觉知,加入能改变“躯体”的反应,“情绪”也会随之改变,即放松身体可以降低交感神经系统的水平,缓解骨骼肌的紧张,减轻焦虑和缓解压力。

(三)正念减压法

正念(Mindfulness)是基于东方佛教冥想,通过对当下体验的觉察并给予接纳,从而达到环节的作用,并服务于日常生活、工作中的。它并非正确的观念(失念)。基于“正念”这一概念,“正念减压法”(Mindfulness-Based Stress Reduction, MBSR)由此产生,它强调通过反复练习,从而达到提升的目的。我们在实践的过程中主要强调觉察,即感受当下所看到的事物、听附近的声音、感受身体的感受、探索内心的活动;强调接纳,允许当下发生的想法存在、接纳感受。相关研究也证实了正念可以降低焦虑和抑郁,缓解压力;让内心平静和稳定,降低紧张感、更加平和理性,提高幸福感;改善睡眠,提升睡眠质量;可以通过缓解压力从而降低血压。

三、自我同一性与职业生涯方向

大学生自我同一性尚在形成中，主要的生涯发展任务即在透过各种生涯探索活动，增进生涯意识，并逐渐厘清其生涯发展方向，以制订具体的生涯计划和做好准备。在这里，生涯不确定是指个人迄未选出或决定未来将从事何种职业活动以作为其生涯准备的决策犹豫状态。自由选择意味着承担责任，承受不确定性。如果缺乏认知弹性，急于求得确定而不得，必然会表现为各式各样的焦虑感而即便是短暂的确定感，其背后也隐藏着巨大的危机，即使大学生有了明确的职业选择，但一段时间过后，仍旧有一股莫名的不确定感。这种不确定感不仅源于生涯未决、生涯决策犹豫，更源于生涯的复杂性、源于个体对于心灵世界的终极叩问，即生命的意义、“梦幻目标”何在，以什么安身立命。

第四节　毕业班团体辅导具体实施过程

一、第一次团体辅导：老友记

（一）建立关系（5分钟）

1.介绍本次团体辅导主要内容、形式、大致时长。

指导语：在目前的阶段，总会听到一部分同学有这样的困惑：我是选择考研还是工作？我未来想成为一个什么样的人？父母希望我做这个，但我希望做那个，该如何抉择？同学们，你是否也在为自己的未来职业发展方向感到迷茫焦虑，不知所措？那么，就让我们一起通过三次的团体辅导活动（每次90分钟），在团体体验活动中帮助大家增强对自我的认识，挖掘自身的资源，同时不断明确个人兴趣和职业价值观，为进入社会组织做准备。

那么就开始我们今天的团体辅导活动吧！

（二）暖场活动：请你跟我这样做（10分钟）

全体成员围成圆圈，面对圆圈，相互之间留有足够的活动空间。

指导语：现在我们一起做一个游戏，请大家在脑海里想出一个动作，这个动作不能和其他人重复，然后跟随音乐，边做动作边走到圈中间，其他人也一起模仿该成员的动作，圈中间的成员可以走向下一个成员，由下一个成员做其动作，其他人再模仿，直至音乐停止。在这个过程中请大家不做评价不思考，跟随音乐律动即可。大家明白了吗？好的，那由我先开始啦！

（三）工作阶段（60 分钟）

1.扑克牌分组（10 分钟）

指导语：请大家根据座位上的扑克牌的数字，找到相同数字的成员，组成一组。

2.请某某喝茶（10 分钟）

指导语：我看大家都已经围坐一圈啦，那现在大家请轮流以“我是来自××（家乡）的××（姓名）”，然后需要记住每个人的姓名。然后一起开始某某请喝茶的游戏。在组里先选择一个人开始游戏，比如从张三开始，张三说“各位好汉，大家请抱拳”，然后所有人一起双手抱拳，并大喝一声“哈”，张三然后继续说：“张三请李四喝茶”，李四就要马上跟着说“李四不会喝茶”，然后张三接着发问：“那么谁会喝茶？”李四则回答“欢欢会喝茶”，然后欢欢回答“欢欢不会喝茶”，李四则发问：“那么谁会喝茶？”……大家听明白了吗？好的，那就开始吧！

3.组员心声（20 分钟）

指导语：刚刚给每人发了一张纸，请大家认真思考并写下以“刚刚进入这个团体的时候，我感到……”“我希望在团体中……”开头的句子。5 分钟后，所有人轮流将自己所写分享给团体成员。

现在请每组派一位代表分享一下全组组员分享的共性和差异，对此你会有什么感受。

好的，感谢大家的积极分享，听了前面三个组的分享，后面三个组分享的时候，可以侧重分享一下组与组之间对团体的感受和团体的期待有什么共性和差异的部分，讨论一下我们大家可以如何共同努力去达到大家都想要达到的团体氛围和期待。

4.我们一起遵守（20 分钟）

指导语：为了能够让我们的团体辅导活动顺利开展，尽可能地满足大家的团体期待，我希望大家能够一起遵守以下几条团体规范。

①保守秘密：在团体中了解的信息不在团体外传播、评论。

②坦诚真诚：对其他成员坦率、真诚、信任，不掩饰自己的真实情感。

③不干扰团体活动：在团体中不做与团体无关的事，如打电话、听音乐等。

④尊重其他成员：不批评、不议论，对他人的分享提供反馈，避免只与少数人交流。

⑤重视团体：保证准时且参与所有活动。

请大家在组内讨论对以上规范的看法，以及需要添加或修改的规范条目。

现在请每组派一位代表分享一下全组讨论的结果。

修订确立新的团体规范。请全体成员签字并一起朗读我们的团体规范。

（四）总结环节（15 分钟）

今天是毕业生生涯团体辅导的第一次活动，我们通过“请你跟我这样做”环节让团体多了很多欢乐，拉近了彼此的距离，接着我们用“扑克牌分组”的方式组成了一个又一个团体，我们通过“请某某喝茶”游戏，让大家在趣味性的活动中记住了彼此的名字，同时一起真诚地在小组内表达自己在团体内的感受和对团体的期待，一起制定了我们共同需要遵守的团体规则。接下来我们进入本次活动的总结环节，请每位同学用“通过本次活动我学到了……”“这次活动让我感受到……”“今后我可以在实际生活学习中运用的有……”来进行交流发言。

结语：非常感谢大家的积极分享与参与，本次团体辅导活动到此结束，希望大家能够将今天的感受和收获写下来，作为本次团辅的课后作业。

二、第二次团体辅导：大学足迹

（一）上期活动回顾（5 分钟）

上次活动我留了作业给大家，下面就请我们一起来学习一下（从领悟的深度及对自己的觉察深度等方向点评优秀作业），因为时间关系我们不能一一点评所有作业，但是这些作业都是同学们在和他人的积极互动中体验到的，是大家自己觉察出来的，非常棒，让我们把掌声送给成长中的自己！

（二）热身活动（10 分钟）

指导语：我们知道手掌和手背上有许多经络的起始部位，有很多重要的穴位，因此进行手部锻炼可以达到强身健体的目的。现在请大家跟随我的指导语和口令一起做起来吧！

双手前伸，手肘微屈，掌心向下，大拇指内缩平衡互相打击侧面 36 次。

双手前伸，手肘微屈，掌心向上，平衡互相打击侧面 36 次。

双手掌心向上，手掌相对，以手腕互相打击 36 次。

双手掌心向下，食指和大拇指展开成 90 度，左右手虎口相互交叉打击 36 次。

双手掌张开，手指互相分开，互相打击 36 次。

左手掌握紧，右手掌面向左手拳头伸直，互相打击 36 次。

右手掌握紧，左手掌面向右手拳头伸直，互相打击 36 次。

右手掌心向上，左手掌心向下，以手背互相打击 36 次。

双手大拇指、食指拉左右耳垂 36 次。

左右手掌心互相紧擦6圈至微热，双手掌心轻按双眼，眼球左右转6次；双手再搓热，轻合双眼……共6次。

完成后，手掌心发热，全身血液回圈畅顺，用发热的手掌心，从头部开始，沿着脸部做几次轻抚，或轻抚自身有疾病的部位，起到一定效果。

（三）工作阶段（70分钟）

1.我的烦恼树（35分钟）

指导语：现在请大家闭上眼睛，深呼吸，跟随我的指导语感受一下现在的心情和状态。

在纸上画一棵树，按照你的心情来画，可以是抽象的，也可以是具象的；可以是黑白的，也可以是彩色的；可以是常规的颜色的，也可以是非常规的颜色。跟随你的心情来画出这棵树。

想一想你最近有哪些烦恼，在树的不同位置上写出来，越往上，表示对你的困扰程度越大。

现在请大家在组内进行分享和讨论：分享自己最近有哪些烦恼，小组成员一起集思广益，可以从哪些角度入手进行应对，给大家20分钟的讨论时间。

20分钟到啦，请大家回到大组。每组派一位代表分享本组的讨论结果，跟全体成员分享一些可以对大家有所帮助的方法和策略。

现在，看一下你写出来的那些烦恼，给它赋予不同的颜色和形状；如果在刚才的讨论中，它已经被解决了，你可以将它变成一个果实，如果你又有了新的思考，也可以在画上再补充一下。

现在，再看一下眼前的这幅画，看看它结出的果实，感受一下你现在的心情，想不想再给这幅画增添一些别的颜色或者改变一下。

建议：

通过分享烦恼，让大家看到自己不是一个人，很多人都有类似的烦恼。

利用团体智慧，跳出个人局限思维，寻找看待问题的不同角度和处理方式。

如果是涉及个人议题的，例如觉得自己不会说话，小组成员亦可以从这个角度给出一些建议，比如如何训练演讲能力、当事人过去有过的成功经验等，调动当事人个人资源（自信心训练的活动参考“戴高帽”）。

时间有限的情况下，可以每个人只分享两个最大的烦恼。

可以小组长来指定发言人；如果要趣味性一点，也可以通过抢数字的方式。

小组不一定要对所有问题讨论出结果，对于大家都感到困扰的问题，可以带到大组中，大家一起集思广益。

小组讨论时，问题一个一个地处理——大家的问题可能是类似的，一个一个地处理可避免重复，在较短的时间内处理更多问题，同时也防止全部说完之后忘记问题都有什么。

一定要注意对小组讨论时间的把控，如果不同小组时间差距太大，会让提前进入等待的小组成员降低参与团体的热情，逐渐远离团体。带领者可在规定时间快到时进行提醒。

烦恼的解决有两个方面：一是实际问题的解决，例如不知道怎么查文献、不知道从哪里获得就业信息等，这部分是信息的分享；二是改变看问题的角度，从自己局限的视角里跳出来，改变对事物的认识，从而改变个人的情绪和行为。

小组讨论中，更重要的是在这个过程中对烦恼的处理，如果只是把烦恼提出而不做处理，会让当事人和其他人更加烦扰。

在学生写的过程中，可以共享一些轻音乐，让其更有参与感。

画作最好是彩色的，彩色本身会带来一些心理暗示和视觉冲击，创作过程本身也是疗愈的过程。

根据不同的团辅目的，可以更倾向同质性小组或异质性小组，会带来不同的启发和思考。

更重要的是在这个过程中满足倾诉欲，疏导情绪，缓解压力，使整个人平静下来，这样才能更好地进行思考和工作。

2.大学生活金三角（35 分钟）

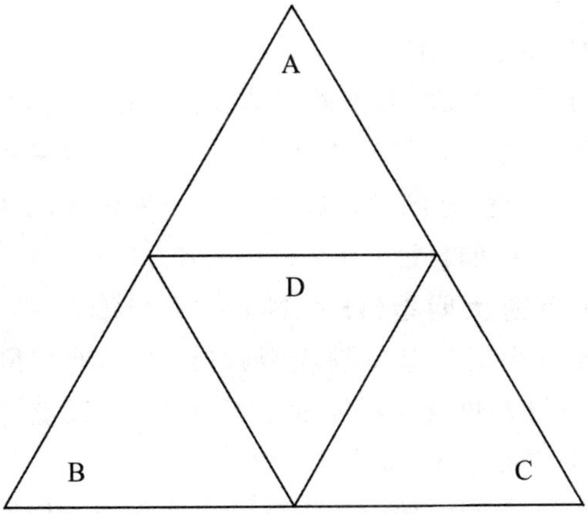

图 4-3-1　大学生活金三角图

指导语：大家可以看到 PPT 上呈现这样的三角形（详见图 4-3-1），请大家将其画在白纸上，并标注 ABCD：A—大学生活中我最快乐的一件事；B—大学生活中我最难忘的一件事；C—大学生活中我最遗憾的一件事；D—假如今天我将离开学校，我最想感谢的一个人是谁？我想对他说……

大家写完后，请在小组内分享自己所写的内容。注意，是"说出"自己的内容，而不只是念出写的答案，例如最快乐的一件事，为什么这件事让你感觉到很快乐等。小组内交流时，一圈一圈地说，即所有人先都说 A，然后说 B……时间为 20 分钟。

现在请大家回到大组中，每个小组派两位代表发言，分享在刚才小组交流过程中自己的感受和想法。

建议：

分享的时候注意表述："小组中有成员……"，不点明是谁（保密原则）。

小组选派不同的代表发言，让大多数人在大组里都有发言机会。

（四）总结阶段（5 分钟）

请每位同学用"通过本次活动我学到了……""这次活动让我感受到……""今后我可以在实际生活学习中运用的有……"来进行交流发言。

非常感谢大家的积极分享与参与，本次团体辅导活动到此结束，希望大家能够将今天的感受和收获写下来，并给过去四年的自己写一封信。

三、第三次团体辅导：我的未来不是梦

（一）上期活动回顾（5 分钟）

上次活动我留了作业给大家，下面就请我们一起来学习一下（从领悟的深度及对自己的觉察深度等方向点评优秀作业）。因为时间关系我们不能一一点评所有作业，但是这些作业都是同学们在和他人的积极互动中体验到的，非常棒，让我们把掌声送给成长中的自己！

（二）热身活动：我是大明星（15 分钟）

指导语：请大家以小组为单位围成圈就座，刚刚给每位同学已经发了一张 A4 纸，请大家按照小组人数裁成不同的小纸片，并在纸上写下自己的 1 个优点以及同组内其他每个成员的 1～3 个优点。

然后先请组内每一个同学轮流讲自己的一个优点，其他同学认真倾听，给予鼓励；接着请小组每个人轮流当"明星"，其他成员挨个讲你心目中"明星"的优点。对成员说优点时态度要真诚，要用"我认为你的优点有______，我是从______发现的"句式表达。全部说完之后，将自己写的 3 个优点的纸条送给"明星"。

注意：①该优点必须是你认为“明星”确实具有的，能举出例子更好，做到真诚、真实！②在别人讲述你的优点时，你只须微笑地听着，不必不好意思，也不必表示感谢，更不要因为别人叙述不够准确而做出反驳。

小组分享：每个人都当了“明星”后，数一数同伴帮你找到了几个优点，想一想，其他同伴的优点哪些其实你也具备？你以前有没有发现自己还有这么多的优点？通过这个活动，你有什么收获？

大组分享：你有什么感受、体验和收获。

（三）工作阶段（65分钟）

1.“白日梦”工厂（30分钟）

指导语：请大家现在写下自己最想实现的3个“白日梦”，这3个梦可以不考虑个人能力实现的难度，任由自己想象，只要是自己想做的（强调要避免写隐身、穿越等这样客观现实中不存在的能力）。

写完“白日梦”后，请大家在小组内互相讨论和反馈，成员为什么要选择这3个“白日梦”，这些“白日梦”哪些地方吸引你？也就是对这些“白日梦”进行特征分析。

接下来请大家结合特征分析，让成员写出要实现自己写的“白日梦”需要什么技术、能力等个人素质，构成一些维度。

然后请大家分享做完此次活动之后的感受以及收获。

2.我的五把金钥匙（35分钟）

指导语：现在，请你调整到你觉得舒服的姿势，尽可能放松，跟随我的指导语来想象。闭上眼睛，调整你的呼吸，保持这样平稳的呼吸，尽可能地放松自己。

现在，想想你乘着一辆时空列车来到了10年后的世界，现在是2032年3月13日。

新的一天，你刚刚醒来。想象一下你在哪里？你听到了什么？闻到了什么？你还感觉到什么？你和谁在一起？

你吃完早饭，准备去上班，是乘坐什么交通工具去的？有人和你一起吗？

你到达目的地了，这是在哪里？你对这个地方的感觉如何？你的工作是什么？你对这份工作的感觉如何？你一天要工作多长时间？今天你要出差吗？

下班了，你离开工作地点，然后你要去哪里？要去见什么人吗？要去做什么事情？做这件事情的过程中你觉得开心吗？

现在，你回家了。回家的感觉怎么样？有人欢迎你吗？回家之后你要做什么？你准备去睡了，回想这一天，你有怎样的感受？你希望明天也是如此吗？你对这种生活感觉如何？

现在，我倒数 5 个数，你将回到 2022 年，回到教室中来，5，4，3，2，1，好，你回来了。睁开眼睛，看看周围的一切，欢迎回来。

现在，请你沉淀一下自己刚才的感觉，和大家分享一下你印象最深刻的地方。

美好的生活从现在开始起步，想一想，想要在未来拥有刚才想象的生活，你现在拥有的资源有哪些？写下你开启未来生活的 5 把“金钥匙”，并在小组内分享和交流。

回到大组，每个小组派两位代表发言，分享在刚才整个过程中自己的感受。

建议：

(1)幻游指导语可以更详细一些。

(2)“说”出钥匙，而不是“念出”。

(3)开始做的时候，如果想不全，可以先空着，等到小组交流时得到启发再补全，也可能会写更多。

(四)总结阶段(5 分钟)

好的，本次活动到这里就告一段落了，在这 3 次团体辅导活动中，我们慢慢梳理了自己的大学生活，从过去中找到未来前进的方向和勇气。希望大家都能够通过此次的活动，学会情绪的调节方式以及不断自我探索，明确自己的个人兴趣和职业价值观，在未来都能够从事自己喜欢和想做的职业，成为你想成为的自己。祝福大家在今后的大学学习生活中多多觉察自己当下的状态，积极正向地寻找解决问题的答案，期待大家每天都能有成长，谢谢大家！

第五节　辅导后学生反馈

雅：很开心能够和成员一起进行了三次团辅，每次团辅过后都会有很多收获，让我感受到一个关系良好的团辅所能带给人的不仅仅是心理辅导，还有人际交流和情感流动。每个成员都有自身独特之处，也给我带来很大的能量，我感受到被包容和接纳。通过团体辅导我对自己进行了职业兴趣和价值观上的探索，也倾听了大家对于职业的憧憬，对于我自身的职业规划有了更多踏实的感觉，相信未来可期，祝福大家跃入人海，各自灿烂。

颖：本次团辅带给我的成长和收获是不言而喻的，感觉自己通透了很多，在茫茫大海中找到了属于自己的一盏明灯，心态上也发生了改变，明确了自己的职业方向和目标是我这次最大的收获。

玉：此次活动认识了很多成员，也收获了友谊。同时，我会感到自己的困惑和压力不是独一无二的，原来有很多人和我一样有烦恼与迷茫。另外，通过第三次团辅我拓宽了自己的职业思路，成员的经验分享让我认清了职业现实，更加明确自己努力的方向。这三次团辅，我收获很大。

璐：团体辅导结束时，感觉是对可以求职的方向了解了更多，也更加明确了自己的职业方向。在这次活动中，总的来说，可以用“收获”来总结：收获了工作相关的内容，收获了心理学专业的知识，收获了更多朋友。

第六节　辅导后教师反思

在团体的辅导中，我能够灵活运用很多团体治疗因子，并让其在团体中发挥作用。就像是共同性与利他性，这些都是在进行职业困惑和压力的自我探索过程中能够很好地帮助到成员的治疗因子。让成员感受到团体的温暖和来自其他成员的支持，这对于探索自我、排解压力和职业探索都具有很重要的支持性作用。通过成员的课后作业反馈和团体中的交流和分享，我觉得三次团体辅导让成员在以下方面都有了一些成长和收获，也在某种程度上达到了团辅的目标。首先，在压力的纾解上，通过正念联想，让焦虑和压力的情绪得以被看见和释放。其次，每周的团体也慢慢变成了某些成员的“避风港”，在这里，他们能够得到放松的体验。而在职业规划方面，团体虽然没有非常具体地给到成员规划的方案，但让一些成员明确自己在规划时考虑的因素，以及自己的选择因素和底线是什么，同时也帮助其明晰自己最想要的是什么，如何获得一些资源和技能才能达到。此外，一些成员也反馈，在与团体成员相处的过程中，他们发现社交是一个很温暖的过程，不仅能够看到不同成员在不同问题上的视角，扩充其对问题的处理思路，而且也能够通过其他的团体成员发现自己身上的不足，学会认同自己存在的优点。

参考文献

一、中文文献

(一)专著

樊富珉:《团体心理咨询》,高等教育出版社 2005 年版。

樊富珉、何瑾编著:《团体心理辅导》,华东师范大学出版社 2010 年版。

樊富珉主编:《团体辅导与危机心理干预》,机械工业出版社 2021 年版。

金树人:《生涯咨询与辅导》,高等教育出版社 2007 年版。

苏文平:《大学生职业生涯规划与就业创业指导》,中国人民大学出版社 2018 年版。

房勇:《你的时间去哪儿了:六维时间管理模型》,人民邮电出版社 2014 年版。

黄大庆编著:《情绪团体心理辅导设计指南》,首都经济贸易大学出版社 2020 年版。

黄素菲:《叙事治疗的精神与实践》,心灵工坊文化出版社 2018 年版。

侯志谨、常雪亮编著:《团体的力量——学生生涯团体辅导手册》,清华大学出版社 2017 年版。

丁小云:《7 天治愈拖延症》,中国华侨出版社 2013 年版。

林汶奎编著:《哈佛商学院的时间管理课》,中国社会出版社 2013 年版。

林甲针主编:《班级团体辅导活动课》,福建教育出版社 2012 年版。

孟昭兰主编:《情绪心理学》,北京大学出版社 2005 年版。

穆臣刚:《心理学与时间管理》,中国法制出版社 2015 年版。

潘莉莉等编著:《大学生团体辅导的理论与实践》,合肥工业大学出版社 2018 年版。

杨长征、王小丹:《一生只做八件事》,北京大学出版社 2013 年版。

韦志中主编:《大学心理健康教育》,中国轻工业出版社 2015 年版。

魏鹏程:《大学生常规团体心理辅导效果的实证研究》,世界图书出版广东有限公司 2017 年版。

吴少怡主编:《大学生团体辅导与团体训练》,山东大学出版社 2010 年版。

王国轩编著:《大学中庸》,中华书局 2006 年版。

阳志平、彭华军等编著:《积极心理学团体活动课操作指南》(第二版),机械工业出版社 2021 年版。

颜苏编著:《7 天告别拖延症》,化学工业出版社 2013 年版。

张笑颜:《有一种失败叫瞎忙》,北京时代华文书局 2015 年版。

Brent:《时间管理从入门到精通:如何击败 99%的人》,北京大学出版社 2017 年版。

[美]C.R.斯奈德、沙恩·洛佩斯:《积极心理学:探索人类优势的科学与实践》,王彦、席居哲、王艳梅译,人民邮电出版社 2013 年版。

[美]丹尼尔·戈尔曼:《情商》,杨春晓译,中信出版社出版 2010 年版。

[俄]哥蓝布·阿翰思奇:《时间管理:让时间去哪儿》,林森译,人民出版社 2014 年版。

[加]斯科特·扬:《超效率手册:99 个史上更全面的时间管理技巧》,李云译,机械工业出版社 2016 年版。

[美]马克·伍兹、特瑞博·伍兹:《每天学点时间整理术》,刘钊译,机械工业出版社 2013 年版。

[美]约翰·佩里:《拖拉一点也无妨:跟斯坦福萌教授学高效拖延术》,苏西译,浙江大学出版社 2017 年版。

[美]卡罗尔·德韦克:《终身成长:重新定义成长》,楚祎楠译,江西人民出版社 2017 年版。

[美]卡尔·罗杰斯等:《当事人中心治疗:实践、运用和理论》,李梦潮、李迎潮译,中国人民大学出版社 2013 年版。

[美]亚罗姆:《团体心理治疗:理论与实践》,李鸣等译,中国轻工业出版社 2005 年版。

[英]阿诺德·贝内特:《如何掌控一天 24 小时》,赵大伟译,人民日报出版社 2009 年版。

[英]史蒂夫·泰勒:《时间心理学:时间的快与慢,你说了算!》,张露译,江苏

人民出版社 2012 年版。

[英]帕特里克·福赛思:《高效能时间管理术》,陈小琴译,中信出版社 2017 年版。

[日]日本 Sanctuary 出版社编著:《图解整理术:高效工作必备手册》,蒋春霞、李珍译,中信出版社 2015 年版。

[瑞典]诺特伯格:《番茄工作法图解:简单易行的时间管理方法》,大胖译,人民邮电出版社 2011 年版。

(二)期刊

程素萍、王丽平:《大学生焦虑状况及其与元认知能力的关系》,《中国临床心理学杂志》2007 年第 1 期。

邓捷:《基于成长型思维模式的课程开发》,《教育观察》2021 年第 31 期。

郭明珠、张悦昕:《临渊羡鱼,不如退而结网——“用成长型思维看变化”团体辅导》,《中小学心理健康教育》2021 年第 30 期。

古丽那扎尔·外力、陈梦媛:《高校大学生成长型思维的培养》,《大陆桥视野》2021 年第 9 期。

龚光军:《积极心理学研究综述》,《民办高等教育研究》2008 年第 3 期。

蒋艳杰、黄兆媛:《试论元认知理论与大学生自主学习能力的关系》,《教育探索》2009 年第 1 期。

柯燕:《基于理性情绪治疗法的大学生心理健康教育》,《大连教育学院学报》2016 年第 3 期。

刘春燕:《发展性团体心理咨询改善大学生应对方式及其相关因素的实验研究》,《心理发展与教育》2003 年第 4 期。

李英、刘爱书、张守臣:《团体心理辅导对大学生人际交往焦虑的影响》,《中国健康心理学杂志》2005 年第 4 期。

毛廷芳:《积极心理学在大学生团体辅导中的应用》,《吉林医药学院学报》2013 年第 2 期。

聂万隆、陈剑锋、张永峰:《理性情绪疗法在大学生心理健康教育中的应用探析》,《中国科教创新导刊》2013 年第 7 期。

渠立松、梁晓燕:《认知归因团体心理咨询对大一新生人际交往困扰的改善效果》,《中国心理卫生杂志》2016 年第 2 期。

孙时进、范新河、刘伟:《团体心理咨询对提高大学生自信心的效果研究》,《心理科学》2000 年第 1 期。

王艳霞:《大学生元认知学习策略使用现状及智慧教学体系构建必要性研究——以兰州工业学院为例》,《吕梁教育学院学报》2020 年第 1 期。

邢秀茶、王欣:《团体心理辅导对大学生人际交往影响的长期效果的研究》,《心理发展与教育》2003 年第 2 期。

徐飞:《积极心理学对高校心理危机干预机制的价值探索》,《教育理论与实践》2014 年第 18 期。

薛效儒:《合理情绪疗法在学校心理辅导中的运用》,《陕西教育(高教版)》2011 年第 7 期。

(三)学位论文

祁莹莹:《物理专业大学生元认知能力、学习自我效能感及其关系研究》,重庆师范大学课程与教学论硕士学位论文,2012 年。

邵华:《团体心理咨询对大学生应对方式及主观幸福感影响的研究》,东北师范大学应用心理学硕士学位论文,2006 年。

肖秋萍:《团体心理咨询促进大学生自我接纳水平的实证研究》,厦门大学高等教育学硕士学位论文,2009 年。

(四)其他

王玉:《运用团体心理辅导开展大学生思想政治教育工作的探索》,2011 年人文北京与文化创新能力建设论坛,北京,2011 年。

二、英文文献

Schiltz, H. K., Oliver-Hoyo, M. T., "Physical Models That Provide Guidance in Visualization Deconstruction in an Inorganic Context", *Journal of Chemical Education*, 2012,89(4).

Hossain, M. A., Madkour, A. A. M., Dahal, K. P., Zhang, L., "A Real-time Dynamic Optimal Guidance Scheme Using a General Regression Neural Network", *Engineering Applications of Artificial Intelligence*, 2013, 26(4).

Mastrandrea, M. D., Mach, K. J., Plattner, G. K., Edenhofer, O., Stocker, T. F., Field, C. B., Ebi, K. L., Matschoss, P. R., "The IPCC AR5 Guidance Note on Consistent Treatment of Uncertainties: A Common Approach across the Working Groups", *Climatic Change*, 2011, 108(4).

后　记

东风动百物，草木尽欲言。深夜完成最后一遍统稿，我看着它，犹如看着一个正在成长中的孩子。我和其他编委都是热爱生涯教育的学生工作者，基于热爱所以不断实践。感谢参与本书编写的所有编委的坚持与努力，这本书不仅仅是我们工作成果的展示，更是我们自己职业生涯阶段性成果汇报，期待今后我们继续一起品尝学习的快乐、成长的幸福。

在我们学习成长过程中，北京航空航天大学苏文平老师，北京林业大学于翠霞老师，台湾阳明大学黄素菲老师，台北商业大学黄正旭老师，成功使者集团董事长杨长征先生、王小丹老师，易明教育董事长田俊国老师，悦己达人企业管理咨询有限公司总裁王鹏程老师，北森生涯学院和仁能达生涯教育研究院的老师们都曾经给予我们专业的指导和热情的鼓励，让我们有勇气、有能力、有抱负地持续进行悟后起修，在这里向以上单位和老师们表达由衷的谢意。

同时，衷心感谢学校将本书列为2019年威海校区本科教育教学改革研究重点项目，为我和同事们提供宝贵的学习、成长的机会与平台，让我们不断成长进步；衷心感谢参与活动的同学们积极进行活动反馈，让团辅活动日趋完善；衷心感谢山东大学出版社祝清亮老师为本书出版作出的专业指导；还要衷心感谢国家级经济技术开发区——吴江经济开发区对我校生涯教育的大力支持。

编　者

2022年5月